A NOSSA FÉ

Dados Internacionais de Catalogação na Publicação (CIP)
(Câmara Brasileira do Livro, SP, Brasil)

Cantalamessa, Raniero
  A nossa fé : o credo meditado e vivido / Raniero Cantalamessa ; tradução de Francisco Morás. – Petrópolis, RJ : Vozes, 2023.

  Título original: La nostra fede.

  1ª reimpressão, 2023.

  ISBN 978-65-5713-848-9

  1. Batismo – Igreja Católica 2. Espírito Santo – Meditações 3. Fé (Cristianismo) 4. Ireja Católica – Liturgia I. Título.

23-145555   CDD-230

Índices para catálogo sistemático:
1. Fé : Cristãos católicos : Teologia : Cristianismo   230

Aline Graziele Benitez – Bibliotecária – CRB-1/3129

Raniero Cantalamessa

A NOSSA FÉ
O CREDO MEDITADO E VIVIDO

Tradução de *Francisco Morás*

EDITORA VOZES

Petrópolis

© 2016 Àncora S.r.L.

Tradução do original em italiano intitulado *La nostra fede – Il Credo meditato e vissuto*.

Direitos de publicação em língua portuguesa – Brasil:
2023, Editora Vozes Ltda.
Rua Frei Luís, 100
25689-900 Petrópolis, RJ
www.vozes.com.br
Brasil

Todos os direitos reservados. Nenhuma parte desta obra poderá ser reproduzida ou transmitida por qualquer forma e/ou quaisquer meios (eletrônico ou mecânico, incluindo fotocópia e gravação) ou arquivada em qualquer sistema ou banco de dados sem permissão escrita da editora.

CONSELHO EDITORIAL

Diretor
Volney J. Berkenbrock

Editores
Aline dos Santos Carneiro
Edrian Josué Pasini
Marilac Loraine Oleniki
Welder Lancieri Marchini

Conselheiros
Elói Dionísio Piva
Francisco Morás
Gilberto Gonçalves Garcia
Ludovico Garmus
Teobaldo Heidemann

Secretário executivo
Leonardo A.R.T. dos Santos

Editoração: Clauzemir Makximovitz
Diagramação: Daniela Alessandra Eid
Revisão gráfica: Alessandra Karl
Capa: Pedro de Oliveira
Ilustração de capa: Crucificação de Jesus Cristo – Foto de Alem Sánchez por Pexels, editada e adaptada por Editora Vozes.

ISBN 978-65-5713-848-9 (Brasil)
ISBN 978-88-514-1643-0 (Itália)

Este livro foi composto e impresso pela Editora Vozes Ltda.

SUMÁRIO

Introdução, 9

1 Creio no Espírito Santo, 19

    1.1 Origem do artigo sobre o Espírito Santo, 20

    1.2 "Creio no Espírito Santo, que é Senhor", 22

    1.3 "... e dá a vida", 25

    1.4 "... e procede do Pai (e do Filho) e com o Pai e o Filho é adorado e glorificado", 32

    1.5 "... e falou pelos profetas", 37

2 Creio em um só Senhor, Jesus Cristo, Deus verdadeiro de Deus verdadeiro, 45

    2.1 "Ele dará testemunho de mim", 47

    2.2 O sublime conhecimento de Cristo, 52

    2.3 "... para que eu possa conhecê-lo", 56

    2.4 Deus verdadeiro de Deus verdadeiro, 59

    2.5 *Corde creditur*!, 63

    2.6 Quem é que vence o mundo, 66

3 Creio em um só Deus Pai todo-poderoso, 68

    3.1 Unidade e Trindade de Deus, 69

3.2 O Espírito Santo nos faz conhecer a Deus como "Pai de seu Filho Jesus Cristo", 74

3.3 O Espírito Santo nos faz conhecer a Deus como "nosso Pai", 77

3.4 Deus Pai, uma imagem a ser restaurada, 79

3.5 A Trindade sofre uma paixão de amor, 83

4 Criador do céu e da terra, de todas as coisas visíveis e invisíveis, 91

4.1 No princípio era o amor, 92

4.2 A criação obra da Trindade, 95

4.3 "À imagem de Deus os criou, macho e fêmea os criou", 98

4.4 O desafio do cientificismo ateu, 102

4.5 O grande pecado do mundo para com o Criador, 108

4.6 O contrário do pecado é o louvor!, 113

5 E se encarnou pelo Espírito Santo no seio da Virgem Maria, 119

5.1 Porque Deus se fez homem, 120

5.2 No seio da Virgem Maria, 124

    a. A maternidade "física" de Maria, 126

    b. A maternidade "metafísica" de Maria, 127

    c. A maternidade "espiritual" de Maria, 129

5.3 A fé de Maria, 131

5.4 Mãe de Cristo mediante a fé, 137

6 Também por nós foi crucificado sob Pôncio Pilatos, padeceu e foi sepultado, 142

6.1 O mistério pascal no credo, 143

6.2 No Getsêmani, 144

6.3 Perante o Sinédrio, 147

6.4 Diante de Pilatos, 149

6.5 No Calvário, 152

6.6 Junto à cruz de Jesus estava Maria sua mãe, 158

6.7 O que aconteceu depois..., 161

7 Ressuscitou ao terceiro dia, conforme as Escrituras, e subiu aos céus, onde está sentado à direita de Deus Pai, 165

7.1 "Ressuscitou, subiu ao céu!", 166

7.2 A Ressurreição de Cristo: abordagem histórica, 168

7.3 A Ressurreição: abordagem espiritual, 172

7.4 A Ressurreição: mistério "para nós", 177

7.5 Maria na Ressurreição, ícone da esperança, 185

8 E de novo há de vir em sua glória para julgar os vivos e os mortos, e o seu reino não terá fim, 188

8.1 A volta de Cristo, 189

8.2 Da expectativa da parusia à esperança dos bens celestes, 193

8.3 Para julgar os vivos e os mortos, 196

8.4 Inferno, purgatório, limbo, 201

8.5 Vigiai!, 206

8.6 "É hora de despertar do sono", 209

8.7 "Se aconteceu a este e àquele, por que não a mim?", 212

9 Creio na Igreja, una, santa, católica e apostólica, 218

9.1 O que é a Igreja?, 219

9.2 As "notas" sobre a Igreja, 220

a. A Igreja é una, 221

b. A Igreja é santa, 224

c. A Igreja é católica, 229

d. A Igreja é apostólica, 231

9.3 Amar a Igreja, 235

10 Professo um só batismo para remissão dos pecados, 241

10.1 O batismo no Novo Testamento, 243

10.2 Uma catequese mistagógica sobre o batismo, 246

10.3 O batismo, sacramento "vinculante", 251

10.4 O batismo no Espírito Santo, 254

11 Espero a ressurreição dos mortos e a vida do mundo que há de vir, 263

11.1 Às voltas com o pensamento da morte, 264

11.2 A morte foi engolida pela vitória, 269

11.3 A ressurreição dos mortos..., 275

11.4 ... e a vida do mundo que há de vir, 279

11.5 Eternidade: uma esperança e uma presença, 282

11.6 "Nem o olho viu, nem o ouvido ouviu", 283

Índice dos autores citados, 291

INTRODUÇÃO

Antigamente, quando o batismo era administrado em idade adulta, ao catecúmeno era "entregue" o Símbolo da Fé que em seguida, na hora do batismo, devia proclamar de cor, mostrando ter compreendido e assimilado o seu significado. O primeiro ato se chamava entrega do Símbolo (*traditio symboli*); o segundo, proclamação do Símbolo (*redditio symboli*). A propósito desta última cerimônia, Santo Agostinho dizia:

> O Símbolo do santo mistério que todos juntos recebestes e que hoje recitastes individualmente, são as palavras sobre as quais foi construída com solidez a fé da mãe Igreja sobre o fundamento estável que é o Cristo Senhor. Vós, portanto, não o recebestes e o restituístes, mas na mente e no coração deveis sempre tê-lo presente, repeti-lo em vossos leitos, proclamá-lo nas praças, e não o esquecer nas refeições; e inclusive quando o corpo dorme, deveis tê-lo no coração[1].

Idealmente, como numa espécie de catecumenato condensado, queremos reviver esses momentos tão belos e dotados de especial significado para a Igreja primitiva. Mas queremos revivê-los consciente e livremente, e não mais por

---

1. AGOSTINHO. *Discorsi*, 215, 1 (PL 38, 1072).

intermédio de uma pessoa, ou de uma "instituição". Tertuliano descreve o momento em que das trevas do paganismo os convertidos chegavam à fé, com a imagem da criança que, saindo do escuro útero materno, "estremece, quase assustada, ao repentino emergir de tanta luz"[2]. Gostaríamos que, de alguma forma, o mesmo também acontecesse com os leitores ao término da caminhada que aqui estamos iniciando.

São Cirilo de Jerusalém explica como e por que, na Igreja, nasceu a ideia de um "símbolo de fé":

> O Símbolo da fé não foi composto a capricho dos homens, mas foram compilados os pontos essenciais de todas as Escrituras a fim de oferecer uma doutrina completa da fé. Como a semente de mostarda em pequeno grão contém muitos ramos, assim também esse compêndio da fé compreende, em poucas palavras, todo o conhecimento da verdadeira piedade contida no Antigo e no Novo Testamento[3].

É oportuno oferecer também alguma informação histórica acerca da origem do credo que pretendemos comentar, qual seja, o Credo Niceno-constantinopolitano. Segundo uma tradição que remonta ao Concílio de Calcedônia (451), o Símbolo foi redigido pelos 150 padres conciliares reunidos em Constantinopla, em 381, que, no entanto, não pretendiam senão reconfirmar o credo de Niceia, completando-o com acréscimos tornados necessários pelas sucessivas heresias[4].

---

2. TERTULIANO. *Apologeticum*, 39, 9 (CCL 1, p. 151).

3. CIRILO DE JERUSALÉM. *Catechesi*, V, 12 (PG 33, 521-524) [cf. SÃO CIRILO DE JERUSALÉM. *Catequeses pré-batismais*. Petrópolis: Vozes, 2022, p. 134-135].

4. Cf. *Conciliorum Oecumenicorum Decreta*. Bologna: EDB, 1973, p. 21-23,84.

Segundo estudos mais recentes, os fatos se teriam desenvolvido mais ou menos assim: em um determinado momento dos trabalhos, ao longo do concílio de 381, convocado pelo Imperador Teodósio, uma fórmula de fé teria sido preparada, destinada a tornar possível um acordo, sobre a questão do Espírito Santo, entre o grupo dos ortodoxos e dos macedônios, contra quem se havia reunido o concílio. Na elaboração deste texto, os padres conciliares teriam adotado o símbolo batismal de uma Igreja local (provavelmente a Igreja de Jerusalém), acrescentando-lhe apenas as conhecidas frases relativas ao Espírito Santo[5]. Ao fazê-lo, os padres conciliares podiam perfeitamente ter a convicção de não propor um novo credo, mas de ratificar o credo de Niceia. Ao longo de todo o século IV a expressão "fé de Niceia", ou "símbolo dos 318 Padres", não indicava apenas o texto exato e original do Concílio de Niceia, mas também cada símbolo de fé local que, contemporaneamente, era corrigido e integrado, de forma a conter os elementos determinantes da definição daquele concílio, sobretudo o termo "consubstancial" (*homoousion*)[6].

O símbolo seria, portanto, "niceno", enquanto sua característica de fundo remonta ao concílio de 325, e "constantinopolitano", enquanto, em sua forma atual, foi adotado e incorporado pelo concílio de 381. Fracassada, em razão da rejeição dos macedônios, a finalidade para a qual o concílio havia elaborado tal fórmula de acordo, essa caiu no esque-

---

5. Cf. RITTER, A. M. *Das Konzil von Konstantinopel und sein Symbol*. Göttingen: Vandenhoeck & Ruprecht, 1965, p. 182-191.

6. Cf. LEBON, J. Les anciens symboles dans la définition de Chalcédoine. *Revue d'Histoire Ecclésiastique* 37 (1936), p. 874ss. • Cf. KELLY, J. N. D. *Early Christian Creeds*. Londres: Longmans, 1960, p. 322ss.

cimento até o concílio de 451 recolocá-la em cena, recuperando-a, provavelmente, dos arquivos imperiais, e conferindo-lhe, com sua aprovação, um valor ecumênico. Dessa forma, o Concílio de Constantinopla constitui, na história da Igreja, o caso singular de um concílio tornado ecumênico retroativamente, em razão da aprovação de um concílio ecumênico posterior. Hoje esse valor "ecumênico" do Símbolo é reforçado pelo fato de ser reconhecido como fundamento comum da fé no diálogo entre as várias denominações cristãs.

Em nosso comentário levaremos em consideração algumas importantes aquisições da teologia atual da Igreja. O símbolo Niceno-constantinopolitano que recitamos na missa reflete a fé em sua fase final, ou seja, depois de todas as clarificações e definições conciliares. Ele reflete a ordem alcançada no final do processo de formação do dogma, mas não reflete o processo em si. Ele, em outras palavras, não corresponde ao processo com o qual, de fato, a fé da Igreja se formou, e tampouco corresponde ao processo com que hoje se chega à fé no Deus de Jesus Cristo.

No credo atual parte-se do Deus Pai e criador; do Pai passa-se ao Filho e à sua obra redentora; e chega-se, enfim, ao Espírito Santo que age na Igreja. A fé, na verdade, segue o caminho inverso: foi a experiência pentecostal do Espírito que levou a Igreja a descobrir quem era Jesus e qual tinha sido o seu ensinamento. Somente no final, com Paulo, e sobretudo com João, chega-se a remontar de Jesus ao Pai. É o Paráclito que, segundo a promessa de Jesus (Jo 16,13), leva os discípulos à "plena verdade" sobre Ele e sobre o Pai. São Basílio deu a este dado histórico uma profunda justificação teológica. Escreve:

O caminho do conhecimento de Deus procede do único Espírito, mediante o único Filho, até o único Pai; inversamente, a bondade natural, a santificação segundo a natureza, a dignidade real, se difundem do Pai, mediante o Unigênito, até o Espírito[7].

Em outras palavras: no plano do ser, ou da saída das criaturas de Deus, tudo parte do Pai, passa pelo Filho e chega até nós no Espírito; na ordem do conhecimento, ou do retorno das criaturas para Deus, tudo começa com o Espírito Santo, passa pelo Filho Jesus Cristo e retorna ao Pai.

Ao invés de comentar o credo da Igreja na ordem, isto é, artigo por artigo, como geralmente é feito, nós nos propusemos percorrer o caminho da fé em sua elaboração, ou seja, preferimos percorrer o percurso denominado por São Basílio de "caminho do conhecimento de Deus". Entre os dois modos de reportar-se ao credo – como produto já pronto ou através de sua elaboração – existe a mesma diferença que existe entre fazer a escalada do Monte Sinai partindo do mosteiro de Santa Catarina bem de madrugada para chegar ao topo em tempo de admirar de lá do alto o nascer do sol, ou ler o relato de alguém que fez a escalada antes de nós. Pessoalmente fiz as duas coisas: li relatos dessa peregrinação, mas fazê-la pessoalmente, ao longo de uma peregrinação à Terra Santa, foi algo totalmente diferente.

Há muito tempo os sociólogos evidenciaram a força explosiva e o caráter irrepetível de um movimento ou de uma instituição em seu *statu nascenti*, isto é, no momento de seu nascimento. Aqui nos propomos a colher a fé em seu estado nascente. Isto não significa absolutamente que o credo da

---

7. BASÍLIO. *Sullo Spirito Santo,* XVIII, 47 (PG 32, 153).

Igreja não seja perfeito, ou que deva ser reformado no sentido acima exposto. O credo só pode ser da forma que é; é a maneira de lê-lo que deve mudar, a fim de que possamos refazer em nossa vida o mesmo caminho em que ele foi se formando.

E temos um motivo a mais para fazê-lo: sob a esteira do "novo Pentecostes" iniciado pelo Concílio, milhões de fiéis reviveram esse caminho, fazendo a experiência pessoal de que é o Espírito Santo que permite conhecer o verdadeiro Jesus, o Senhor Jesus vivo, e é em Jesus que se aprende a dizer então, com um sentimento novo: "*Abba*, Pai". Concretamente, significa que leremos o credo "às avessas", partindo do terceiro artigo, relativo ao Espírito Santo, passando em seguida para o segundo, relativo à Jesus, para concluir com o primeiro, dedicado ao Pai.

Esta é uma forma de transpor para a vida aquela que hoje denominamos "teologia do terceiro artigo", ou seja, a que se refere ao terceiro artigo do credo: o Espírito Santo. Com esta teologia se pretende apresentar uma visão da fé cristã na qual o Espírito Santo não é situado no final do processo, como uma espécie de apêndice ao mistério pascal, mas nos primórdios da salvação; o Espírito não se reduz simplesmente a uma "força suplementar dada à Igreja para levar a salvação aos confins da terra", mas é a própria salvação de Cristo em seu processo de realização concreta na Igreja e na vida dos fiéis.

Para um estudioso da história das origens cristãs, como por muitos anos foi o meu caso, foi uma surpresa e uma confirmação ver repetir-se debaixo de meus olhos o que era evidentemente perceptível no início da Igreja. Um grande estudioso do Novo Testamento acredita que a experiência de Azusa Street de 1906, com a qual teve início o movimento pentecostal, nos oferece o melhor exemplo possível para compreendermos como, historicamente, a comunidade cristã do Novo Testamento teve início em Pentecostes, ou seja, "como um êxtase coletivo provocado pelo Espírito"[8].

Em nosso comentário consideraremos uma distinção fundamental. No credo se fala sobre duas coisas diferentes: daquilo que Deus "é" – isto é: Pai, Filho e Espírito Santo – e daquilo que Deus "faz". Em italiano a distinção faz-se evidente pelo uso da preposição "*in*" no primeiro caso (creio *in* [em] Deus Pai, *in* [em] Jesus Cristo, *nello* [no] Espírito Santo) e, no segundo caso, pela conjunção "*che*" [que] (creio *que* Deus é criador do céu e da terra, *que* se encarnou no seio da Virgem, *que* morreu e ressuscitou). Em italiano [diferentemente do português] não dizemos creio *na* Igreja, mas creio *a* Igreja, *a* comunhão dos santos, *a* vida eterna. As pessoas divinas são o ápice da nossa fé; o resto é objeto de fé. É a mesma diferença que existe entre crer em alguém e crer em alguma coisa.

Esta distinção nos é imposta pelo fato de toda pessoa divina ser diferente das outras duas; as coisas, ao contrário, são obras comuns da Trindade. A criação é obra da Trindade, assim como a Revelação, a Encarnação, a Igreja, a vida eterna. Para respeitar essa distinção, meditaremos primeiramente sobre cada uma das Pessoas divinas e, em seguida, sobre as obras da Trindade; primeiramente sobre quem é Deus, em seguida sobre o que Deus faz, de acordo com o credo da Igreja.

---

8. DUNN, J. D. G. *Gli albori del cristianesimo*. Vol. 2: Gli inizi a Jerusalemme. Brescia: Paideia, 2012, p. 179.

É importante ter presente outra coisa: o meu comentário ao credo não quer ser predominantemente um comentário doutrinal e catequético (para tanto já existe o abalizado comentário do *Catecismo da Igreja Católica*, a ter sempre presente), mas, antes, uma meditação sobre o credo, sempre orientada para a vida e para a prática. Por isso, em cada capítulo, a uma primeira parte histórica e doutrinal segue uma aplicação prática para a vida e para os problemas atuais.

O credo é o mapa com o qual queremos descobrir o território; ou seja, o instrumento para aproximar-nos das grandes realidades da fé, primordialmente as três Pessoas divinas. É uma "via maestra" traçada pela Igreja e, como toda via, ela não é importante em si mesma, mas sim em vista da meta à qual conduz. Convém lembrar, sobretudo a propósito do credo, o grande princípio de Santo Tomás de Aquino segundo o qual "a fé não termina com as declarações, mas com a realidade"[9].

Será, assim o espero, uma aventura! Refaremos, em etapas abreviadas, o caminho de nossos primeiros irmãos na fé. O objetivo, de fato, não é apenas conhecer a dinâmica da fé da Igreja – como ela nasceu –, mas revivê-la, experimentá-la. Não obstante modesta, é uma tentativa de romper com a secular separação entre teologia dogmática e teologia espiritual, entre dogma e vida, sempre expondo a verdade de fé contida no artigo para então ver imediatamente, e não mais separadamente, mas sim no âmbito da própria meditação, as exigências que dessa verdade de fé emanam para a vida cristã.

---

9. TOMÁS DE AQUINO. *Summa theologiae*, II-IIae, q. 1, a. 2, ad 2.

O livro, nascido de uma experiência de pregação, presta-se, creio eu, tanto para a meditação pessoal quanto para cursos de exercícios espirituais, escolas da fé, missões populares e como subsídio para a nova evangelização. O leitor não deve se surpreender se por vezes encontrar neste livro pensamentos e partes já presentes em meus livros precedentes. Isto se deve ao objetivo prático deste livro e ao seu caráter de síntese da fé cristã.

1

Creio no Espírito Santo

1.1 Origem do artigo sobre o Espírito Santo

Em conformidade com o programa que nós pré-fixamos, começaremos meditando sobre o terceiro artigo do credo, relativo ao Espírito Santo:

> Creio no Espírito Santo, que é Senhor e dá a vida, e procede do Pai e do Filho; e com o Pai e o Filho é adorado e glorificado: Ele que falou pelos profetas.

Começo com alguns acenos históricos acerca da origem deste artigo do credo para em seguida passar a comentá-lo em seus diversos elementos.

Ao longo da quaresma e do tempo pascal, na missa, recita-se o credo em sua forma mais antiga e mais breve, dita "símbolo apostólico". Vocês devem certamente se lembrar que ali se diz simplesmente: "Creio no Espírito Santo, na santa Igreja Católica..." Como e por qual razão ter-se-ia passado desta forma breve para a forma longa do símbolo Niceno-constantinopolitano, anteriormente lembrado?

Para responder a esta pergunta vale recordar que o credo da Igreja não nasceu, a exemplo da Constituição norte-americana, de um grupo de homens que se reuniram para redigir um belo texto. É fruto de um lento emergir da verdade divina na mente humana, resultado de uma pedagogia divina que considera os tempos de maturação humana.

Quem abriu o debate explícito sobre o lugar do Espírito na Trindade foi Santo Atanásio, no século IV. Até então, a doutrina relativa ao Paráclito havia permanecido na sombra, e compreende-se inclusive a razão: não era possível definir a posição do Espírito Santo na divindade antes de definir a do Filho, fato que aconteceu em Niceia, em 325. Por isso nos limitávamos a repetir no símbolo de fé: "e creio no Espírito Santo", sem outros acréscimos.

A discussão se concluiu com o concílio ecumênico de Constantinopla, em 381, no qual a breve menção do Espírito Santo do símbolo apostólico precedente foi ampliada no sentido que a conhecemos hoje.

A formulação adotada no concílio não agradou a todos. Como de praxe nestes casos, houve quem censurou o concílio por ter falado demais (os "pneumatômacos", os inimigos do Espírito) e quem o acusou de ter falado de forma insuficiente, uma vez que o Espírito Santo não era abertamente declarado "Deus" e consubstancial ao Pai. Dentre estes estava São Gregório Nazianzeno, que escreveu: "O Espírito Santo é, portanto, Deus? Certamente! É consubstancial? Sim, se de fato é Deus"[10]. "Até quando – acrescenta alhures – manteremos escondida a lâmpada debaixo do alqueire e sem proclamar em alta voz a plena divindade do Espírito Santo?"[11].

O artigo sobre o Espírito Santo compartilhou a sorte do resto do símbolo lembrado na introdução: caiu no esquecimento. Foi o concílio ecumênico posterior, o de Calcedônia, em 451, que o resgatou e o adotou, fazendo dele o símbolo Niceno-constantinopolitano que até hoje constitui a base da fé comum a todas as igrejas cristãs, e que ao longo do ano recitamos na missa.

As definições conciliares não são um resumo da fé. Elas não pretendem dizer tudo, mas apenas traçar um perímetro dentro do qual cada afirmação sobre uma determi-

---

10. GREGÓRIO NAZIANZENO. *Oratio* 31, 5.10 (PG 36, 144).
11. GREGÓRIO NAZIANZENO. *Oratio* 6 (PG 35, 856).

nada verdade deve ser situada; elas servem para proteger a verdade de fundo. Isto é particularmente evidente no artigo sobre o Espírito Santo. Basta confrontá-lo com tudo o que o Novo Testamento diz sobre Ele, ou também confrontá-lo com a rica e viva pneumatologia do *Veni creator,* ou da sequência de Pentecostes *Veni Sancte Spiritus*, para convencermo-nos disso. O artigo do credo não conclui, portanto, a reflexão sobre o Espírito Santo, mas a estimula, a orienta. Da mesma forma, ninguém imagina que tudo já possa ter sido dito sobre Cristo com a definição de Calcedônia, que afirma tratar-se de "uma pessoa em duas naturezas".

1.2 "Creio no Espírito Santo, que é Senhor"

O artigo do credo sobre o Espírito Santo compreende três grandes afirmações. Comecemos pela primeira: "Creio *no* Espírito Santo, que é Senhor e dá a vida". O primeiro elemento a sublinhar é a preposição "no". Na introdução eu dizia: uma coisa é acreditar *em algo*, outra é acreditar *em alguém*. Crer "em" ["*in*"], no credo, só se diz das três pessoas divinas: creio em Deus Pai... creio em Jesus Cristo... creio no Espírito Santo. Não dizemos [em italiano]: creio *na* Igreja Católica, *na* comunhão dos santos; dizemos: creio *a* santa Igreja Católica. "Acreditar em" é muito mais do que "acreditar que". Quando Jesus disse: "Credes em Deus, credes também em mim" (Jo 14,1), não pretendia dizer apenas: "Credes que Deus existe, credes que eu existo...", mas também, e sobretudo: "Tendes fé, credes em sua palavra e na minha, entregai-vos a Ele e a mim, acolhei em vós o Pai e a mim".

"Que é Senhor" (em grego *to kyrion,* neutro). Atenção: não se diz que é "o" Senhor (instantes antes, no credo, se proclama: "e creio *em um só Senhor* Jesus Cristo"!), mas se diz apenas que é Senhor. É um termo que indica a natureza, não a pessoa; diz *que coisa é*, não *quem* é o Espírito. "Senhor" quer dizer aqui: "que pertence ao mundo do senhorio de Deus"; em outros termos: que é Deus.

Não se poderia ter dito a mesma coisa mais explicitamente, definindo o Espírito Santo pura e simplesmente como Deus e consubstancial ao Pai, como tinha sido feito com o Filho? Certamente! E foi exatamente esta, como o dissemos, a crítica que alguns bispos imediatamente fizeram à definição. Por motivos de oportunidade e de harmonização, preferiu-se dizer a mesma coisa com expressões equivalentes, atribuindo ao Espírito, também a *isotimia*, isto é, a igualdade com o Pai e o Filho na adoração e na glorificação da Igreja.

Não esqueçamos que o pensamento cristão estava diante da enorme dificuldade de manter firme a fé bíblica em um Deus único, mesmo proclamando a Trindade. Ainda não se havia encontrado um modo aceitável por todos para expressar, em termos conceituais, esta novidade cristã que também a Igreja acreditava e vivia desde sempre, por exemplo, ao conferir o batismo "em nome do Pai e do Filho e do Espírito Santo".

No pensamento dos Padres, o título "Senhor" equivale a dizer "criador", e com este termo é explicado. "Se é criado, escrevia São Basílio, o Espírito Santo claramente é servo; se, ao contrário, está acima da criação, então é partícipe da realeza"[12]. O hino *Veni creator Spiritus* reúne toda essa tradição. Foi o conceito que levou à certeza da plena divindade do Espírito Santo. Ou o Espírito é Senhor, ou é "servo"; ou

---

12. BASÍLIO. *Sullo Spirito Santo*, XX, 51 (PG 32, 161 C).

é criador, ou é criatura, escrevia Santo Atanásio. Não existe uma terceira entidade intermediária. Mas ele não pode ser criatura porque ao sermos tocados por Ele (nos sacramentos, na Palavra, na oração) fazemos a experiência de entrar em contato com Deus pessoalmente. Se nos diviniza, quer dizer que Ele mesmo é Deus[13].

Definir o Espírito criador significa alargar sua esfera de ação a toda a *realidade* criada, contra Orígenes que reservava ao Espírito a esfera dos santificados, ao Filho a esfera das criaturas dotadas de razão e ao Pai todas as dotadas do ser[14]. Significa também estender sua ação a toda a *história*, contra a tese atribuída a Joaquim de Fiore, que via no Antigo Testamento a era do Pai, no Novo Testamento a do Filho e na Igreja a era do Espírito Santo.

Como criador, o Espírito também age fora da Igreja, e isto dá um fundamento teológico – e não apenas político e contingente – ao diálogo interreligioso e ao reconhecimento dos elementos positivos também fora das religiões bíblicas. "Cada verdade, não importa por quem seja descoberta, procede do Espírito Santo", escreveu Santo Tomás de Aquino[15]. Ele dá um fundamento teológico também ao ecologismo cristão. Se o criado é obra do Espírito criador, não é possível adulterar uma obra de arte sem ofender seu autor. Paulo fala de uma misteriosa presença do Espírito na criação que a impele à plena libertação. Nossa sintonia com o criado se baseia no fato de termos recebido, de maneira diferente,

---

13. Cf. ATANÁSIO. *Lettere a Serapione*, I, 21 (PG 26, 580).

14. ORÍGENES. *De principiis*, I, 3, 5 (PG 11, 150).

15. TOMÁS DE AQUINO. *Summa theologiae*, I-IIae, q. 109, a. 1, ad 1. • Cf. tb. AMBROSIASTRO. *Sulla Prima Lettera ai Corinzi*, 12, 3 (CSEL 81, p. 132).

"as primícias do Espírito" que impele à plena libertação (cf. Rm 8,19ss.).

1.3 "... e dá a vida"

A expressão "e dá a vida" é deduzida de diversas passagens do Novo Testamento: "É o Espírito que dá a vida" (Jo 6,63); "A lei do Espírito dá vida em Jesus Cristo" (Rm 8,2); "O último Adão é um espírito que dá a vida" (1Cor 15,45); "A letra mata, o Espírito dá a vida" (2Cor 3,6). Em toda a Escritura, cada que vez que há um salto de qualidade na vida, é por obra do Espírito de Deus. Na criação, Deus sopra sobre Adão um sopro (*pnoe!*) de vida e este se torna um ser vivente (Gn 2,7); na Encarnação, o Espírito Santo desce sobre Maria e nela toma vida o corpo humano de Cristo; na Ressurreição, o Espírito irrompe no sepulcro de Cristo e Ele renasce para uma nova vida; na Eucaristia, o Espírito Santo é invocado sobre as ofertas e o pão se torna corpo vivo de Cristo. Nossa ressurreição final também acontecerá por obra do Espírito: "Se o Espírito de Deus que ressuscitou Jesus dos mortos habita em vós, aquele que ressuscitou Cristo dos mortos dará vida também aos vossos corpos mortais por meio do Espírito que habita em vós" (Rm 8,11).

Façamo-nos três perguntas. Primeira: *que vida* dá o Espírito Santo? A vida divina, a vida de Cristo. Uma vida sobrenatural, não uma sobrevida natural; cria o homem novo, não o super-homem de Nietzsche. Segunda pergunta: *onde se dá tal vida?* No batismo, que de fato é apresentado como um "renascer do Espírito" (Jo 3,5); nos sacramentos; na Palavra de Deus, que é inspirada pelo Espírito e transpira o Espírito; na oração; na fé; no sofrimento aceito em união com Cristo.

Terceira pergunta: *como o Espírito nos dá a vida*? A resposta é: fazendo morrer as obras da carne! E é o tema sobre o qual vamos nos deter demoradamente nesta primeira meditação.

Quem mais insistiu nesta maneira do Espírito dar a vida foi São Basílio, o primeiro a escrever um tratado sobre o Espírito Santo, e que teve o papel principal na formulação do artigo sobre o Espírito Santo no Concílio de Constantinopla, em 381. Enquanto asceta e homem espiritual, seu interesse maior residia no agir do Espírito na vida de cada batizado. Embora sem estabelecer ainda a distinção e a ordem das três vias que posteriormente se tornaram clássicas, ele pôs maravilhosamente às claras a ação do Espírito Santo na purificação da alma do pecado, em sua iluminação e na divinização, que também denomina "intimidade com Deus"[16].

Vejamos a página em que, em contínua referência à Escritura, Basílio descreve esta ação, e deixemo-nos transportar por seu entusiasmo:

> A relação de familiaridade do Espírito com a alma não é uma aproximação no espaço – como, efetivamente, seria possível aproximar-nos do incorpóreo corporalmente? –, mas, ao contrário, consiste na exclusão das paixões, as quais, como consequência da atração que elas alimentam pela carne, alcançam a alma e a separam da união com Deus. Purificados da sujeira da qual estávamos cobertos pelo pecado e retornados à beleza natural, como se tivéssemos restituído a uma imagem real a antiga forma através da purificação, somente dessa forma podemos aproximar-nos do Paráclito. Ele, como um sol, reconhecendo o olho purificado, te mostrará em si mesmo a imagem do Invisível. Na bendita contemplação da imagem, verás a indizível

---

16. BASÍLIO. *Sullo Spirito Santo*, XIX, 49 (PG 32, 157 A).

beleza do arquétipo. Por meio dele os corações se elevam, os fracos são guiados pela mão, os que progridem alcançam a perfeição. Iluminando os que se purificaram de toda mancha, os torna espirituais através da comunhão com Ele. E, à semelhança de corpos límpidos e transparentes, quando um raio os atinge, eles mesmos se tornam resplandecentes e refletem outro raio, assim como as almas portadoras do Espírito são iluminadas pelo Espírito; elas mesmas se tornam plenamente espirituais e reenviam sobre os outros a graça. Daqui o pré-conhecimento das coisas futuras; a compreensão dos mistérios; a percepção das coisas ocultas; a distribuição de carismas; a cidadania celeste; a dança com os anjos; a alegria sem fim; a permanência em Deus; a semelhança com Deus; a realização dos desejos: tornar-se Deus[17].

Não foi difícil para o estudioso descobrir atrás do texto de Basílio imagens e conceitos derivados das *Enéadas* do filósofo neoplatônico Plotino e, neste contexto, falar de uma infiltração estranha no corpo do cristianismo. Na verdade, trata-se de um tema primorosamente bíblico e paulino que se manifesta, como não podia ser diferente, em termos familiares e significativos para a cultura do tempo. À base de tudo, Basílio não coloca a ação do homem – a contemplação –, mas a ação de Deus e a imitação de Cristo. Estamos aos antípodas da visão de Plotino e de qualquer filosofia. Tudo, para Basílio, começa com o batismo como um novo nascimento. O ato decisivo não está no fim, mas no início do caminho:

> Como no páreo dos estádios uma parada e um descanso separam os percursos em sentido oposto, assim também, na transformação de vida, parece necessário que uma morte se interpo-

---

17. BASÍLIO. *Sullo Spirito Santo*, IX, 23.

nha às duas vidas para pôr fim àquilo que precede e para dar início às coisas vindouras. Como descer aos infernos? Imitando o sepultamento de Cristo através do batismo[18].

A ideia de fundo é a mesma de Paulo. No capítulo 6 da Carta aos Romanos o apóstolo fala da purificação radical do pecado que acontece no batismo, e no capítulo 8 descreve a luta que o cristão, sustentado pelo Espírito, deve conduzir, no restante de sua existência, contra os desejos da carne, a fim de progredir na vida nova:

> Os que vivem segundo a carne, pensam nas coisas da carne; os que vivem segundo o Espírito, ao contrário, pensam nas coisas do Espírito. Ora, a tendência da carne é a morte, enquanto a tendência do Espírito é a vida e a paz. De fato, a inclinação da carne é hostil a Deus, pois não se submete à Lei de Deus e sequer pode sê-lo; e os que vivem segundo a carne não podem agradar a Deus [...]. Portanto, irmãos, não sejais devedores à carne para viver segundo a carne. Se, de fato, viverdes segundo a carne, morrereis, mas se fizerdes morrer pelo Espírito as obras da carne, vivereis (Rm 8,5-13).

Não é de admirar que, para ilustrar a tarefa descrita por São Paulo, Basílio tenha feito uso de uma imagem de Plotino. Ela está na origem de uma das metáforas mais universais da vida espiritual, e hoje nos fala tanto quanto falou aos cristãos daquele tempo:

> Recolhe-te em ti mesmo e vê; e se ainda não te vires belo, imita o escultor de uma estátua que deve tornar-se bela: apara isso e corrige aquilo, suaviza aqui e limpa ali, até que exiba um belo semblante na estátua. Semelhantemente também tu: apa-

---

18. BASÍLIO. *Sullo Spirito Santo*, XV, 35.

ra todo o supérfluo, alinha todo o tortuoso, limpa e faz reluzente todo o opaco e não cesses de moldar a estátua de ti mesmo, até que o divino esplendor da virtude resplandeça em ti[19].

Se a escultura, como o dizia Leonardo da Vinci, é a arte de remover, tem razão o filósofo em comparar a purificação e a santidade com a escultura. Para os cristãos, no entanto, não se trata de uma beleza abstrata, de construir uma bela estátua, mas de trazer de volta à luz e tornar cada vez mais brilhante a imagem de Deus, que o pecado tende continuamente a recobrir.

Diz-se que certa vez Michelangelo, andando por um terreno em Florença, viu emergir do chão um bloco de mármore bruto, recoberto de poeira e barro. Parou bruscamente para observá-lo. Em seguida, como que iluminado por um repentino relâmpago, disse aos presentes: "Neste bloco de pedra está escondido um anjo: quero retirá-lo de lá!" E pôs-se a trabalhar, cinzel à mão, para dar forma ao anjo que havia vislumbrado. Assim também acontece conosco: somos ainda blocos de pedra bruta, cobertos por tanta "terra" e tantos pedaços inúteis. Deus Pai nos olha e diz: "Nesse pedaço de pedra está escondida a imagem de meu Filho; quero retirá-la de lá, para que brilhe eternamente ao meu lado no céu!" E para tanto, usa o formão da cruz, nos lapida (cf. Jo 15,2).

Os mais generosos não apenas suportam os golpes do formão vindos de fora, mas também colaboram, na medida em que lhes é permitido, impondo-se pequenas ou grandes mortificações voluntárias e quebrando a velha e própria vontade. Um Padre do deserto dizia:

---

19. PLOTINO. *Enéada* I, 6, § 9.

Se quisermos ser completamente livres, aprendamos a quebrar a nossa vontade, e assim, pouco a pouco, com a ajuda de Deus, avançaremos e chegaremos à plena libertação das paixões. É possível quebrar dez vezes a própria vontade em um tempo brevíssimo, e vos digo como. Alguém está andando e vê algo; seu pensamento lhe diz: "Olhe isso!", mas ele responde ao seu pensamento: "Não, não olho!", e assim quebra a sua vontade[20].

Este antigo padre apresenta outros exemplos extraídos da vida monástica. Por exemplo, se falam mal de alguém, talvez do superior, teu velho homem pode estar te dizendo: "Participa tu também; dize o que sabes". Mas tu respondes: "Não!" Dessa forma estás mortificando o velho homem em ti. Não seria difícil alongar a lista com outros atos de renúncia, específicos ao estado em que se vive ou ao trabalho que se exerce. Pode ser um espetáculo televisivo ou um site da internet, cujos conteúdos bem conheces... O velho homem te sussurra: "Não és mais uma criancinha; que mal te poderão fazer?" A indignação te sugere uma resposta dura: responda não, e terás quebrado tua vontade. Uma vez que estamos às voltas com os "exercícios espirituais", eis o momento propício para um primeiro e importante exercício a ser feito: identificar onde devemos afundar nosso formão e perguntar qual "pedaço" de nós deve ser extraído para que não permaneçamos em estado bruto, ou identificar as coisas para as quais devemos direcionar o nosso primeiro "não".

São Paulo, como acabamos de ouvir, disse: "se *pelo Espírito* fizerdes morrer as obras da carne, vivereis". O Espírito não é, portanto, apenas fruto da mortificação, mas também o que a torna possível; não está somente no final do caminho,

---

20. DOROTEU DE GAZA. *Insegnamenti* 1, 20 (SCh 92, p. 177).

mas também no início. Os apóstolos não receberam o Espírito em Pentecostes porque se tornaram fervorosos; mas se tornaram fervorosos porque receberam o Espírito. Também a mortificação deve ser feita "no Espírito".

De todos os lados que se olhe se percebe como o Espírito Santo é a grande fonte de riqueza e o segredo da vida cristã. Não é como uma camada de açúcar que se espalha por sobre um bolo (a imagem com a qual Yves Congar descreve a ideia que se tinha do Espírito antes do concílio), mas é o fermento que transforma e faz o todo crescer. Muitos cristãos reclamam que as exigências do Evangelho são demasiadamente grandes para eles, que não conseguem cumpri-las; e se desculpam de tudo afirmando que "a carne é fraca".

Existe uma história, não sei se acontecida ou apenas imaginada, que diz muito sobre a vida cristã vivida com ou sem o Espírito Santo. Ela nos servirá de pequeno *break* antes de passar para o próximo ponto, bastante desafiador. No início dos anos novecentos uma família do sul da Itália emigrou para os Estados Unidos. Não tendo dinheiro suficiente para pagar as refeições no restaurante, levaram consigo o alimento para a viagem: pão e queijo. Com o passar dos dias e semanas, o pão ficou rançoso e o queijo bolorento; o filho, em dado momento, não aguentando mais, teve náuseas e começou a chorar. Os pais sacaram do bolso o resto de tostões que ainda tinham e o entregaram ao filho a fim de que ele desfrutasse de um bom almoço no restaurante. O filho foi, alimentou-se, mas retornou aos prantos. "Como assim: gastamos tudo o que tínhamos para pagar-te um bom almoço e voltas chorando?" "Sim, choro porque nós comemos pão e queijo o tempo todo, e descobri que o almoço no restaurante estava incluído no preço da passagem!" Muitos cristãos fazem a travessia da vida a pão e queijo, sem alegria, sem entusiasmo, quando, na verdade, espiritualmente falando, diariamente poderiam desfrutar dos bens divinos..., sem dar-se conta de que tudo está incluído no preço de ser cristão e no fato de ter recebido o Espírito Santo.

1.4 "... e procede do Pai (e do Filho) e com o Pai e o Filho é adorado e glorificado"

Passemos agora à segunda grande afirmação do credo sobre o Espírito Santo. Até agora o símbolo nos falou da *natureza* do Espírito, mas não ainda da *pessoa*; disse-nos que *coisa é*, mas não *quem* é o Espírito; falou-nos do que o Espírito Santo tem em comum com o Pai e com o Filho – o fato de ser Deus e de dar a vida. Com a presente afirmação passamos àquilo que distingue o Espírito Santo do Pai e do Filho. O que o distingue do Pai é que dele *procede* (uma é a pessoa que procede, outra é aquela da qual procede!); o que o distingue do Filho é que procede do Pai não por geração, mas por *espiração*. Para nos expressarmos em termos humanos: não como o conceito (*logos*) que procede da mente, mas como o sopro que procede da boca.

Trata-se do elemento central do artigo do credo, aquele com o qual se pretendia definir o lugar que o Paráclito ocupa na Trindade e na fé cristã. Esta parte do símbolo é conhecida sobretudo pelo problema do *Filioque*, que por um milênio foi o principal objeto de desacordo e de acusações recíprocas entre o Oriente e o Ocidente. Resumo esse problema brevemente: O símbolo aprovado pelos Padres no Concílio de Constantinopla dizia simplesmente que o Espírito Santo "procede do Pai". Os latinos (primeiramente Ambrósio, depois Agostinho), fundamentando-se nas palavras de Jesus: "ele assumirá do que é meu e o anunciará", "tudo aquilo que o Pai possui é meu", e nas expressões de alguns Padres gregos segundo os quais o Espírito "procede do pai *através do Filho*", frase que em latim soa *Filioque*.

Isto não criou nenhum problema até o século IX. No ano 809, Carlos Magno, para acentuar seu distanciamento e sua independência política do Império Bizantino, fez pressão sobre o Papa Leão III para que a expressão *Filioque* fosse inserida no credo da missa. O papa se opôs, mas algumas igrejas começaram a fazê-lo, e assim acabou se tornando parte integrante do credo latino. Quando, em 1054, se consumou definitivamente o grande cisma entre Oriente e Ocidente, esta questão assumiu uma importância desproporcional, tornando-se o principal pomo de discórdia.

Os latinos erraram ao inserir esta palavra no credo, ou seja, numa definição conciliar tornada canônica, mas tinham razão em atribuir um papel ao Filho na processão do Espírito Santo, mesmo que diferente e dependente daquele do Pai. Eu, portanto, na esteira de muitos outros, não concordo com o uso do termo no credo, que, por outro lado, da forma como está, sem acréscimos, não expressa nem mesmo a autêntica doutrina agostiniana à qual se recorre[21]. Compartilho, ao contrário, da doutrina que esse termo pretende expressar. Por dois motivos que tentarei explicar.

---

21. Agostinho, em *De Trinitate*, XV, 47, distingue o papel do Pai daquele do Filho na espiração do Espírito Santo: "O Espírito Santo primariamente procede do Pai (*de Patre principaliter*) e, pelo dom que o Pai faz ao Filho, sem qualquer intervalo de tempo, doa ambos ao mesmo tempo".

Primeiro motivo: porque essa me parece ser a mais coerente com a visão da Trindade como comunhão no amor, hoje cada vez mais compartilhada por todos os teólogos. A aplicação à Trindade da imagem da luz (sol, esplendor, raio) e da água (fonte, rio, riacho) sugere um movimento linear, para frente; não tanto quanto o amor, que indica circularidade, intercâmbio, comunhão. Atualmente é neste fluir do amor do Pai para o Filho que se situa o Espírito Santo. O Pai gera o Filho no Espírito Santo, isto é, *amando-o*; o Pai e o Filho sopram o Espírito Santo *amando-se*. O Espírito é o eterno movimento de amor entre os dois.

Segundo motivo: porque esta maneira de entender a processão do Espírito Santo tem a vantagem de evitar algumas perguntas embaraçantes e de difícil resposta: o que o Pai ainda não havia manifestado de si mesmo, gerando o Filho, que justifique a necessidade de uma segunda realização de si no Espírito Santo? Em qual relação se situam entre Eles a geração do Filho e a processão do Espírito Santo se ambas procedem de modo unívoco e exclusivo do Pai? São elas independentes e paralelas, ou, pior ainda, são antecedentes trinitárias de duas economias diferentes, isto é, aquela do Filho e aquela do Espírito Santo, criando uma dicotomia no interior da Trindade e da história da salvação?

Hoje, felizmente, no novo clima do diálogo ecumênico, estão sendo superadas estas contraposições graças a uma reconsideração de toda a doutrina trinitária. O Espírito Santo, sublinharam reconhecidos teólogos latinos e gregos, não tem apenas um papel passivo na Trindade (fato que mais inquietava, e com razão, os irmãos ortodoxos). Se é verdade, de fato, que o Espírito Santo procede do Pai e do Filho, é verdade também que o Filho é gerado pelo Pai no Espírito Santo, como no batismo do Jordão o Pai unge Jesus com o Espírito Santo[22].

O que podemos considerar desta parte do símbolo da fé, e o que enriquece a nossa fé comum, para além das disputas teológicas? O Espírito Santo não é um parente pobre na Trindade. Não é uma energia ou um fluido que permeia o universo como pensavam os estoicos; é uma relação subsistente, portanto, uma pessoa. Não é a terceira pessoa do singular, mas a primeira pessoa do plural. É o "Nós" do Pai e do Filho[23]. Quando, para nos expressarmos de forma humana, o Pai e o Filho falam do Espírito Santo, não dizem "ele", mas dizem "nós", porque Ele é a unidade do Pai e do Filho. Aqui se percebe a fecundidade extraordinária da intuição de Santo Agostino para quem o Pai é aquele que ama, o Filho o amado e o Espírito o amor que os une, o dom recíproco.

Se quisermos balbuciar mais algumas palavras sobre o mistério inefável que o Espírito representa na Trindade, podemos dizer assim: o Espírito é a força eterna em virtude da qual o Pai não pode deixar de se entregar, de se doar, de amar, em primeiro lugar e para sempre. E é também a força que, pousada sobre o Filho, a quem o Pai se entrega inteiramente, induz o Filho a não guardar nada para si, mas devolver tudo ao Pai. O Espírito é eternamente o dom personificado; daí os termos "dom" e "comunhão" atribuídos pessoalmente ao

---

22. Cf. CLÉMENT, O. *Alle fonti con i Padri*. Roma: Città Nuova, 1987, p. 58 [ed. orig. *Les mystiques chrétiens des origines*. Paris: Stock, 1982]. • CANTALAMESSA, R. *Il canto dello Spirito*. Milano: Àncora, 1997, p. 411-414.

23. Cf. MÜHLEN, H. *Der Heilige Geist als Person. Ich – Du – Wir*. Münster in W: Aschendorff, 1963. • O primeiro a definir o Espírito Santo como o "Nós divino" foi KIERKEGAARD, S. *Diario* II A 731 (23 abril 1838).

Paráclito no Novo Testamento[24]. Da eternidade o Pai suscita um outro si mesmo que, voltado na direção de seu âmago, lhe devolve tudo aquilo que dele eternamente recebeu. E este movimento dos dois é o Espírito.

O Espírito Santo, apesar de tudo, sempre continuará sendo o Deus escondido, inclusive para nós que conhecemos seus efeitos. Ele é como o vento: não se sabe de onde vem nem para onde vai, mesmo que vejamos os efeitos de sua passagem. É como a luz que ilumina tudo aquilo que está à sua volta, mesmo permanecendo ela mesma invisível. Por isso o Espírito Santo é a pessoa menos amada das Três, não obstante seja a causa do amor, tanto o eterno quanto o terrestre. É mais fácil pensar no Pai e no Filho como pessoas, mas mais difícil é pensar no Espírito da mesma forma. Em sentido estrito, só o Filho é realmente pessoa, uma vez que se encarnou, assumiu a natureza humana e permanece Deus e homem! Se definimos o Espírito Santo como a "terceira Pessoa" da Trindade, é para que se compreenda que Ele tem um papel totalmente próprio. Pai, Filho e Espírito Santo são uma única coisa; as funções é que são diferentes; e a primeira função do Espírito é exatamente a de ser o amor que passa entre o Pai e o Filho.

Não existem categorias humanas que possam nos ajudar a compreender este mistério. Todas as aproximações que podemos fazer são carentes em algum aspecto. Pensemos, por exemplo, numa criança que nasce: trata-se do fruto do amor do pai e da mãe; em seu coração está a soma desses dois amores; ele os une; os retribui; entre os três o amor circula; cada qual no seu papel de Pai, mãe e filho; mas o filho

---

24. Cf. At 2,38; 8,20; 10,45; 1Jo 4,13; 2Cor 13,13.

tem sua existência própria fora dos pais, fato que não se aplica ao Espírito Santo.

Só conheceremos plenamente quem é o Espírito Santo no paraíso. Aliás, o viveremos numa vida que não terá fim, num aprofundamento que nos proporcionará imensa alegria. Será como um fogo dulcíssimo que inundará a nossa alma e a encherá de alegria, como quando o amor afeta o coração de uma pessoa e ela se sente feliz.

1.5 "... e falou pelos profetas"

Estamos na terceira e última grande afirmação sobre o Espírito Santo. Para compreender o que ela acrescenta de novo, devo fazer uma distinção. Na Bíblia percebemos duas maneiras de agir do Espírito: existe sua atividade criadora e vivificadora que consiste em mudar o coração da pessoa e torná-la "agradável a Deus" (em teologia se chama *gratia gratum faciens*); e existe sua atividade carismática que consiste em distribuir dons particulares, não diretamente para a santificação da pessoa que os recebe, mas para a edificação da comunidade (em teologia se chama *gratia gratis data*). Para compreender esse agir basta ler primeiramente o capítulo 12 da Primeira Carta aos Coríntios, em que se elenca os carismas próprios a cada um, e passar em seguida para o capítulo 13, em que se fala de um dom único, igual e necessário a todos, que é a caridade.

Após termos professado a nossa fé na ação vivificadora e santificadora do Espírito na primeira parte do artigo (o Espírito que é Senhor e dá a vida), agora sublinharemos também sua ação carismática. Nela faz-se referência a um carisma concedido a todos, aquele que Paulo considera o primeiro por ordem de importância, que é a profecia (cf. 1Cor 14). Do carisma profético fala-se apenas em uma ocasião no credo, ao afirmar que o Espírito "falou pelos profetas". Esta é uma limitação devido à necessária brevidade do símbolo. A Carta aos Hebreus começa dizendo que "depois de ter, por muitas vezes e de muitos modos, falado outrora aos Pais pelos profetas, nos últimos tempos Deus falou-nos pelo Filho" (Cf. Hb 1,1-2). O Espírito falou através de Jesus e fala através da Igreja. Um texto da liturgia ortodoxa nos mostra como esta lacuna era, com toda naturalidade, preenchida em outros momentos da vida da Igreja, partindo justamente do artigo do credo:

> Envia [...] o teu santíssimo Espírito, Senhor e vivificador, que se senta contigo, Deus e Pai, e com o teu Filho unigênito; e que reina, consubstancial e coeterno. Ele falou na Lei, nos Profetas e no Novo Testamento; desceu em forma de pomba sobre nosso Senhor Jesus Cristo no Rio Jordão, pousando sobre Ele, e desceu sobre os santos apóstolos [...] no dia do santo Pentecostes[25].

A verdade a ser lembrada é que o Espírito não cessou de falar com os profetas; e o faz também hoje na Igreja, mesmo que não se trate mais do mesmo tipo de profecia canônica. Pedro vê realizada em Pentecostes a profecia de Joel:

> derramarei o meu Espírito sobre cada pessoa;
> vossos filhos e vossas filhas profetizarão,
> vossos jovens terão visões,
> e vossos anciãos terão sonhos.
> E também sobre os meus servos e minhas servas,
> naqueles dias, eu derramarei o meu Espírito
> e eles profetizarão (At 2,17-18).

---

25. Anafora della Liturgia detta di san Giacomo. *In*: HÄNGG, A.; PAHL, I. *Prex Eucharistica*. Fribourg: Éditions universitaires, 1968, p. 250.

O Concílio Vaticano II reafirmou a vocação protética de todo o povo de Deus: "Cada membro da Igreja deve dar testemunho de Jesus com espírito de profecia"[26]. Também nisto está a novidade criada pela vinda de Cristo e pela efusão de seu Espírito. No Antigo Testamento somente alguns, e somente em circunstâncias particulares, eram profetas; agora todos compartilham desta vocação.

No interior desse povo profético existem alguns que possuem um carisma particular de profecia e são simplesmente denominados "profetas" (cf. 1Cor 12,9; 14,1ss.). Todos os documentos recentes da Igreja relativos à missão dos bispos e dos presbíteros afirmam que o carisma de profecia deve brilhar de uma forma especial na vida dos pastores. Mediante a ordenação eles participam, de pleno direito, da missão profética, real e sacerdotal de Cristo. É sobretudo no anúncio da Palavra de Deus e na pregação dos pastores que o carisma profético deve brilhar.

Existem duas maneiras de preparar uma pregação ou qualquer anúncio de fé, oral ou escrito. Posso primeiro sentar-me à escrivaninha e por própria conta escolher as palavras a serem anunciadas e o tema a ser desenvolvido, baseando-me em meus conhecimentos, em minhas preferências etc., e, em seguida, uma vez preparado o discurso, colocar-me de joelhos para abruptamente pedir a Deus que abençoe o que escrevi e que dê eficácia às minhas palavras. Já é uma grande coisa, mas esta não é a via profética. Precisamos, ao invés disso, fazer o contrário. Primeiro colocar-se de joelhos e pedir a Deus qual é a palavra que Ele quer dizer; em segui-

---

26. *Presbyterorum Ordinis*, 2.

da sentar-se à escrivaninha e usar das próprias competências para dar corpo àquela palavra.

Devemos partir da certeza de fé de que o Senhor Ressuscitado, em qualquer circunstância, tem no coração uma palavra que deseja fazer chegar ao seu povo. O Ressuscitado não escreveu apenas sete cartas às Igrejas da Ásia Menor (cf. Ap 2–3). Continua escrevendo cartas, particularmente, a cada Igreja! É essa Palavra que muda tudo, e é essa que devemos descobrir. E Ele não deixa de revelá-la ao seu ministro quando, humildemente e com insistência, a solicita.

Trata-se, inicialmente, de um movimento quase imperceptível do coração: uma pequena luz que se acende na mente, uma palavra da Bíblia que começa a despertar a atenção e ilumina uma situação. Verdadeiramente "a menor de todas as sementes"; mas então percebes que ela tudo continha: nela se escondia o estrondo capaz de derrubar cedros do Líbano. Em seguida te sentas à escrivaninha, abres teus livros, conferes tuas anotações, consultas os Padres da Igreja, os mestres, os poetas..., agora, porém, de um modo totalmente diferente: já não é mais a Palavra de Deus ao serviço de tua cultura, mas tua cultura ao serviço da Palavra de Deus.

Em geral a resposta de Deus chega sob a forma de uma palavra da Escritura que, por outro lado, naquele exato instante revela sua extraordinária pertinência à situação e ao problema que se pretendia tratar, como se tivesse sido escrita expressamente para aquele fim. Às vezes nem é necessário citar explicitamente essa palavra bíblica, tampouco comentá-la. Basta que ela esteja bem presente na mente de quem fala e informe todo o seu significado. Em assim procedendo, o pregador, de fato, fala "como se fossem palavras de Deus"

(1Pd 4,11). Este método nunca perde atualidade: serve para os grandes documentos como para a lição que o mestre passa aos seus noviços; serve para uma conferência erudita quanto para uma despretensiosa homilia dominical.

A realidade e a experiência humanas não são, portanto, excluídas da pregação da Igreja, mas devem ser submetidas à Palavra de Deus, à serviço dela. Como, na Eucaristia, é o Corpo de Cristo que assemelha a si quem o come e não vice-versa, assim, no anúncio, deve ser a Palavra de Deus, que é o princípio vital mais forte, que deve sujeitar e assemelhar a si a palavra humana, e não o contrário.

Certamente todos já fizemos a experiência pessoal da potencialidade de uma única Palavra de Deus, quando proferida por alguém que acredita e vive profundamente o que proclama. Às vezes o próprio pregador percebe que, num dado momento, não decidido por ele, em sua fala ocorre uma interferência, como se uma onda de diferente frequência se inserisse em sua voz. E percebe essa interferência através de uma comoção que o investe de uma força e de uma convicção que reconhece claramente não serem suas. Sua palavra torna-se então mais firme, incisiva, e ele mesmo experiencia um reflexo daquela "autoridade" que todos percebem quando ouvem Jesus falar. O Apóstolo Paulo descreve maravilhosamente essa realidade:

> Minha palavra e minha mensagem nada tinham dos discursos persuasivos da sabedoria, mas eram uma demonstração feita pelo poder do Espírito e por sua potência, a fim de que a vossa fé não se fundasse na sabedoria humana, mas no poder de Deus (1Cor 2,4-5).

Nosso evangelho vos foi pregado não somente através da palavra, mas também com poder e com o Espírito Santo e com plena convicção, como bem o sabeis (1Ts 1,5).

Nesse momento o homem e sua voz desaparecem para ceder espaço à outra voz. Constata-se aqui a verdade do dito de Fílon de Alexandria, um autor hebreu contemporâneo dos apóstolos: "O verdadeiro profeta, quando fala, cala"[27]. Cala porque, nesse instante, não é mais ele que fala, mas outro. Isto não acontece com a mesma intensidade ao longo de um discurso ou pregação. Trata-se de instantes; para Deus basta uma frase, uma palavra. Anunciadores e ouvintes sentem então uma sensação de gotas de fogo que, a um dado momento, se misturam às palavras do pregador, tornando-as incandescentes.

O fogo é a imagem que menos imperfeitamente exprime a natureza dessa ação do Espírito. Por isso, em Pentecostes, Ele se manifestou sob a forma de "línguas de fogo que se dividiam e pousavam sobre cada um deles" (At 2,3). De Elias lê-se que era "semelhante ao fogo, e sua língua queimava como chama" (Eclo 48,1). E, em Jeremias, Deus mesmo declara: "Não é minha palavra como o fogo – oráculo do Senhor – ou qual marreta que arrebenta a rocha?" (Jr 23,29).

O movimento pentecostal e carismático trouxe à luz, além dos muitos significados da palavra "profecia", o significado e a manifestação que ela tinha na primitiva comunidade cristã. Basta reler o texto da Primeira Carta aos Coríntios para perceber o quanto foi similar à deles a experiência feita na Renovação Carismática, em seus melhores momentos:

---

27. FÍLON DE ALEXANDRIA. *Quis rerum*, 266 (*Les Oeuvres de Philon d'Alexandrie*, 15. Paris: Cerf, 1966, p. 300).

Aspirai também aos dons do Espírito, sobretudo à profecia [...] Quem profetiza fala aos homens para sua edificação, exortação e consolação [...] Gostaria que todos falassem com o dom das línguas, mas prefiro que tenhais o dom da profecia [...] Se, por exemplo, estando a comunidade inteira reunida, todos falassem com o dom das línguas, e sobreviessem não iniciados ou não crentes, não diriam, porventura, que sois loucos? Se, ao contrário, todos profetizassem e sobreviesse um não crente ou um não iniciado, seria convencido de seu erro por todos, julgado por todos; seriam revelados então os segredos de seu coração, e assim, prostrando-se por terra, adoraria a Deus proclamando que Deus está realmente no meio de vós (1Cor 14, 1.3.23-25).

Quantas vezes o que Paulo acaba de dizer se repetiu em pequenos ou grandes encontros nos quais se vivia no clima do novo Pentecostes! Pessoas não crentes ou incrédulas, ou chegadas ao acaso ou pelo incentivo de outras a um desses encontros, viam-se espontaneamente exclamando entre si: "Deus está aqui!"

Terminemos com as palavras inspiradas, proferidas por um bispo oriental em uma solene assembleia ecumênica:

Sem o Espírito Santo:
Deus está longe,
o Cristo permanece no passado,
o Evangelho é letra morta,
a Igreja uma simples organização,
a autoridade uma dominação,
a missão uma propaganda,
o culto uma evocação,
o agir cristão uma moral para escravos.

Mas, com o Espírito Santo:

o cosmos é levantado e geme no parto do reino,

o homem luta contra a carne,

o Cristo está presente,

o Evangelho é poder de vida,

a Igreja sinal de comunhão trinitária,

a autoridade serviço libertador,

a missão um Pentecostes,

a liturgia memorial e antecipação,

o agir humano divinizado[28].

---

28. LATAKIA, I. (Metropolita). Discorso alla III Assemblea mondiale delle Chiese, julho de 1968. *In:* World Council of Churches. *The Uppsala Report*, WCC, Genebra, 1969, p. 298.

2

Creio em um só Senhor, Jesus Cristo, Deus verdadeiro de Deus verdadeiro

No hino *Veni creator*, na última estrofe, se canta: "*Per te sciamus da Patrem, noscamus atque Filium*". Pede-se ao Espírito que nos faça conhecer (no sentido bíblico de fazer a experiência viva) o Pai e o Filho. Nesta e na próxima meditação veremos como o Espírito realizou e continua realizando esta sua obra na Igreja e nas almas.

Seguindo a ordem inversa que escolhemos no início, começaremos pelo conhecimento que o Espírito nos dá do Filho Jesus Cristo. O segundo artigo do credo, em sua forma completa, soa assim:

> Creio em um só Senhor, Jesus Cristo, Filho unigênito de Deus, nascido do Pai antes de todos os séculos: Deus de Deus, Luz da Luz, Deus verdadeiro de Deus verdadeiro, gerado, não criado, consubstancial ao Pai; por Ele todas as coisas foram feitas.

Este artigo central do credo reflete duas fases diferentes da fé. A frase "Creio em um só Senhor, Jesus Cristo" reflete a primeiríssima fé da Igreja, imediatamente após a Páscoa; Pedro conclui seu discurso de Pentecostes com a solene definição: "Toda a casa de Israel saiba, portanto, com toda a certeza, que esse Jesus que vós crucificastes, Deus o fez Senhor (*Kyrios*) e Messias" (At 2,36). Aquilo que segue no artigo ("Filho unigênito de Deus...") reflete uma fase posterior, mais evoluída, depois da controvérsia ariana e do Concílio de Niceia.

Com a ajuda do Espírito que guiou a Igreja a uma e outra conquista, tentaremos trilhar os dois caminhos, com a mesma emoção com que muitos anos depois se refaz uma via percorrida na infância. Isto nos permitirá fazer uma constatação importante: o Espírito Santo tem duas maneiras de guiar a Igreja à plena verdade e à plena unidade. A primeira é uma *maneira carismática* através da qual a verdade ou a unidade é realizada por Ele, de modo inesperado e sobrenatural. Esta foi a verdade do senhorio de Cristo proclamada no dia de Pentecostes; e esta é também a unidade realizada naquele dia entre todas as raças e povos presentes em Jerusalém, e mais tarde a unidade entre judeus e pagãos realizada na casa de Cornélio. A outra é a *maneira ordinária* que passa através do diálogo, do confronto (às vezes da colisão) e inclusive do compromisso entre as partes; e este foi o processo com que o Espírito conduziu a Igreja à solene proclamação da plena divindade de Cristo em Niceia.

2.1 "Ele dará testemunho de mim"

Vejamos primeiramente o que nos diz o Novo Testamento sobre o Espírito como princípio do conhecimento de Cristo. São Paulo afirma que Jesus Cristo se manifesta como "Filho de Deus com poder mediante o Espírito santificador" (Rm 1,4), isto é, por obra do Espírito Santo. Ninguém pode dizer que Jesus é o Senhor, senão por iluminação interior do Espírito Santo (cf. 1Cor 12,3). Atendo-nos ao que se lê na Carta aos Efésios, percebemos que Paulo atribui ao Espírito Santo "a compreensão do mistério de Cristo" que lhe foi dada, como o fora a todos os santos apóstolos e profetas (cf. Ex 3,4-5). Apenas se "fortalecidos pelo Espírito" os fiéis estarão em condições de "compreender a amplitude, o comprimento, a altura e a profundidade e conhecer o amor de Cristo, que supera todo conhecimento" (Ef 3,18-19).

No Evangelho de João, Jesus mesmo anuncia esta obra do Paráclito a seu respeito. Ele tomará do que é seu e o anunciará aos discípulos; vai lembrá-los de tudo o que Ele disse;

os conduzirá a toda verdade sobre sua relação com o Pai; os tornará testemunhas (cf. Jo 16,3-5.13). Apenas este, doravante, será realmente o critério para se reconhecer se se trata do verdadeiro Espírito de Deus e não de outro espírito: se leva a reconhecer a Jesus Cristo vindo na carne (cf. 1Jo 4,2-3).

Alguns acreditam que a atual ênfase posta no Espírito Santo possa ofuscar a obra de Cristo, como se essa fosse incompleta ou aperfeiçoável. É uma incompreensão total. O Espírito nunca fala "eu", nunca fala na primeira pessoa; sempre faz referência a Cristo; não pretende fundar uma obra própria; sempre se refere e sempre se confia a Ele. Ele é o caminho, a verdade, a vida; o Espírito ajuda a fazer compreender tudo isto. A vinda do Espírito Santo em Pentecostes se traduz numa repentina iluminação de todo o trabalho e pessoa de Cristo, que é proclamado por Pedro, "com certeza", Senhor e Cristo (At 2,2-36). A partir daquele dia, a comunidade primitiva começou a reler a vida de Jesus, sua morte e sua Ressurreição de maneira diferente; tudo parecia claro, revelado, em nova perspectiva. Embora vivendo lado a lado com Ele, sem o Espírito não haviam conseguido penetrar em seu mistério.

Existe, já no âmbito do Novo Testamento, dois tipos de conhecimento de Cristo, ou dois domínios em que o Espírito desenvolve sua ação: um conhecimento objetivo de Cristo, de seu ser, de seu mistério e de sua pessoa, e um conhecimento mais subjetivo, funcional, pessoal e interior, que tem por objeto aquilo que Jesus "faz para mim", mais do que aquilo que Ele "é em si". Os dois domínios são inseparáveis e geralmente coexistentes, não obstante haja distinção. Em Paulo prevalece ainda o interesse pelo conhecimento daquilo que

Cristo fez por nós, pela ação de Cristo e particularmente por seu mistério pascal; em João prevalece doravante o interesse por aquilo que Cristo é: o *Logos* eterno que estava junto de Deus e veio na carne, que é "uma única coisa com o Pai" (cf. Jo 10,30). Mas é somente com os desenvolvimentos subsequentes que estas duas tendências emergirão claras. Vamos acená-las o mais brevemente possível, visto que nos ajudarão a perceber qual é o dom que o Espírito Santo oferece hoje, neste domínio, à Igreja.

No período patrístico, o Espírito Santo aparece sobretudo como garantia da tradição apostólica sobre Jesus, contra as inovações dos gnósticos. À Igreja – afirma Santo Irineu – foi confiado o Dom de Deus que é o Espírito; dele não são partícipes os que com suas falsas doutrinas se separam da verdade pregada pela Igreja[29]. As Igrejas apostólicas – argumenta Tertuliano – não podem ter errado ao pregar a verdade. Pensar o contrário significaria que "o Espírito Santo, a este propósito enviado por Cristo, impetrado pelo Pai como mestre de verdade, ele que é o vigário de Cristo e seu administrador, teria falhado em sua função"[30].

No período das grandes controvérsias dogmáticas, o Espírito Santo é visto como um guardião da ortodoxia cristológica. Nos concílios, a Igreja tem a firme certeza de ser "inspirada" pelo Espírito Santo ao formular a verdade sobre as duas naturezas de Cristo, a unidade de sua Pessoa, a completude de sua humanidade. O acento, portanto, é claramente sobre o conhecimento objetivo, dogmático e eclesial de Cristo.

---

29. Cf. IRINEU. *Adversus haereses*, III, 24, 1-2.

30. TERTULIANO. *De praescriptione haereticorum*, 28, 1 (CC 1, p. 209).

Essa tendência continua dominante até a Reforma. Mas com uma diferença: os dogmas que no momento de serem formulados eram questões vitais, fruto de viva participação de toda a Igreja, uma vez sancionados e transmitidos tendem a perder vigor, e se tornarem formais. "Duas naturezas, uma Pessoa" se torna uma fórmula concluída, mais do que a chegada de um longo e sofrido processo. Certamente não faltaram em todo esse tempo experiências esplêndidas de um conhecimento de Cristo íntimo e pessoal, plenas de fervorosa devoção a Cristo; mas elas não influenciavam muito a teologia. Também hoje se fala delas na história da espiritualidade, mas não na história da teologia.

Os reformadores protestantes invertem esta situação e dizem: "Conhecer a Cristo significa reconhecer seus benefícios, não indagar suas naturezas e modos de encarnação"[31]. Cristo "para mim" vem em primeiro plano. Ao conhecimento objetivo, dogmático, opõe-se um conhecimento subjetivo, íntimo; ao testemunho externo da Igreja e das próprias Escrituras sobre Jesus antepõe-se o "testemunho interno" que o Espírito Santo oferece de Jesus ao coração de cada fiel.

Quando esta novidade teológica, mais tarde, tende a transformar-se ela mesma em Protestantismo oficial, em "ortodoxia morta", surgirão periodicamente movimentos como o Pietismo e o Metodismo para trazê-la à tona. O ápice do conhecimento de Cristo, nestes ambientes, coincide com o movimento no qual, movido pelo Espírito Santo, o fiel reconhece que Jesus morreu "por ele", exatamente por ele, e o reconhece como seu Salvador pessoal:

---

31. MELANTONE, F. Loci theologici. *In: Corpus Reformatorum.* Brunsvigae, 1854, p. 85.

Pela primeira vez acreditei com todo o meu coração;
acreditei com fé divina,
e no Espírito Santo obtive o poder
de falar com meu Salvador.
Senti o sangue de expiação de meu Senhor
diretamente aplicado à minha alma[32].

Completemos este rápido olhar histórico acenando para uma terceira fase na maneira de conceber a relação entre Espírito Santo e conhecimento de Cristo, aquela que caracterizou os séculos do Iluminismo, do qual somos herdeiros diretos. Neste período volta ao seu auge um conhecimento objetivo, independente; porém, não mais ontológico, como na época antiga, mas histórico. Em outros termos: não interessa saber *quem é em si* Jesus Cristo (a preexistência, as naturezas, a Pessoa), mas *quem Ele foi na realidade da história*. É a época do assim chamado "Jesus histórico".

Nesta fase, que é a do racionalismo, o Espírito Santo não exerce mais nenhuma função no conhecimento de Cristo; está totalmente ausente. O "testemunho interno" do Espírito Santo é identificado doravante com a razão e com o espírito humano. O "testemunho externo" é o único que importa, mas com ele não se entende mais o testemunho apostólico da Igreja, mas unicamente o da história, confirmado pelos diversos métodos críticos. O pressuposto comum deste esforço é que para encontrar o verdadeiro Cristo é necessário procurar fora da Igreja, libertar Cristo "das amarras do dogma eclesiástico".

---

32. WESLEY, C. Inno "Gloria a Dio, lode e amore" (*Glory to God and Praise and Love*).

Sabemos qual foi o resultado de toda essa busca do Cristo histórico: o fracasso, mesmo que essa busca tenha trazido muitos frutos positivos. Havia, e ainda persiste, neste particular, um equívoco de fundo. Jesus Cristo (e com Ele, em menor grau, outros grandes da história, como São Francisco de Assis) não é simplesmente vivido na história, mas criou uma história, e vive agora na história que criou, como um murmúrio na onda que provocou.

O esforço obstinado dos historiadores racionalistas parece ser o de separá-lo da história que criou, para restituí-lo àquela comum e universal, como se pudéssemos perceber melhor um som em sua originalidade separando-o da onda que o transporta. A história que Jesus iniciou, ou a onda que emitiu, é a fé da Igreja, animada pelo Espírito Santo. Com isso não se exclui a legitimidade da costumeira pesquisa histórica sobre Ele, mas esta talvez devesse ter mais consciência de seu limite e reconhecer que não esgota tudo aquilo que é possível saber de Cristo.

2.2 O sublime conhecimento de Cristo

No final de sua obra clássica sobre a história da exegese cristã, Henri de Lubac concluía mais tristemente, dizendo que a nós modernos faltam-nos as condições para ressuscitar uma leitura espiritual como a dos Padres; falta-nos aquela fé plena e impetuosa, aquele sentido de plenitude e de unidade das Escrituras que eles tinham. Querer imitar hoje a audácia deles seria expor-se quase à profanação, sobretudo quando nos falta o espírito do qual brotavam aquelas coisas[33]. En-

33. Cf. LUBAC, H. *Exégèse médiévale*, II, 2. Paris: Aubier-Montaigne, 1964, p. 79.

tretanto, nosso autor não fechava totalmente a porta à esperança e, em outra obra, diz que "se pretendemos encontrar alguma coisa daquilo que foi, nos primeiros séculos da Igreja, a interpretação espiritual das Escrituras, é necessário reproduzir em primeiro lugar um movimento espiritual"[34].

Aquilo que De Lubac registrava a propósito da inteligência espiritual das Escrituras se aplica, com muito mais razão, ao conhecimento espiritual de Cristo. Não basta escrever novos e mais atualizados tratados de pneumatologia. Se faltar o apoio de uma experiência vivida do Espírito, análoga àquela que acompanhou, no século IV, a primeira elaboração da teologia do Espírito, o que se diz sempre permanecerá fora do verdadeiro problema. Faltam-nos as condições necessárias para elevar-nos ao nível em que o Paráclito opera: o dinamismo, a audácia e aquela "sóbria embriaguez do Espírito" da qual falam quase todos os grandes autores daquele século. Não é possível apresentar um Cristo na unção do Espírito se não se vive, de alguma forma, naquela mesma unção.

Ora, é exatamente aqui que se concretizou a grande novidade almejada pelo Padre De Lubac. No século XX nasceu e foi se ampliando sempre mais um "movimento espiritual" que criou as bases para uma renovação da pneumatologia a partir da experiência do Espírito e de seus carismas. O fenômeno pentecostal e carismático é reconhecido hoje como o movimento espiritual de maiores proporções e de mais rápido crescimento em toda a história da Igreja. Em aproximadamente um século ele passou de zero a centenas de milhões de pessoas.

---

34. LUBAC, H. *Storia e Spirito*. Roma: Ed. Paoline, 1971, p. 587.

Nos primeiros cinquenta anos este movimento, nascido em reação à tendência racionalista descrita acima, deliberadamente ignorou a Teologia e, por sua vez, foi ignorado por ela. Quando, porém, ele penetrou nas igrejas que tinham uma grande competência teológica e recebeu uma profunda recepção por suas respectivas hierarquias, a Teologia não pôde mais ignorá-lo. Num volume de 1974 intitulado *La riscoperta dello Spirito. Esperienza e teologia dello Spirito Santo* [A descoberta do Espírito. Experiência e teologia do Espírito Santo], os mais conhecidos teólogos do momento, católicos e protestantes, examinaram o significado do fenômeno pentecostal e carismático para a renovação da doutrina do Espírito Santo[35]. Yves Congar dedicou a ele uma seção inteira da sua conhecida obra sobre o Espírito Santo[36]. Isso foi feito, em diferentes graus, por todos aqueles que escreveram sobre a pneumatologia nos últimos anos[37], sem mencionar os incontáveis escritos publicados ininterruptamente pelo próprio movimento carismático.

Tudo isto, neste momento, nos interessa apenas do ponto de vista do conhecimento de Cristo. Qual conhecimento de Cristo vai emergindo nessa nova atmosfera espiritual e teológica? O fato mais significativo não é a descoberta de algo novo – novas pistas, novas perspectivas ou novas metodologias –, mas é a redescoberta de um dado bíblico elementar: que Jesus Cristo é o Senhor!

---

35. AA. VV. Erfahrung und Theologie des Heiligen Geistes. München: Kösel, 1974.

36. CONGAR, Y. *Credo nello Spirito Santo*, 2. Brescia: Queriniana, 1982, p. 157-224.

37. Cf. MOLTMANN, J. *Lo Spirito della vita*. Brescia: Queriniana, 1994. • WELKER, M. *Lo Spirito di Dio*. Brescia: Queriniana, 1995, p. 17.

São Paulo fala de um conhecimento de Cristo de nível "superior", ou, até mesmo, "sublime", que consiste em conhecê-lo e proclamá-lo seu "Senhor" (cf. Fl 3,8). É a proclamação que, unida à fé na Ressurreição de Cristo, faz de uma pessoa um salvo (cf. Rm 10,9). E esse conhecimento se torna possível somente pelo Espírito Santo: "Ninguém pode dizer 'Jesus Cristo é o Senhor' senão no Espírito Santo" (1Cor 12,3). Qualquer um pode proferir com os lábios aquelas palavras, mesmo sem o Espírito Santo, mas não seria então aquela grandiosidade que acabamos de mencionar, ou seja, não faria da pessoa um salvo.

O que existe de especial nesta afirmação que a torna tão determinante? Ela pode ser explicada de diferentes pontos de vista, objetivos ou subjetivos. A *força objetiva* da frase: "Jesus é o Senhor" está no fato de que ela torna presente a história de Jesus e, em particular, o mistério pascal. É a conclusão que decorre de dois eventos: Cristo morreu por nossos pecados; ressuscitou para nossa justificação, *por isso* é Senhor. "Para isso, na verdade, Cristo morreu e tornou à vida: para ser Senhor dos mortos e dos vivos" (Rm 14,9). Os eventos que a prepararam são incluídos nesta conclusão e nela se tornam presentes e operantes. Neste caso a palavra é realmente "a casa do ser" (M. Heidegger). "Jesus é o Senhor" é a semente da qual se desenvolveu todo o *querigma* e o anúncio cristão posterior. Com esta proclamação Pedro conclui seu discurso no dia de Pentecostes (cf. At 2,36).

Do ponto de vista *subjetivo*, isto é, naquilo que depende de nós, a força daquela *proclamação* está no fato que ela supõe também uma *decisão*. Quem a pronuncia decide sobre o sentido de sua vida. É como se dissesse: "Tu és o meu

Senhor, o meu chefe, o meu mestre, aquele que tem todos os direitos sobre mim".

O aspecto de decisão inerente à proclamação de Jesus como "Senhor" assume hoje uma atualidade particular. Alguns acreditam que seja possível, e inclusive necessário, renunciar à tese da unicidade de Cristo, para favorecer o diálogo entre as várias religiões. Ora, proclamar Jesus como "Senhor" significa justamente proclamar sua unicidade. Não é por acaso que o artigo do credo nos faz dizer: "Creio em *um só* Senhor Jesus Cristo". São Paulo escreve:

> Pois, embora haja pretensos deuses no céu ou na terra, e de fato há vários deuses e vários senhores, para nós existe um único Deus, o Pai, de quem tudo procede, e para o qual nós vamos; e um só Senhor, Jesus Cristo, pelo qual tudo existe e pelo qual nós existimos (1Cor 8,5-6).

O apóstolo escrevia estas palavras em um momento em que a fé cristã entrava num mundo dominado por muitas religiões poderosas e prestigiadas. A coragem necessária hoje para crer que Jesus é "o único Senhor" não é nada se a compararmos ao que era necessário naquele tempo. Mas o "poder do Espírito" não é concedido senão a quem proclama que Jesus é "Senhor", nesta concepção forte das origens. É uma questão de experiência. Somente após ter decidido apostar tudo, exatamente tudo, também intelectualmente, em Jesus Cristo "único Senhor", é que um teólogo ou um anunciador consegue fazer a experiência de uma certeza nova em sua vida.

2.3 "... para que eu possa conhecê-lo"

Esta redescoberta luminosa de Jesus como Senhor é, como dizia anteriormente, a novidade e a graça que Deus concedeu, em nossos dias, à sua Igreja. Quando se interroga a Tradição sobre quase todos os temas e palavras da Escritura, os testemunhos congestionam a mente; quando se tenta interrogá-la sobre este ponto, ela permanece quase muda. Já no século III o título "Senhor" não é mais compreendido em seu significado querigmático; é considerado um título próprio de quem ainda está na fase do "servo" e do medo, por isso inferior ao de Mestre, que é próprio do "discípulo" e do amigo[38].

Certamente se continua falando de Jesus "Senhor", mas este se tornou um nome de Cristo como outros, aliás, mais frequentemente um dos elementos do nome completo de Cristo: "Nosso Senhor Jesus Cristo". "Toda língua proclame que *o Senhor Jesus Cristo* está na glória de Deus Pai": assim era traduzida na Vulgata a frase de Filipenses 2,11. Mas, uma coisa é dizer: "o Senhor Jesus Cristo"; outra é afirmar: "Jesus Cristo é o Senhor!"

Onde está, em tudo isso, o salto qualitativo que o Espírito Santo nos ajuda a dar no conhecimento de Cristo? Está no fato de que a proclamação de Jesus Senhor é a porta que leva ao conhecimento do Cristo ressuscitado e vivo! Não mais um Cristo personagem, mas pessoa; não mais um conjunto de teses, de dogmas (e correspondentes heresias), objeto de culto e de memória apenas, mas realidade viva no Espírito. O Cristo ressuscitado "vive no Espírito"; por isso, fora do Espírito não se pode senão haurir um Cristo "morto". A pesquisa sobre o Cristo histórico, prescindindo deliberadamente de qualquer referência ao Espírito Santo, não podia haurir senão um Jesus da história "morto", como de fato aconteceu.

---

38. Cf. ORÍGENES. *Commento a Giovanni*, I, 29 (SCh 120, p. 158).

Sobre este ponto devo trazer meu pequeno testemunho pessoal. Eu ensinava história das origens cristãs na Universidade Católica de Milão. Minha tese de doutorado em Teologia foi sobre a cristologia de Tertuliano, e o estudo das antigas doutrinas cristológicas sempre foi o meu principal interesse de pesquisa e ensino. Percebia em mim, porém, um desconforto. Quando falava de Jesus nas aulas da universidade, Ele se tornava um objeto de pesquisa; como em cada pesquisa histórica, o pesquisador deve "dominar" o objeto de sua pesquisa e permanecer neutro diante dele. Mas como "dominar" esse objeto e como permanecer neutro diante dele? Como conciliá-lo com o Jesus invocado na oração e recebido, pela manhã, na Eucaristia?

A descoberta de Jesus "Senhor", em concomitância com o batismo do Espírito, gerou uma grande mudança que sozinho jamais teria sido capaz de realizar. Parecia o intuir daquilo que estava por detrás da experiência de Paulo que repentinamente começa a considerar todos os "ganhos" de sua vida uma "perda" e um lixo, em comparação com o conhecimento sublime de Cristo; percebia a imensa gratidão, o orgulho, a alegria que se escondem por detrás da expressão no singular: "Cristo Jesus *meu* Senhor".

Eu conhecia muitas coisas sobre Jesus: doutrinas, heresias, explicações antigas e modernas... Mas, quando lia a exclamação do Apóstolo em seu contexto: "para que eu possa conhecê-lo [a Ele]" (Fl 3,10), aquele simples pronome pessoal "Ele" parecia-me conter mais do que todos os livros que havia lido ou escrito. "Ele" significa, de fato, o Jesus vivo, "em carne e osso", o Ressuscitado que vive no Espírito; não se trata mais de teorias e doutrinas sobre Jesus, mas do Jesus vivo. Entre este Jesus vivo e aquele dos livros e das discussões eruditas sobre Ele, existe uma diferença igual à que existe entre o céu verdadeiro e o céu desenhado num papel.

Esse conhecimento espiritual e existencial de Jesus como Senhor não leva a menosprezar o conhecimento objetivo, dogmático e eclesial de Cristo, mas o revitaliza. O Espírito Santo se revela realmente como "luz dos dogmas". Graças ao Espírito Santo, a verdade revelada, "como um depósito precioso contido em um valioso vaso, sempre rejuvenesce e faz rejuvenescer igualmente os vasos que a contém"[39]. Eu mesmo, depois daquela experiência, voltei a estudar os dogmas cristológicos antigos com novos olhos, que expus num livro intitulado *Gesù Cristo, il Santo di Dio*[40] [Jesus Cristo, o Santo de Deus]. A um desses dogmas, aquele que constitui a segunda parte de nosso artigo do credo, dedicamos agora o restante de nossa meditação.

2.4 Deus verdadeiro de Deus verdadeiro

Enquanto a fé cristã permaneceu restrita ao contexto bíblico e judaico, a proclamação de Jesus como Senhor satisfazia a todas as exigências da fé cristã e justificava o culto de Jesus "como Deus". Senhor, *Adonai*, era para Israel um título inequívoco: pertencia somente a Deus. Chamar Jesus de "Senhor" equivalia a proclamá-lo Deus. Entretanto, assim que o cristianismo entrou no mundo greco-romano que o rodeava, aquele título não bastava mais. O mundo pagão conhecia muitos e diferentes "senhores", e o primeiro dentre eles era

---

39. IRINEU. *Adversus haereses*, III, 24, 1.

40. CANTALAMESSA, R. *Gesù Cristo, il Santo di Dio*. Cinisello Balsamo: Paoline, 1990.

o imperador romano. Era necessário encontrar então outro modo de garantir a plena fé em Cristo e seu culto divino. A crise ariana ofereceu a oportunidade.

Passemos, pois, à segunda parte de nosso artigo de fé, aquele que foi acrescentado ao símbolo pré-existente, elaborado no Concílio de Niceia, em 325: "nascido do Pai antes de todos os séculos: Deus de Deus, luz da luz, Deus verdadeiro de Deus verdadeiro, gerado, não criado, consubstancial (*homoousios*) ao Pai".

O bispo de Alexandria, Atanásio, campeão indiscutível da fé nicena, estava perfeitamente convencido de não ser ele, tampouco a Igreja de seu tempo, a descobrir a divindade de Cristo. Toda a sua obra consistia, ao contrário, em mostrar que essa sempre foi a fé da Igreja; que nova não era a verdade, mas a heresia contrária. Seu mérito, neste campo, foi principalmente o de remover os obstáculos que haviam impedido até então um reconhecimento pleno e sem reticências da divindade de Cristo no contexto cultural grego.

Um desses obstáculos, talvez o principal, era o costume grego de definir a essência divina com o termo *agennetos*, não gerado. Como proclamar que o Verbo é verdadeiro Deus, uma vez que este é Filho, isto é, gerado pelo Pai? Era fácil, para Ario, estabelecer a equivalência: gerado = criado, isto é, passar de *gennetos* para *genetos*, e concluir com a famosa frase que fez explodir o caso: "Houve um tempo em que não existia!" (em grego, ainda mais lapidarmente: *en ote ouk en*: existia quando não existia). Isto equivale fazer de Cristo uma criatura, embora não "como as outras criaturas". Atanásio defendeu ferrenhamente o *genitus non factus* de Niceia, "gerado, não criado". Ele resolveu a controvérsia com uma simples observação: "O termo *agennetos* foi inventado pelos gregos, que não conheciam o Filho"[41].

Outro obstáculo cultural ao pleno reconhecimento da divindade de Cristo, menos advertido naquela época, mas não menos operante, era a doutrina de uma divindade intermediária, o *deuteros theos*, ligado à criação do mundo material. A partir de Platão, este se tornou um dado comum a muitos sistemas religiosos e filosóficos da Antiguidade. A tentação de assemelhar o Filho ("por Ele todas as coisas foram feitas") a esta entidade intermediária permaneceu dissimulada na especulação cristã, embora estranha à vida interna da Igreja. O resultado foi um esquema tripartite do ser: no topo, o Pai ingênito; depois dele, o Filho (e mais tarde também o Espírito Santo); em terceiro lugar, as criaturas.

A definição do *homoousios*, do *"genitus non factus"*, remove para sempre o obstáculo do helenismo ao reconhecimento da plena divindade de Cristo e faz a purificação cristã do universo metafísico dos gregos. Com essa definição uma única linha de demarcação é traçada na vertical do ser, e essa linha não divide o Filho do Pai, mas o Filho das criaturas. Se quiséssemos resumir o significado perene da definição de Niceia numa frase, poderíamos formulá-la assim: em cada época e cultura Cristo deve ser proclamado "Deus", não em qualquer acepção derivada ou secundária, mas na acepção mais forte do que a palavra "Deus" tem naquela cultura.

Atanásio fez da conservação desta conquista o objetivo de sua vida. Enquanto todos, imperadores, bispos e teólogos, oscilavam entre uma rejeição e uma tentativa de acomodação, ele permanecia inflexível. Houve momentos em que

---

41. ATANÁSIO. *De decretis Nicenae synodi*, 31 (PG 26, 473).

a futura fé comum da Igreja vivia no coração de um único homem: o seu. Da atitude tomada em relação a ele era possível decidir de que lado a pessoa estava.

É importante saber o que o motivava na luta, e de onde lhe vinha uma certeza tão absoluta. Não procedia da especulação, mas da vida; mais precisamente: da reflexão sobre a experiência que a Igreja fazia da salvação em Cristo Jesus. O argumento soteriológico não nasceu com a controvérsia ariana; ele se fazia presente em todas as grandes controvérsias cristológicas antigas, da antignóstica à antimonotelita. Em sua formulação clássica isso soa assim: "O que não é assumido não é redimido" ("*Quod non est assumptus non est sanatum*")[42]. O uso que Atanásio faz desta formulação, poderíamos elaborá-lo assim: "O que não é assumido *por Deus* não é salvo", cuja totalidade de sua força está neste breve acréscimo: "por Deus". A salvação exige que o homem não seja assumido por um intermediário qualquer, mas pelo próprio Deus: "Se o Filho é uma criatura – escrevia Atanásio – o homem permaneceria mortal, já que não unido a Deus"; e ainda: "Se o Verbo que se tornou carne não fosse da mesma natureza do Pai, o homem não seria divinizado"[43].

É necessário, no entanto, fazer um esclarecimento importante. A divindade de Cristo não é um "postulado" prático, como é, para Kant, a própria existência de Deus[44]. Não é um postulado, mas a explicação de um "dado". Seria um postulado, e, portanto, uma dedução humano-teológica, se se partisse de uma certa *ideia* de salvação e se dela se deduzisse

---

42. GREGÓRIO NAZIANZENO. *Lettera a Cledonio* (PG 37, 181).

43. ATANÁSIO. *Contra Arianos*, II, 69 e II, 70 (PG 26, 294.296).

44. KANT, I. *Critica della ragion pratica*, cap. III e VI.

a divindade de Cristo como a única capaz de operar tal salvação; é, ao contrário, a explicação de um dado se se parte, como o faz Atanásio, de uma *experiência* de salvação e se demonstra como esta não poderia existir se Cristo não fosse Deus. Não é sobre a salvação que se funda a divindade de Cristo, mas é sobre a divindade de Cristo que se funda a salvação.

2.5 Corde creditur!

É chegado o momento de tentarmos ver o que podemos aprender hoje da batalha épica sustentada, em seu tempo, por Atanásio. A divindade é a pedra angular que sustenta os dois mistérios principais da fé cristã: a Trindade e a Encarnação. São duas portas que abrem e fecham juntas. Descartada aquela pedra, todo o edifício da fé cristã desmorona sobre si mesmo: se o Filho não é Deus, por quem seria formada a Trindade? Já o havia denunciado, com clareza, Atanásio, escrevendo contra os arianos:

> Se o Verbo não existe juntamente com o Pai desde toda a eternidade, então não existe uma Trindade eterna, mas primeiro existiu a unidade, e depois, com o passar do tempo, por acréscimo, começou a existir a Trindade[45].

Precisamos nos fazer uma pergunta séria: Que lugar ocupa Jesus Cristo em nossa sociedade e em nossa cultura? Penso que se possa falar, a este respeito, de uma presença-ausência de Cristo. A um certo nível – o do espetáculo e dos *mass media* em geral – Jesus Cristo está muito presente. Em uma série interminável de relatos, filmes e livros, os escritores manipulam a figura de Cristo, às vezes sob o pretexto

---

45. ATANÁSIO. *Contra Arianos*, I, 17-18 (PG 26, 48).

de novos e imaginários documentos históricos sobre Ele. O *Código Da Vinci* foi o último e mais agressivo episódio dessa longa série. Isto já se tornou uma moda, um gênero literário. Especula-se sobre a vasta ressonância que tem o nome de Jesus e sobre aquilo que Ele representa para uma larga parcela da humanidade, geralmente no intuito de garantir uma publicidade enorme a baixo custo. Estamos diante, pois, de um verdadeiro parasitismo literário.

De um certo ponto de vista podemos até dizer que Jesus Cristo está muito presente em nossa cultura. Se olharmos no âmbito da fé, no entanto, ao qual em primeiro lugar Ele pertence, percebemos, inversamente, uma inquietante ausência, quando não uma rejeição de sua pessoa. Em que acreditam, de fato, os que se definem como "fiéis" na Europa e alhures? Acreditam, na maioria das vezes, na existência de um Ser supremo, de um Criador; acreditam que existe um "além". Esta, porém, é uma fé deística, não ainda uma fé cristã. Várias pesquisas sociológicas relevam este dado de fato, inclusive em países e regiões de antiga tradição cristã. Jesus Cristo, na prática, está ausente neste tipo de religiosidade.

Também o diálogo entre ciência e fé leva, mesmo sem querê-lo, a colocar Cristo entre parênteses. Este diálogo tem por objeto Deus, o Criador, mas nele a pessoa histórica de Jesus de Nazaré não tem espaço algum. Isso acontece no diálogo com a Filosofia, que adora ocupar-se com conceitos metafísicos, mas não com realidades históricas; inclua-se neste nível o diálogo interreligioso, em que se fala mais de paz, de ecologismo, não de Jesus.

Basta um simples olhar para o Novo Testamento para compreendermos o quanto estamos longe, neste caso, do significado original da palavra "fé". Para São Paulo, a fé que justifica os pecadores e confere o Espírito Santo (cf. Gl 3,2), em outros termos, a fé que salva, é a fé em Jesus Cristo, a fé em seu mistério pascal de morte e Ressurreição. Também para João a fé "que vence o mundo" é a fé em Jesus Cristo. Escreve: "Quem é o vencedor do mundo, senão quem crê que Jesus é o Filho de Deus?" (1Jo 5,4-5).

Já durante a vida terrena de Jesus, a palavra "fé" indica a fé *nele*. Quando Jesus disse: "Tua fé te salvou", ou quando adverte os apóstolos chamando-os de "homens de pouca fé", Jesus não se refere à fé genérica em Deus, que era óbvia entre os hebreus; Jesus sempre fala da fé *nele*! Só isto já desmente a tese segundo a qual a fé em Cristo começa apenas com a Páscoa, e que antes disso só existe o "Jesus da história". O Jesus da história já é aquele que postula a fé nele, e se os discípulos o seguiram foi exatamente porque tinham uma certa fé nele, embora um tanto quanto imperfeita ainda.

Precisamos encarar de frente aquela pergunta tão respeitosa, mas tão direta de Jesus: "E vós, quem dizeis que eu sou?"; e esta outra ainda mais pessoal: "Acreditas?" Acreditas verdadeiramente? Acreditas com todo o coração? São Paulo disse que "é crendo com o coração que se obtém a justiça, e que é professando a fé com a boca que se chega à salvação" (Rm 1,10). No passado, a reta profissão de fé, isto é, o segundo momento deste processo, assumiu às vezes tamanha importância que acabou deixando à sombra aquele primeiro momento, que é o mais importante, e que se desenvolve nas recônditas profundezas do coração. "É das raízes do coração que brota a fé", exclama Santo Agostinho[46].

---

46. AGOSTINHO. *Commento al Vangelo di Giovanni*, 26, 2 (PL 35, 1607).

2.6 Quem é que vence o mundo

Precisamos recriar as condições para uma retomada da fé na divindade de Cristo, bem como reproduzir o impulso da fé do qual nasceu a fórmula de fé. O corpo da Igreja fez outrora um esforço supremo, com o qual ela se elevou, na fé, acima de todos os sistemas humanos e de todas as resistências da razão. Em seguida, o que permaneceu foi o fruto deste esforço. Outrora a maré elevou-se a um nível máximo, e sua marca permaneceu inscrita na rocha. Essa marca ou sinal é a definição de Niceia, que proclamamos no credo.

É preciso, no entanto, que se repita essa elevação; não basta a existência do sinal; não basta repetir o credo de Niceia: urge renovar o impulso de fé que naquele tempo houve na divindade de Cristo, e do qual não houve mais igual no transcorrer dos séculos. Disso temos novamente necessidade. Já lembrei acima que houve um momento na Igreja em que a fé de Niceia resistia no coração de um único homem: Atanásio. E isto foi o suficiente para que ela sobrevivesse e recobrasse vitoriosa o seu caminho.

O que foi dito é importante sobretudo em vista de uma nova evangelização. Existem edifícios ou estruturas metálicas feitos de tal forma que quando se mexe em determinado ponto, ou se retira uma determinada pedra, tudo desmorona. Isso acontece com a fé cristã. E essa pedra angular é a divindade de Cristo. Tirada essa pedra, tudo se desfaz, e por primeiro, como vimos, a própria Trindade. Santo Agostinho dizia: "Não é grande coisa acreditar que Jesus morreu; nisso acreditam também os pagãos, os judeus e os réprobos, todos eles acreditam. É algo verdadeiramente grande, no entanto, acreditar que Ele ressuscitou. A fé dos cristãos é a Ressurreição de Cristo"[47]. Isso, além da morte e da Ressurreição, deve ser dito da humanidade e da divindade de Cristo, cuja morte e Ressurreição são suas respectivas manifestações. Todos acreditam que Jesus seja homem; o que faz a diferença entre crentes e não crentes é acreditar que Ele seja Deus. A fé dos cristãos reside na divindade de Cristo!

---

47. AGOSTINHO. *Commento ai Salmi*, 120, 6 (CCL 40, p. 1791).

3

Creio em um só Deus Pai todo-poderoso

3.1 Unidade e Trindade de Deus

A ordem da "saída das coisas de Deus", explica São Basílio, é: do Pai, através do Filho, no Espírito Santo; a ordem do "retorno das criaturas para Deus" é inversa: no Espírito Santo, através do Filho, para Deus Pai. "O Espírito – escreve Santo Irineu – prepara o homem para o Filho de Deus, e posteriormente o Filho o conduz ao Pai"[48]. A doxologia que conclui o cânon da missa o exprime perfeitamente: "Por Cristo, com Cristo e em Cristo, a vós, Deus Pai Todo-Poderoso, na unidade do Espírito Santo, toda honra e toda glória pelos séculos dos séculos".

Seguindo este segundo movimento, o do retorno, chegamos, nesta meditação, à fonte e à origem de tudo: o Pai. À medida que era explicitada a doutrina da Trindade, os cristãos se viram expostos à mesma acusação que eles sempre haviam feito aos pagãos: a de crer em mais divindades. Eis porque o credo dos cristãos que, em todas as suas variadas redações ao longo de três séculos, começava com as palavras "Creio em Deus" (*Credo in Deum*), a partir do século IV registra um pequeno, mas significativo acréscimo, que não será mais omitido posteriormente: "Creio em *um só* Deus" (Credo in *unum* Deum).

Não é necessário refazer aqui o caminho que levou a este resultado; podemos partir, sem dúvida, de sua conclusão. Por volta do final do século IV foi concluída a transformação do monoteísmo do Antigo Testamento no monoteísmo trinitário dos cristãos. Os latinos expressavam os dois aspectos do mistério com a fórmula "uma substância e três pessoas" e

---

48. IRINEU. *Adversus haereses*, IV, 20, 5.

os gregos com a fórmula "três hipóstases, uma única *ousia*". Após intenso confronto, o processo aparentemente se concluiu com um acordo total entre as duas teologias. "Podemos conceber – perguntava Nazianzeno – um acordo mais pleno e dizer mais absolutamente a mesma coisa, mesmo com palavras diferentes?"[49]. Uma diferença, na verdade, permanecia entre os dois modos de expressar o mistério. Hoje é habitual manifestar essa diferença assim: os gregos e os latinos, ao considerar a Trindade, transitavam em lados opostos: os gregos partiam das pessoas divinas, isto é, da pluralidade, para chegar à unidade de natureza; os latinos, ao contrário, partiam da unidade da natureza divina para chegar às três pessoas.

Creio que a diferença também pode ser dita de outro modo. Ambos, latinos e gregos, partem da unidade de Deus; tanto o símbolo grego quanto o latino começam dizendo: "Creio em um só Deus". Só que esta unidade, para os latinos, ainda é concebida como impessoal e pré-pessoal; é a essência de Deus que mais tarde é especificada em Pai, Filho e Espírito Santo, sem, naturalmente, ser pensada como preexistente às pessoas. Na teologia latina, o tratado "Sobre o Deus uno" tradicionalmente precede o tratado "Sobre o Deus trino".

Para os gregos, ao contrário, trata-se de uma unidade já personalizada, pois para eles "a unidade é o Pai, do qual e para o qual existem as outras pessoas"[50]. O primeiro artigo do credo dos gregos também começa assim: "Creio em um só Deus Pai Todo-Poderoso", mas "Pai Todo-Poderoso", aqui, não é separado por uma vírgula da expressão "um só Deus", como no credo latino, mas está ligado; a vírgula não

---

49. GREGÓRIO NAZIANZENO. *Oratio* 42, 16 (PG 36, 477).

50. GREGÓRIO NAZIANZENO. *Oratio* 42, 15 (PG 36, 476).

é colocada depois da palavra "Deus", mas depois da palavra "Todo-Poderoso". O sentido é: "Creio em um só Deus que é o Pai Todo-Poderoso". Para eles, a unidade das três pessoas divinas decorre do fato que o Filho é perfeitamente (substancialmente) "unido" ao Pai, como o é também o Espírito Santo através do Filho[51].

Os dois modos de nos aproximarmos do mistério são legítimos, mas hoje se tende sempre mais a preferir o modelo grego, no qual a unidade de Deus não é separável da trindade de Deus, mas forma um único mistério e resulta de um único ato. Em simples palavras humanas, poderia se dizer o que segue: o Pai é a fonte, a origem absoluta do movimento de amor; o Filho não pode existir como Filho se, antes de tudo, não recebe do Pai tudo aquilo que Ele é; o Pai é o único, também no âmbito da Trindade, absolutamente o único, que não precisa ser amado para poder amar. Ele não tem necessidade de existir para poder amar, mas precisa amar para poder existir.

O Pai é relação eterna de amor e não existe fora desta relação. Não podemos, por isso, conceber o Pai primariamente como Ser supremo e sucessivamente reconhecer nele uma eterna relação de amor. Devemos falar do Pai como eterno ato de amor. O Deus único dos cristãos, portanto, é o Pai; porém, não concebido por si só, independente (como pode chamar-se "Pai" senão por ter um "filho"?), mas como Pai sempre em ato de gerar o Filho e de doar-se a Ele com um amor infinito que os une entre si, e que é o Espírito Santo. A unidade e a trindade de Deus brotam eternamente de um único ato, e são um único mistério.

---

51. Cf. GREGÓRIO DE NISSA. *Contra Eunomium* 1, 42 (PG 45, 464).

Acima falei que hoje se tende a preferir o modelo grego (e eu mesmo me incluo dentre os que pensam assim). Contudo, devemos acrescentar imediatamente que uma abordagem não pode funcionar sem a outra. Se a teologia grega forneceu, por assim dizer, o esquema e a abordagem justamente para falar da Trindade, o pensamento latino, com Agostinho, garantiu a esta abordagem o conteúdo de fundo e sua alma, que é o amor. Ele embasa seu discurso sobre a Trindade na definição "Deus é amor" (1Jo 4,16), e disso deduz que em Deus, como em qualquer amor, deve existir alguém que ama, alguém que é amado e o amor que os une[52].

Sua explicação não é, como às vezes se tende a afirmar, apenas "psicológica", mas também ontológica, e procede de uma ontologia especial, bíblica, e não filosófica, e que hoje vai se afirmando também em campo ortodoxo[53]. Para o Pai, amar não é acidental, mas essencial; Ele existe enquanto ama, assim como o Filho existe enquanto é amado e o Espírito Santo existe enquanto é amor. Neste sentido Santo Tomás de Aquino define as pessoas divinas em termos de "relações subsistentes"[54].

O primeiro a perceber esta necessária integração recíproca entre a explicação latina e a grega foi Gregório Palamas que, no século XIV, conheceu pessoalmente (mas tarde demais para evitar os equívocos), o tratado sobre a Trindade do doutor de Hipona. Ele escreveu:

---

52. AGOSTINHO. *De Trinitate*, VIII, 10, 14; XV, 17, 31.

53. Cf. ZIZIOULAS, J. D. *Being as Communion. Studies in Personhood and the Church*. Londres: Darton, Longman and Todd, 1985.

54. TOMÁS DE AQUINO. *Summa theologiae*, I, q. 29, a. 4.

O Espírito do altíssimo Verbo é como o amor inefável do Pai por seu Verbo, gerado de modo inefável; amor que este mesmo Verbo e Filho dileto do Pai tem, por sua vez, pelo Pai, enquanto possui o Espírito que juntamente com Ele procede do Pai e que repousa nele, enquanto conatural a Ele[55].

A intuição de Palamas é retomada hoje, em outro contexto, por um conhecido teólogo ortodoxo, quando escreve:

A expressão "Deus é amor" significa que Deus "existe" enquanto Trindade como "pessoa" e não como substância. O amor não é uma consequência ou uma "propriedade" da substância divina [...], mas aquilo que constitui sua substância[56].

Mesmo no novo e diferente significado ontológico dado aos termos, esta forma de falar da Trindade talvez lembre mais de perto o significado de Agostinho que o significado dos Capadócios.

A Igreja deve encontrar a forma de anunciar o mistério de Deus uno e trino com categorias apropriadas e compreensíveis aos homens do próprio tempo. Assim o fizeram os Padres da Igreja e os concílios antigos, e é nisto, sobretudo, que consiste a fidelidade a eles. É difícil pensar em poder apresentar aos homens de hoje o mistério trinitário em termos de substância, hipóstase, propriedades e relações subsistentes, ainda que a Igreja jamais possa renunciar ao uso destas expressões no âmbito de sua teologia e nos lugares em que se busca aprofundar a fé. Entretanto, se existe algo na linguagem dos antigos Padres que a experiência do anúncio

---

55. GREGÓRIO PALAMAS. *Capita physica*, 36 (PG 150, 1144s.).

56. ZIZIOULAS, J. D. Du personnage à la personne. *In: L'être ecclésial*. Genebra: Labor et Fides, 1981, apud SPITERIS, Y. *La teologia ortodossa neo-greca*, Bolonha: EDB, 1992, p. 385.

ainda mostra ser capaz de ajudar os homens de hoje – se não a explicar, pelo menos a dar-nos uma ideia sobre a Trindade –, esse "algo" o encontramos justamente em Agostinho, sobretudo quando ele busca no amor o fundamento de tudo.

3.2 O Espírito Santo nos faz conhecer a Deus como "Pai de seu Filho Jesus Cristo"

Depois desta premissa sobre a Unidade e a Trindade de Deus, passemos ao tema central da presente meditação que, seguindo nosso critério inicial, podemos formular assim: "O Espírito Santo nos faz conhecer a Deus como Pai de seu Filho Jesus Cristo e como nosso Pai".

São Gregório Nazianzeno, em um texto famoso, sintetiza mais ou menos da seguinte forma o processo que levou à fé na Trindade: o Antigo Testamento proclama abertamente a existência do Pai e começa a anunciar veladamente a existência do Filho; o Novo Testamento proclama abertamente o Filho e começa a revelar a divindade do Espírito Santo; atualmente, na Igreja, o Espírito nos concede distintamente sua manifestação, e se confessa a glória da Trindade bendita. Deus dosou sua manifestação adequando-a aos tempos e à capacidade de recebê-la dos homens[57].

Este esquema tem um grave defeito, do qual me dei conta partindo justamente da necessidade de ler inversamente o credo, ou seja, assim como ele foi se formando e não apenas em sua elaboração final. O defeito é que o Pai, que, segundo Gregório, se revelou no Antigo Testamento, não é o Deus Pai dos cristãos! É outra coisa. Não é o "Pai de Nosso

---

57. Cf. GREGÓRIO NAZIANZENO. *Oratio* 31, 26 (PG 36, 162).

Senhor Jesus Cristo" (Ef 1,3; 2Cor 1,3), isto é, o pai verdadeiro de um filho verdadeiro, mas o Pai de Israel, ou o Pai do mundo, isto é, pai em sentido metafórico. Neste sentido também os pagãos conheciam um Deus pai. O próprio nome latino *Jove*, Júpiter, é formado por duas palavras, cuja primeira significa "deus" (em sânscrito *diaus*, em latim *deus*), e a segunda "pai" (*piter*). A revelação de Deus Pai é a novidade absoluta trazida por Cristo, e que o Espírito Santo, depois da Páscoa, leva ao conhecimento dos discípulos, sobretudo através do Evangelho de João.

O Novo Testamento distingue claramente os dois significados da palavra "pai", quando aplicada a Deus: o significado de "Pai nosso" e de "Pai de nosso Senhor Jesus Cristo", e "meu Pai e vosso Pai", segundo o modo de João se expressar (Jo 20,17). Estes dois significados são interconectados, já que somos filhos no Filho; não é possível separá-los, tampouco confundi-los. Reflitamos, pois, primeiro sobre um e depois sobre o outro, começando pela acepção trinitária.

No Novo Testamento o conhecimento do Pai é prerrogativa por excelência do Filho: "Eu conheço o Pai", disse repetidas vezes Jesus (Jo 7,29; 8,55; 10,15); também disse que "ninguém conhece o Pai senão o Filho e aquele a quem o Filho o quiser revelar" (Mt 11,27). Lendo o Evangelho de João percebemos claramente que a relação com o Pai é o núcleo incandescente da personalidade de Jesus. Tudo procede daí, inclusive sua capacidade de enfrentar a atroz paixão: "Para que o mundo saiba que eu amo o Pai, levantai-vos, partamos daqui" (cf. Jo 14,31). Quando fala do Pai, Jesus se torna poeta: evoca os lírios do campo, as aves do céu; todas as suas orações começam com o clamor filial "*Abba*".

Por que, então, com o hino do *Veni creator*, pedimos ao Espírito Santo que nos faça conhecer o Pai ("*Per te sciamus da Patrem*") e não o pedimos, ao contrário, diretamente a Cristo, já que "ninguém conhece o Pai senão o Filho"? A resposta é que o Espírito Santo nos faz conhecer, concretamente, a revelação do Filho acerca do Pai; faz-nos compreender aquilo que Jesus disse do Pai; faz da revelação "exterior", feita de palavras, uma revelação "interior", experiencial. Quando Jesus afirma que o Paráclito vai ensinar aos discípulos "todas as coisas", e vai lembrá-los de "tudo aquilo que disse" (Jo 14,26), o contexto deixa claro que está se referindo primeiramente àquilo que disse acerca do Pai.

Uma frase de Jesus se afigura particularmente significativa: "Virá a hora em que abertamente vos falarei do Pai" (Jo 16,25). Quando lhes falará abertamente do Pai, se estas estão entre as últimas palavras que Ele dirigiu aos apóstolos na terra? Ele lhes falará "abertamente" do Pai através do Espírito Santo, depois da Páscoa! É o que Ele afirma no mesmo contexto: "Muitas coisas ainda tenho para vos dizer, mas ainda não sois capazes de suportar seu peso. Quando vier o Espírito da verdade, Ele vos guiará em toda a verdade" (Jo 16,12-13). O conhecimento que o Paráclito dá do Pai é de uma qualidade totalmente particular; Ele não apenas nos faz "conhecer" o Pai, mas nos faz "ser" no Pai: "Nisto reconhecemos que permanecemos nele e Ele em nós: por nos ter dado o seu Espírito" (1Jo 4,13). Conhecer o Pai desta maneira é a própria "vida eterna" (cf. Jo 17,3).

Também São Paulo fala desta mesma função do Espírito em relação ao conhecimento de Deus, embora em outros termos. Diz São Paulo:

O Espírito tudo perscruta, até as profundezas de Deus. Quem dentre os homens conhece os segredos do homem, senão o espírito humano que nele está? Assim também os segredos de Deus: ninguém os conhece senão o Espírito de Deus. Quanto a nós, não recebemos o espírito do mundo, mas o Espírito de Deus, a fim de conhecermos tudo o que Deus nos deu (1Cor 2,10b-12).

Dentre essas "profundezas" e "segredos" de Deus é difícil não ver incluído o segredo por excelência que é a própria vida íntima de Deus, o segredo trinitário. Existe uma zona inviolável de nosso ser, diz o Apóstolo, na qual ninguém pode entrar, por nenhum meio, se não formos nós, com nossa liberdade, a abrirmos a porta a partir de dentro. Assim também é com Deus: seu segredo íntimo é conhecido e revelado apenas pelo Espírito que está nele.

3.3 O Espírito Santo nos faz conhecer a Deus como "nosso Pai"

Passemos agora à outra paternidade de Deus, a que se refere aos homens. Jesus fez da revelação do verdadeiro rosto do Pai sua principal missão na terra: "Eu manifestei o teu nome aos homens" (Jo 17,6). A este fim serve a parábola do pai misericordioso e do filho pródigo, o discurso sobre os lírios do campo e as aves do céu, e suas contínuas certezas, como esta: "Vosso Pai o sabe". O exórdio do *Pai nosso,* também ele, contém essa nova imagem de Deus: "Pai nosso que estais nos céus"; a aclamação "*Abba*", que serve para manifestar o sentimento filial de Jesus, serve agora para exprimir o sentimento filial dos discípulos. O Deus Eterno, aquele cujo nome nem podia ser dito, eis que agora Jesus nos convida a chamá-lo de "paizinho", ou "querido pai". O Deus "altíssimo" torna-se bem mais próximo.

E, no entanto, não há nada de frágil ou de sentimental nesta imagem de Deus: Ele está "nos céus". Esta expressão não indica um lugar, mas um estado, um modo de ser; quer dizer que Ele é o Altíssimo, o totalmente Outro, o Santo; quão longe dista o céu da terra, tão longe seus pensamentos e caminhos distam dos nossos (cf. Is 55,9). É a mesma e idêntica imagem do Pai presente na oração pessoal de Jesus: "Eu te bendigo, Pai, Senhor do céu e da terra" (Mt 11,25). "Que estais no céu" significa que o Pai é "Senhor do céu e da terra"!

Qual é então a novidade trazida por Jesus? Não é, como às vezes se imagina, que o Deus poderoso e vociferante do Antigo Testamento é substituído por um Deus todo-amoroso e terno, um Deus Pai todo-bondade. A novidade é que agora aquele Deus, permanecendo o que é, isto é, altíssimo, santo e tremendo, nos é dado como pai! Toda a sua força se inclina, se coloca à nossa disposição, condescendente[58]. A Igreja recolheu essa ideia de Deus e a exprimiu no artigo do credo que estamos comentando. "Creio em Deus Pai Todo-Poderoso": pai, mas onipotente; onipotente, mas pai. É o tipo de pai que qualquer filho gostaria de ter: terno, compreensivo, mas também forte e destemido para defendê-lo e fazê-lo sentir-se livre e seguro na vida.

São Paulo, por assim dizer, "atualiza" a imagem de Deus Pai, à luz daquilo que aconteceu graças à morte e à Ressurreição de Cristo. No centro, ou no vértice, de cada descrição da vida nova nascida da Páscoa de Cristo, ele coloca a obra que o Espírito Santo realiza no íntimo do cora-

---

58. Cf. OTTO, R. *Il sacro*. Milão: Feltrinelli, 1966, cap. XIII, esp. p. 90.

ção humano, quando o faz descobrir Deus como Pai e a si mesmo como filho de Deus: "E que vós sois filhos é prova o fato que Deus mandou aos vossos corações o Espírito de seu Filho que clama: *Abba*, Pai!" (Gl 4,6; cf. Rm 8,15-16).

Nisto o Espírito Santo não faz senão continuar a obra que antes havia desenvolvido em relação a Jesus de Nazaré. Foi no Espírito Santo, de fato, que Jesus, como homem, foi descobrindo e experimentando sempre mais luminosamente sua relação filial com o Pai. No batismo do Jordão, a proclamação de Jesus como "Filho predileto" do Pai acontece em concomitância com a vinda sobre Ele do Espírito Santo sob forma de pomba (cf. Mt 3,16-17). Era o Espírito que o tempo todo suscitava das profundezas do coração humano de Cristo o clamor "*Abba*", como no-lo garante o próprio Evangelho de Lucas: "Jesus sentiu-se inundado de alegria no Espírito Santo e disse: 'Eu te louvo Pai, Senhor do céu e da terra...'" (Lc 10,21).

O Espírito Santo continua, portanto, a desenvolver nos membros aquilo que fez no líder. Mas com uma importante novidade: nos fiéis esta experiência da paternidade de Deus não é paralela à de Cristo, mas depende dela, é mediada por ela. Em outros termos: os cristãos experimentam a Deus como seu Pai enquanto Ele é Pai de Jesus, enquanto participam, no Espírito, da filiação do Filho. Quem age neles não é simplesmente o "Espírito de Deus", mas é o "Espírito de seu Filho".

3.4 Deus Pai, uma imagem a ser restaurada

Esta é a imagem maravilhosa e enaltecedora que o Novo Testamento nos dá de nossa relação com Deus Pai. Só que, logo que tentamos comparar esta visão com a imagem de Deus que a maioria dos homens, inclusive fiéis, traz escondida no próprio coração, ficamos desconcertados pelo contraste. Uma das causas, talvez a principal, da alienação do homem moderno da religião e da fé, e do ateísmo militante, é que as pessoas têm uma imagem distorcida de Deus. Jesus deveria repetir mais vigorosamente hoje a constatação: "Pai santo, o mundo não te conheceu" (Jo 17,25).

Qual é a imagem "pré-definida" de Deus – na linguagem dos computadores, que age por *default* – no inconsciente humano coletivo? Basta, para descobri-la, colocar-nos esta pergunta e fazê-la também aos outros: quais ideias, palavras, realidades surgem espontaneamente em ti, antes de qualquer reflexão, quando dizes: "Pai nosso que estais nos céus [...], seja feita a tua vontade"? A resposta em geral é surpreendente! Muito frequentemente nos damos conta que, inconscientemente, vincula-se a vontade de Deus a tudo aquilo que é desagradável, doloroso, e a tudo aquilo que constitui uma provação, uma exigência de renúncia, um sacrifício, a tudo aquilo que, de uma forma ou de outra, pode ser visto como algo que mutila a liberdade e o desenvolvimento individual. É um pouco como se Deus fosse inimigo de qualquer festa, alegria, prazer. Não se pensa que a vontade de Deus no Novo Testamento é chamada de *eudokia* (Ef 1,9; Lc 2,14), isto é, boa vontade, benevolência, razão pela qual dizer "seja feita a tua vontade" é o mesmo que dizer "realize-se em mim, Pai, o teu desígnio de amor".

Deus é visto acima de tudo como Ser supremo, causa primeira, senhor do tempo e da história; alguém que tem o direito pleno sobre suas criaturas e ao qual as criaturas devem obediência. Deus é visto, por isso, como o Deus da Lei, como uma entidade eterna que se impõe ao indivíduo, com uma enunciação da Lei sempre mais exata e detalhada: nenhum aspecto da vida lhe foge.

A transgressão da Lei, isto é, a desobediência à sua vontade, introduz inexoravelmente uma desordem no ordenamento querido por Ele desde toda a eternidade. Consequentemente, sua infinita justiça exige uma reparação: é preciso dar alguma coisa a Deus, a fim de restabelecer, na criação, a ordem perturbada. Esta reparação será constituída por uma privação, um sacrifício. Entretanto, uma vez que Deus é o ser transcendente, infinitamente perfeito, jamais poderemos ter certeza de que a "satisfação" tenha sido adequada; daqui a angústia do confronto com a morte e, sobretudo, com o juízo. Deus é o patrão que exige ser pago centavo por centavo.

A Igreja, obviamente, jamais ignorou a misericórdia de Deus! Mas a ela parece só ter sido confiada a tarefa de moderar os irrenunciáveis rigores da justiça. Aliás, na prática, fez-se o amor e o perdão que Deus concede depender do amor e do perdão que se oferece aos outros: se perdoares a quem te ofende, Deus também, por sua vez, poderá perdoar-te. E esta, na verdade, é a via do desespero. Vem à tona uma relação de negociata com Deus. Por acaso não se costuma dizer que é necessário acumular méritos para obter o paraíso? Acaso não se atribui grande relevância aos esforços que devem ser feitos, às missas que devem ser celebradas, às velas que devem ser acesas, às novenas que devem ser rezadas?

Tudo isso, que no passado permitiu a tanta gente demonstrar o próprio amor para com Deus, não deve ser jogado fora, não obstante o risco de cair numa religião utilitarista. Na base de tudo isso há o pressuposto de que a relação com Deus depende do homem. Este não pode apresentar-se a Deus de mãos vazias; deve ter algo a oferecer; e Deus se torna uma máquina de venda automática: coloca-se uma moeda e se tem direito à contrapartida. Obviamente, se nada se obtém, se não houver resposta, eis a desilusão, o desapontamento, até mesmo a revolta.

Existem motivos diferentes pelos quais se pode ter um relacionamento ruim com o Pai celeste. Deixemos de lado a explicação de Freud sobre o complexo de Édipo, isto é, sobre a inata rivalidade que existe entre pai e filho, por causa da mãe que cada um deles gostaria de ter exclusivamente para si. É uma teoria com a qual Freud explica tudo, inclusive a origem e o sentido da religião, mas que permanece uma mera teoria que nada explica. Deixemos de lado também os motivos contingentes e individuais devidos a um mau relacionamento com o próprio pai terrestre, que igualmente incidem em alguns casos no relacionamento com Deus Pai. O motivo principal que explica aquela terrível imagem "pré-definida" de Deus, à qual já nos referimos, é evidente que é a lei, os Mandamentos.

Enquanto o homem vive no regime de pecado, sob a lei, Deus lhe aparece como um patrão severo, alguém que se opõe à realização de seus desejos terrenos com os peremptórios "tu deves... tu não deves...", que são os mandamentos. Nesse estado o homem acumula no fundo de seu coração um surdo rancor contra Deus, o vê como um adversário de sua felicidade e, se dependesse dele, seria muito feliz se não existisse[59].

59. Cf. LUTERO, M. *Sermone di Pentecoste* (WA, 12, p. 568s.).

Vejamos como o Espírito Santo, à medida que é aceito, muda esta situação. A primeira transformação que Ele promove, descendo até nós, é mostrar-nos um rosto diferente de Deus, o seu verdadeiro rosto. Quem é verdadeiramente o Pai só se descobre através de Cristo. Ele disse: "Quem vê a mim, vê o Pai" (Jo 14,9). E o que vemos em Cristo? Um Deus que se ajoelha diante do homem para lhe lavar os pés (cf. Jo 13,4ss.)! Um Deus que não é senhor do homem, mas seu servidor!

O Espírito Santo nos faz descobrir o Pai como aliado, amigo, como aquele que, para nós, "não poupou seu próprio Filho" (Rm 8,32). Comunica-nos, em uma palavra, o sentimento que Jesus tinha de seu Pai. Desabrocha então o sentimento filial que se traduz espontaneamente na aclamação: *Abba*, Pai! É como se dissesse: "Eu não te conhecia, ou te conhecia apenas por ouvir dizer; agora te conheço, sei quem és, sei que me queres realmente bem, que me és benevolente". O filho assumiu o lugar do escravo, o amor o lugar do temor. É assim que acontece, no plano subjetivo e existencial, o "renascimento pelo Espírito".

3.5 A Trindade sofre uma paixão de amor

Ao tema da Lei acrescentou-se ultimamente outro tema de ressentimento contra Deus Pai: o sofrimento humano, sobretudo o sofrimento dos inocentes. "O sofrimento dos inocentes – escreveu um não crente – é a rocha do ateísmo." O dilema soa assim: "Deus pode vencer o mal, mas não quer, e assim não é um pai; ou quer vencê-lo, mas não pode, e então não é onipotente". Esta objeção também é antiga, mas se tornou ensurdecedora logo após as histórias trágicas da última guerra mundial. "Não é mais possível crer em um Deus que é pai, depois de Auschwitz", alguém escreveu.

Vejamos a resposta que o Espírito Santo deu à Igreja. Na segunda parte do século passado, alguns dos mais conhecidos teólogos falaram do sofrimento de Deus. Depois do japonês Kazoh Kitamori[60], o fizeram, partindo de pontos de vista diferentes, Karl Barth[61], Jürgen Moltmann[62] e Hans Urs von Balthasar em sua *Teodrammatica*. A Comissão Teológica Internacional julgou substancialmente positivas estas aberturas[63]. Esta visão, com as devidas observações e precauções, foi acolhida por João Paulo II que, na encíclica sobre o Espírito Santo, escreveu:

> A concepção de Deus, como ser necessariamente perfeitíssimo, exclui certamente de Deus qualquer dor derivante de carências ou feridas; mas, nas "profundezas de Deus" existe um amor de Pai que, diante do pecado do homem, segundo a linguagem bíblica, reage ao ponto de dizer: "Arrependi-me de criar o homem!" [...]. O livro sagrado nos fala de um Pai que tem compaixão pelo homem, quase compartilhando sua dor. Definitivamente, essa insondável e indizível "dor" de pai produzirá sobretudo a maravilhosa economia do amor redentor em Jesus Cristo, de forma que, por meio do mistério da piedade, na história do homem o amor possa revelar-se mais forte do que o pecado [...]. Na humanidade de Jesus Redentor se concretiza o "sofrimento" de Deus[64].

---

60. KITAMORI, K. *Theology of the Pain of God*. Richmond: Knox, 1965.

61. BARTH, K. *Kirchliche Dogmatik,* IV/1, EVZ. Zürich, 1953, p. 303s.

62. MOLTMANN, J. *Der gekreuzigte Gott*. München, 1972, p. 184-267.

63. Cf. Teologia, cristologia, antropologia. *La Civiltà Cattolica* 134 (1983), p. 50-65.

64. *Dominum et vivificantem*, 39.

Não se trata de uma ideia nova, mas da redescoberta do verdadeiro rosto de Deus da Bíblia, recoberto por séculos pela ideia do "deus dos filósofos", motor imóvel, que tudo move sem mover-se – e muito menos se comover – por nada. Um conhecido rabino italiano havia chegado à mesma conclusão que os teólogos cristãos, apenas estudando e comentando a Bíblia. Escrevia muito antes dos autores acima citados: "Deus sofre? Pensar nisso é para mim um dever do coração [...] Deus sempre fica ferido, Deus sempre sofre, ou na justiça, ou em sua misericórdia [isto é, tanto quando pune o pecado como quando passa por cima do pecado dos homens]. Sofre por causa do homem que falha e com o homem que peca"[65].

Orígenes, também ele profundo conhecedor da Escritura, escrevia já no século II estas palavras arrojadas:

> O próprio Pai, Deus do universo, Ele que é cheio de longanimidade, misericórdia e piedade, acaso não sofre, de alguma forma? Ou talvez ignores que, quando Ele se ocupa das coisas humanas, sofre uma paixão humana? Ele sofre uma paixão de amor[66].

Um de seus discípulos, São Gregório Taumaturgo, fala da "paixão do impassível". Em Deus, portanto, a paixão precedeu, em certo sentido, a encarnação. Esta, aliás, constitui-se sua manifestação histórica e seu efeito.

É surpreendente que, neste aspecto, os artistas se anteciparam há séculos dos teólogos. Na arte ocidental, por *Trindade* entende-se uma representação na qual se vê o Pai que, com os braços abertos e o rosto sofredor, segura a cruz de

---

65. ZOLLI, E. *Prima dell'alba*. Autobiografia. Cinisello Balsamo: San Paolo, 2004, p. 73s.
66. ORÍGENES. *Omelie su Ezechiele*, 6, 6 (GCS 1925, p. 384).

Cristo, enquanto entre o rosto do Pai e o do Filho a pomba do Espírito Santo se faz presente. Inúmeras são as representações deste tipo, tanto na arte popular quanto na dos grandes autores. O exemplo mais conhecido é a *Trindade* de Masaccio, em Santa Maria Novella, em Florença: a Trindade inteira está na cruz.

Se existe uma clarificação ou uma correção a ser feita à tese do sofrimento de Deus (e àquilo que eu mesmo escrevi a propósito no passado) é exatamente a que foi posta em evidência pelos artistas. Quando se fala de sofrimento de Deus não se deve insistir unilateralmente sobre o sofrimento do Pai, mas englobar as três Pessoas divinas. Também o sofrimento, em Deus, é trinitário! O próprio Espírito Santo, sendo o amor de Deus em pessoa, é também, consequentemente, "a dor de Deus em pessoa"[67].

Para compreender algo do sofrimento de Deus se deve levar em conta a distinção entre natureza e pessoa na Trindade. Como natureza, Deus é onipotente, absolutamente perfeito; nele não há nem pode haver dor derivante de uma perda de vitalidade, porque Ele é o Vivente que dá a vida a todos e nunca passa por uma perda de vida. Portanto, quando se diz que em Deus não pode haver dor, parte-se de sua natureza. O Pai é uma pessoa que possui a natureza divina e, como tal, vive concretamente sua personalidade numa série de relações interpessoais com o Filho, com o Espírito, com os homens e com os anjos por Ele criados. Na primeira série de relações, as inerentes à sua vida íntima, com o Filho e com o Espírito, está ausente qualquer forma de dor; sua unidade

---

67. MÜHLEN, H. Das Herz Gottes. Neue Aspekte der Trinitätslehre. *Theologie und Glaube* 78 (1988), p. 141-159.

perfeita de amor e de vida entre três exclui qualquer forma de dor.

Mas o Pai não é só pai do Filho e origem do Espírito; é também criador do universo, à frente do qual pôs o ser humano. Com Ele entrou em uma relação livre de amor e de comunhão, à imagem da relação que tem com o Filho. Nessa relação Ele entra com toda sua glória e com todo seu amor. O vínculo que o Pai tem com o universo, portanto, o envolve intimamente com sua personalidade inteira. É nesta relação que a dor se insere. O desígnio criador do Pai, de fato, não pode realizar-se sem a colaboração e a livre-adesão do homem. Ao responder não, o homem golpeia o coração das três Pessoas divinas, golpeia a vontade de comunicação de amor com o homem que elas têm. Daí a dor pela recusa do homem de deixar-se envolver pelo amor e pela santidade da Trindade. A dor, como se percebe, não é diminuição ou perda de vitalidade de Deus – o que seria impossível –, mas apenas a modalidade com a qual Ele manifesta sua plenitude de vida e de amor diante da recusa do homem.

Aquilo que acontece em Deus é comparável ao que acontece com uma mulher com um enorme desejo de maternidade, mas que, por impedimentos físicos ou pela recusa do próprio marido, não pode tornar-se mãe. Que tormento íntimo provoca essa frustração do desejo vivo de maternidade! Da mesma forma, a recusa ao amor e à obediência por parte do homem provoca em Deus a interrupção de seu grandíssimo desejo de fazer do homem o parceiro de sua glória.

Basta um rápido olhar ao conjunto dos textos bíblicos para descobrir o rosto de um Deus que é tudo, menos "impassível" (*apathes*), como era o dos filósofos gregos, "motor imóvel", que tudo move, sem ele mesmo ser movido (e co-movido!) por nada. O Deus bíblico é um Deus "apaixonado", cheio de *páthos*. "Deus é amor" (1Jo 4,16), e o amor é o que há de mais vulnerável no mundo. Se for amor verdadeiro, ele deve efetivamente deixar livre o amado para acolhê-lo ou recusá-lo; e a recusa do amor, especialmente por parte da própria esposa ou dos próprios filhos, como se sabe, é um dos sofrimentos mais agudos do ser humano. Disso Deus se lamenta em Isaías: "Eu criei filhos e os fiz crescer, mas eles se rebelaram contra mim" (1,2). "Não se vive no amor sem dor", escreveu o autor do livro *Imitação de Cristo* (III, 5), e esta lei se realiza primeiramente em Deus.

A própria "cólera de Deus", da qual frequentemente fala a Escritura, não é senão a manifestação de seu *pathos*. Trata-se de um antropomorfismo com o qual o livro sagrado quer sublinhar a paixão de Deus pelo homem, a seriedade de seu amor, seu envolvimento no pacto que o vincula ao homem e sua vitória contra cada obstáculo que se interponha à sua obra salvífica.

O que reconcilia o discurso sobre o sofrimento de Deus com nossa irrenunciável fé em sua infinita perfeição e poder é que no final o amor triunfará sobre toda espécie de dor; não haverá mais "nem lágrima, nem luto, nem dor, nem morte" (cf. Ap 21,4), nem em nós, nem em Deus. O amor triunfará, mas a seu modo, isto é, não derrotando o mal e enviando-o para fora de suas próprias fronteiras (não poderia fazê-lo sem destruir a liberdade humana), mas transformando o mal em bem, o ódio em amor.

Eu experimentei pessoalmente a força libertadora que esse anúncio do sofrimento de Deus pode ter. Certa feita, na pregação em São Pedro, numa Sexta-Feira Santa, falei do sofrimento do Pai que estava com Jesus, naquele dia, no calvário. Das reações havidas tive a impressão de que as pessoas sempre quiseram ouvir uma palavra como aquela. Isso leva a reconciliar-nos com Deus Pai. Faz compreender que Ele não está longe, lá no céu, olhando o homem que sofre aqui na terra; Deus está com a humanidade; chora com a mãe que chora a perda do filho, e com qualquer pessoa que está na dor.

Nos perguntamos então, por que Ele não intervém, se também Ele sofre com o homem? Por que o sofrimento? Evitemos, nós ministros da Palavra, de dar a impressão de que a dor humana, para nós, não tem mistérios; não nos assemelhemos aos amigos de Jó. Na presença de certos sofrimentos, imitemos a Jesus que, diante da dor pela perda de uma pessoa querida (o filho da viúva de Nain e Lázaro), se comovia e chorava. Depois disso poderemos, como Ele o fazia, anunciar a Ressurreição e a vida. Repitamos com Paulo: "Considero que os sofrimentos do tempo presente não são comparáveis à glória que deve ser manifestada a nosso respeito" (Rm 8,18); ou com João: "Ele enxugará toda lágrima de seus olhos e a morte já não existirá, nem haverá mais luto, nem pranto, nem dor, porque tudo isso já passou" (Ap 21,4). Deus tem a eternidade inteira para fazer-se "perdoar", jamais esqueçamos disso[68].

---

68. Alguém perguntou como a tese do sofrimento de Deus se concilia com a condenação do assim chamado Patripassianismo, isto é, a tese que, nos primeiros séculos da Igreja, atribuía a Paixão ao Pai. Mas a descoberta do sofrimento de Deus não tem absolutamente nada a ver com a heresia do Patripassianismo. A mais antiga notícia sobre esta heresia nos é dada por Tertuliano. Ele atribui a um certo Práxeas da Ásia Menor a afirmação segundo a qual "é o Pai que desceu na Virgem, ele que nasceu da Lei, ele que sofreu, enfim, que é o próprio Jesus Cristo" (*Adversus Praxean*, 1,1). O erro que Tertuliano reprova em Práxeas não é, como se percebe, o de atribuir o sofrimento a Deus Pai,

Terminemos com a belíssima oração de abandono ao Pai de Charles de Foucauld. Ela nos faz compreender melhor do que qualquer explicação com qual espírito deveríamos proferir, no *Pai nosso*, a invocação: "Seja feita a vossa vontade".

Meu Pai, eu me abandono em ti:
faz de mim o que te aprouver!
Qualquer coisa que fizeres de mim, eu te agradeço.
Estou pronto a tudo, aceito tudo,
para que tua vontade se realize em mim
e em todas as tuas criaturas.
Nada de outro desejo, meu Deus.
Remeto minha alma em tuas mãos, a ofereço a ti, meu Deus,
com todo o amor do meu coração, porque te amo.
E é para mim uma exigência de amor o doar-me,
o remeter-me em tuas mãos sem medida,
com uma confiança infinita, porque Tu és o meu Deus.

---

mas em identificar o Pai com o Filho, isto é, negar a distinção das pessoas em Deus; em outros termos: negar a Trindade. Em outra obra, o próprio Tertuliano defende, contra o herético Marcião, a existência de paixão em Deus, insistindo, porém, justamente na diversidade que existe entre as paixões humanas e as divinas (*Adversus Marcionem*, II, 16, 3-4). Num documento da Igreja grega, do ano 345, lê-se: "Patripassianos é o nome com o qual os Romanos indicam os que nós denominamos Sabelianos" (*Simbolo di Antiochia del 345. In*: PG 26, 732 C). É a heresia conhecida também com o nome de Modalismo, enquanto considera o Pai, o Filho e o Espírito Santo como modos diferentes de manifestar-se da própria pessoa divina.

4

Criador do céu e da terra, de todas as coisas visíveis e invisíveis

4.1 No princípio era o amor

Com a presente meditação entramos na segunda parte de nosso comentário ao credo. Das três pessoas distintas *nas* quais acreditamos (o Pai, o Filho e o Espírito Santo) passemos às coisas *em que* acreditamos, isto é, às obras que a Trindade conjuntamente, como único princípio, realiza na história. A primeira das assim chamadas obras *ad extra* é a criação, e desta se ocupa o artigo em que proclamamos Deus como "criador do céu e da terra, de todas as coisas visíveis e invisíveis".

O povo de Israel interessou-se pelo problema da criação em razão do contato com as mitologias que conheceu ao longo de suas experiências de escravidão, primeiramente no Egito e posteriormente ao longo dos rios da Babilônia. Quando retornaram à pátria, os hebreus buscaram organizar a leitura de todos os acontecimentos de sua história e, coligando-a com a história de toda a humanidade, iniciaram pela análise do primeiro acontecimento: a criação do cosmo.

O primeiro livro da Bíblia narra a origem do mundo, criado simbolicamente no período de uma semana, diretamente pelas mãos de Deus. A vida prorrompe do Criador com sabedoria e amor, com palavra poderosa, com ditos e ações: "Disseste uma palavra e todas as coisas foram feitas, enviaste o teu espírito e Ele as criou" (Jt 16,14). O objetivo não é fazer história e, menos ainda, ciência, mas elevar um hino à sabedoria e ao poder do Criador, àquele que Israel conheceu como o Deus da Aliança.

O perigo ao recitar o credo é o de ver a árvore e os frutos e não a raiz escondida, isto é, ver uma série de verdades e fatos, mas não a alma de tudo, a fonte da qual tudo provém. Esta, como se percebe, é simples assim: "Deus é amor!" São

João nos oferece seu "credo" sintético e brevíssimo se apropriando justamente dessa fonte da qual tudo deriva: "Nós acreditamos no amor de Deus" (cf. 1Jo 4,16).

É esta a resposta a todos os porquês da fé, a começar pela razão da Trindade. Por que Deus é Pai, Filho e Espírito Santo? A resposta é: porque nosso Deus é amor, e o amor não pode existir senão entre duas pessoas, fato este que requer um sujeito que ama e um objeto que é amado. Não há amor que não ame alguém ou alguma coisa, assim como "não há conhecimento que não seja conhecimento de alguém ou de alguma coisa" (E. Husserl). Só se Deus se resumisse em uma lei suprema ou em um poder supremo, como em certas religiões, poderia estar "sozinho e solitário"; nosso Deus, que é amor, é único, mas não solitário.

Aplicada à criação, esta verdade nos obriga a rever, ou ao menos completar, a resposta que em geral os catecismos oferecem. Nestes, à pergunta "Por que Deus nos criou?", responde-se: "Para conhecê-lo, amá-lo, servi-lo nesta vida e usufrui-lo na outra, no paraíso". Esta resposta responde à pergunta sobre a causa final, sobre o objetivo pelo qual Deus nos criou, não à pergunta sobre a causa causante, sobre o que o impulsionou a criar-nos. A esta pergunta não se deve responder: "para que o amássemos", mas nos criou "porque nos amou".

O amor é *diffusivum sui*, por sua natureza tende a comunicar-se, e é este o verdadeiro motivo da criação. São João não se cansa de repeti-lo: "Nisto consiste o amor: não fomos nós que amamos a Deus, mas foi Ele quem nos amou"; e ainda: "amamos porque Ele por primeiro nos amou" (1Jo 4,10.19). Ninguém saberia convencer-nos melhor do fato que fomos criados por amor do que Santa Catarina de Sena, com esta abrasadora oração à Trindade:

> Ó Pai eterno, como criaste esta tua criatura? Quão maravilhada eu me sinto! Vejo, de fato, como Tu me mostras, que por nenhuma outra razão a fizeste senão porque com a chama de teu amor te viste forçado pelo fogo de tua caridade a dar-nos a existência, apesar das maldades que iríamos cometer contra ti, ó Pai eterno. Foi o fogo [do amor], portanto, que te obrigou. Ó amor inefável, embora em teu fogo tivesses visto todas as iniquidades que tua criatura iria cometer contra tua infinita bondade, fingiste quase não ver e só olhaste a beleza de tua criatura, pela qual Tu, enlouquecido e ébrio de amor por ela, dela te enamoraste e por amor a tiraste de ti, dando-lhe o ser à tua imagem e semelhança. Tu, verdade eterna, declaraste-me tua verdade, ou seja, foi o amor que te obrigou a criá-la[69].

O amor de Deus é sem limites; não se detém no homem; povoa e sustenta todo o universo. É o vínculo substancial entre todos os seres e seu Criador. Dante Alighieri tem razão quando, no último verso de sua *Divina Comédia*, define Deus como "o amor que move o sol e as outras estrelas". É necessário deixar-se transportar pela imensa torrente desse amor, pelo estímulo da natureza inteira que espera, entre gemidos, ser libertada das consequências do pecado (cf. Rm 8,18ss.). Ao lançarmos uma pedra na água, percebemos que ela provoca círculos concêntricos que se alargam; assim é o amor criador: uma emoção que se propaga infinitamente, e une substancialmente tudo o que existe.

---

69. SANTA CATARINA DE SENA. *Orazione V* (Roma, 18 de fevereiro de 1379).

4.2 A criação obra da Trindade

Recordemos o princípio formulado por São Basílio:

> O caminho do conhecimento de Deus procede do único Espírito, através do único Filho, até o único Pai; inversamente, a bondade natural, a santificação segundo a natureza e a dignidade real se difundem do Pai, através do Unigênito, até o Espírito Santo[70].

Aplicado à criação, este princípio afirma que na origem de tudo está o Pai, que cria "através do Filho" e leva à perfeição graças ao Espírito Santo.

Logo em seguida, no artigo relativo ao Filho, o credo diz que "por Ele todas as coisas foram feitas" (*per quem omnia facta sunt*). Deixemos de lado as questões teológicas sobre a natureza desta meditação (se o *Logos* é causa exemplar, instrumental ou de outro gênero) e limitemo-nos às afirmações bíblicas. João proclama: "Tudo foi feito por meio dele e sem Ele nada do que foi feito se fez" (Jo 1,3); e Paulo escreve: "Tudo foi criado por Ele e para Ele" (Cl 1,16). A pergunta crucial é: seremos capazes, nós que aspiramos a reevangelizar o mundo, de dilatar a nossa fé a estas dimensões de tirar o fôlego? Acreditamos, realmente, de todo coração, que "tudo foi criado por Cristo e para Cristo?" Em seu livro *Introdução ao cristianismo*, o então professor Joseph Ratzinger escrevia:

> Com o segundo artigo do "Credo" estamos diante do autêntico escândalo do cristianismo. Este é constituído pela confissão de que o homem-Jesus, um indivíduo executado por volta do ano 30 na Palestina, é o "Cristo" (o ungido, o eleito) de Deus, ou inclusive o próprio Filho de Deus, portanto, o centro focal, o

---

70. BASILIO. *Sullo Spirito Santo*, XVIII, 47 (PG 32, 153).

núcleo determinante de toda a história humana [...]. É realmente lícito agarrar-se ao frágil esteio de um único evento histórico? Podemos correr o risco de confiar toda a nossa existência, aliás, toda a história, a este fio tênue de um acontecimento qualquer, flutuando no oceano infinito da história cósmica?[71].

Seria lícito pensarmos, sobretudo, que todo o universo existe graças àquele único homem? O iniciador da pesquisa sobre um "Jesus histórico", diferente do "Cristo da fé", escreveu:

> A ilusão de que Jesus possa ter sido homem em sentido pleno e que, no entanto, como pessoa singular, seja superior a toda a humanidade é a corrente que ainda fecha o porto da teologia cristã ao mar aberto da ciência racional[72].

O que o racionalista rejeita desdenhosamente é aquilo que nós crentes somos chamados a professar alegremente. Como é "o Alfa e o Ômega" da história (Ap 1,8), assim o Filho de Deus é também "o princípio da criação de Deus" (Ap 3,14).

O relato bíblico da criação também atribui um papel especial ao Espírito Santo de Deus nessa criação: "No princípio Deus criou o céu e a terra. A terra estava deserta e vazia, as trevas cobriam o abismo e o espírito de Deus pairava sobre as águas" (Gn 1,1-2). O Espírito Santo não está na origem, mas, por assim dizer, no final da criação, assim como não está na origem, mas no final do processo trinitário. Na criação – escrevia ainda São Basílio – o Pai é a causa principal, aquele de quem são todas as coisas; o Filho a causa

---

71. RATZINGER, J. *Introduzione al cristianesimo.* Brescia: Queriniana, 1969, p. 149.

72. STRAUSS, D. F. *Der Christus des Glaubens und der Jesus der Geschichte*, 1865.

efetiva, aquele através do qual todas as coisas são feitas; o Espírito Santo é a causa otimizadora. Não que a força do Pai seja imperfeita, mas o Pai *quer* fazer existir através do Filho e *quer* levar à perfeição através do Espírito[73].

O Espírito, portanto, está na origem da perfeição do criado; não é aquele que faz o mundo passar do nada ao ser, mas aquele que o faz passar do ser informe ao ser formado e perfeito. Em outras palavras: o Espírito Santo é aquele que faz o criado passar do caos ao *cosmo*, que faz deste cosmo algo maravilhoso, ordenado, limpo: precisamente um "mundo", segundo o significado originário desta palavra. Santo Ambrósio escrevia:

> Quando o Espírito começou a pairar sobre o criado, este não tinha ainda nenhuma beleza. Inversamente, quando a criação recebeu o conjunto de ações do Espírito, ela adquiriu todo esse esplendor de beleza que a fez refulgir como "mundo"[74].

Agora sabemos que a ação criadora de Deus não se limita ao instante inicial, como se pensava na visão deísta ou mecanicista do universo. Deus não "foi" uma vez, mas sempre "é" criador. Isto significa que o Espírito é sempre aquele que faz passar do caos ao cosmo, isto é, da desordem à ordem, da confusão à harmonia, da deformidade à beleza, do arcaico à novidade. Evidentemente não o faz mecanica e repentinamente, mas no sentido de estar ao serviço do criado e de conduzir a um fim sua própria evolução, como que entre dores de parto (cf. Rm 8,19-22). Ele é quem sempre "cria e renova a face da terra" (cf. Sl 104,30). E em todos os níveis:

---

73. BASÍLIO. *Sullo Spirito Santo*, XVI, 38 (PG 32, 136).

74. AMBRÓSIO. *Sullo Spirito Santo*, II, 32.

tanto no macrocosmo como no microcosmo, que é cada ser humano.

"As trevas – lê-se em Gênesis – cobriam o abismo" (Gn 1,2). Mas também o coração do homem, diz a Escritura, é "um precipício e um abismo" (cf. Sl 64,7). Existe um caos exterior e um caos interior. Nosso caos é o da escuridão que existe em nós: dos desejos, dos projetos, dos propósitos, dos remorsos contrastantes e em luta entre si. Carregamos em nós mesmos um vestígio do caos primordial: o nosso inconsciente. Aquilo que a psicanálise moderna exprimiu como passagem do inconsciente à consciência, do "Id" ao "Superego", é um aspecto dessa criação que deve continuar a realizar em nós a passagem do informe ao formado. O Espírito Santo quer pairar também sobre o caos de nosso inconsciente, no qual se agitam forças obscuras, impulsos contrastantes, em que se aninham angústias e neuroses, mas também possibilidades inexploradas.

4.3 "À imagem de Deus os criou, macho e fêmea os criou"

Em uma meditação sobre a criação "das coisas visíveis e invisíveis" não pode faltar uma reflexão particular sobre a criação do homem e da mulher. Eles não são uma dentre as tantas coisas criadas, mas o coroamento e o objetivo de toda a criação. A humanidade é criada "à imagem e semelhança de Deus" (cf. Gn 1,26).

A criação do homem à imagem de Deus tem implicações de certa forma desconcertantes sobre a concepção do homem. Tudo se funda na revelação da Trindade trazida por Cristo. O homem é criado à imagem de Deus, o que significa que ele participa da essência íntima de Deus, que é relação de amor entre Pai, Filho e Espírito Santo. Somente o homem, enquanto pessoa capaz de relações, participa da dimensão pessoal e relacional de Deus.

Isto significa que o homem, em sua essência, mesmo que em um nível de criatura, é aquilo que, a nível não criado, são o Pai, o Filho e o Espírito Santo, em sua essência. A pessoa humana é "pessoa" justamente por esse núcleo relacional que a torna capaz de acolher a relação que Deus quer estabelecer com ela e, ao mesmo tempo, torna-se gerador das relações com os outros e com o mundo. É evidente que existe um fosso ontológico entre o Criador e a criatura humana; no entanto, por graça (nunca esqueça dessa precisão!), esse fosso é preenchido, de modo a ser menos profundo do que o existente entre o homem e o resto da criação. Trata-se de um pensamento estonteante, mas verdadeiro.

É também daqui que devemos partir para compreender a relação que a Bíblia coloca entre ser criado "à imagem de Deus" e ser "macho e fêmea":

E Deus criou o homem à sua imagem;
à sua imagem Deus o criou:
macho e fêmea os criou (Gn 1,27).

É precisamente na diferença com que se relaciona que consiste no ser imagem e semelhança de Deus do homem e da mulher. O dado constitutivo do ser "à imagem" – liberdade, razão, capacidade de conhecimento e de amar – comporta a impossibilidade do ser humano existir em solidão. O sujeito humano só é enquanto tal se está em relação com outra pessoa. Neste sentido, o homem e a mulher são o reflexo mais elementar e mais universal da comunhão das pessoas em

Deus. Por analogia, sua comunhão e humanidade recíprocas representam o eco do mistério de amor infinito do Pai, do Filho e do Espírito. Por isso, a referência a Deus na criação e na história do homem e da mulher não é algo acrescentado à natureza humana, mas, numa visão cristã, é parte integrante de seu próprio ser.

Pai, Filho e Espírito Santo são amor; estar em comunhão e em relação entre si não é algo adicionado à essência da Trindade, mas seu próprio modo de ser, sobretudo na visão trinitária grega que, neste aspecto, como já o dissemos, é preferível à latina. A Trindade não pode permitir, portanto, que o homem viva só. Ele não seria mais "à sua imagem"! Por esta razão essa imagem lhe garante uma presença que lhe permite relacionar-se em profundidade, olhos nos olhos.

> O Senhor Deus disse: "Não é bom para o homem ficar sozinho: quero fazer-lhe uma auxiliar que lhe seja semelhante". [...] Então o Senhor Deus fez descer sobre o homem um torpor, que o adormeceu; tomou uma de suas costelas e voltou a fechar a carne no lugar dela. O Senhor Deus moldou com a costela, que havia tirado do homem, uma mulher e levou-a a ele. Então o homem disse: "Eis, desta vez, o osso dos meus ossos e a carne da minha carne. Ela se chamará mulher porque do homem foi tirada" (Gn 2,18.21-23).

Quando Adão diz que a mulher é "osso" de seus ossos e "carne" de sua carne, deixa a entender que pode viver uma comunhão íntima com ela, uma comunicação de amor, de perfeita igualdade, que é anterior a qualquer outro tipo de relação. No texto citado a relação pode parecer hierárquica, mas trata-se de uma conotação de tipo cultural, própria da mentalidade do tempo. No pensamento de Deus, homem e mulher se equivalem em termos de dignidade e de solidão e, portanto, ambos têm igualmente necessidade de relacionar-se reciprocamente.

Homem e mulher, um sem o outro, estariam perdidos, muito embora, na Bíblia, comumente o homem seria o mais penalizado. Lê-se, de fato, no Livro do Eclesiástico: "Onde não há cerca, a propriedade está exposta ao assalto; onde não há mulher, o homem vagueia e suspira" (Eclo 36,27). A mulher foi dada como dom ao homem, mas este, em contrapartida, deve amá-la, viver e trabalhar por ela. Parecem óbvias a sabedoria e a harmonia do Pai ao projetar e criar o primeiro casal humano; beleza e harmonia derivam do fato de que foi exatamente Ele, o Criador, a pensá-los assim, à sua imagem. Homem e mulher são o auge da criação e detentores de uma relação muito particular com Deus que os eleva à esfera do divino, precisamente enquanto se relacionam entre si e com Ele.

Enquanto em outras culturas religiosas, caracterizadas pelo temor, pela submissão e pela distância, permanece uma forte oposição entre divindade e humanidade, na Bíblia, Deus entra numa relação de misericórdia e de aliança com os seres humanos, iluminando-os em sua autenticidade de criaturas feitas à sua imagem. O Pai, desde as origens, passeia na brisa do jardim com o homem e a mulher. Por primeiro Ele os amou, a fim de que se amassem; não porque necessitasse do amor deles, mas porque não podiam ser aquilo para o qual Deus os criou senão amando-o. Irineu escreveu:

> No princípio Deus não criou Adão porque tivesse necessidade do homem, mas para que houvesse alguém em quem colocar seus benefícios. Ele beneficia os que o servem pelo próprio fato de que o servem e os que o seguem pelo próprio fato de que o seguem, mas não recebe deles nenhum benefício, visto

que é perfeito e não tem necessidade de nada [...]. Ele preparava os profetas para acostumar o homem na terra a carregar o seu Espírito e dispor da comunhão com Deus. Ele, que não tem necessidade de nada, oferecia sua comunhão àqueles que necessitavam dele[75].

Diante do insondável mistério desse amor de Deus pelos homens, compreende-se o estupor do salmista ao se perguntar: o que é o homem, para que te lembres dele, e o filho do homem, para que dele te ocupes tanto? (cf. Sl 8,5).

4.4 O desafio do cientificismo ateu

Hoje o artigo do credo que fala da criação de todas as coisas do nada é o tema de maior diálogo e confronto entre crentes e não crentes. Em outros tempos a oposição maior à fé vinha da filosofia (Iluminismo, materialismo de Feuerbach); hoje, ela vem da ciência. Trata-se de saber se o cosmo foi pensado e querido por alguém, ou se é fruto do acaso e da evolução; se seu caminho mostra os sinais de uma inteligência e avança para uma meta precisa, ou se evolui, por assim dizer, às cegas, obedecendo apenas às leis próprias e aos necessários mecanismos biológicos. É o desafio do cientificismo ateu que está entre os obstáculos maiores à evangelização do homem moderno. São João Paulo II oferece dele a seguinte definição:

> Esta concepção filosófica recusa-se a admitir como válidas formas de conhecimento distintas daquelas que são próprias das ciências positivas, relegando para o âmbito da pura imaginação tanto o conhecimento religioso e teológico como o saber ético e estético. No passado, a mesma ideia aparecia expressa

---

75. IRINEU. *Adversus haereses*, IV, 13, 4 – 14, 2.

no positivismo e no neopositivismo, que consideravam destituídas de sentido as afirmações de caráter metafísico. [...] Os sucessos inegáveis no âmbito da pesquisa científica e da tecnologia contemporânea contribuíram para a difusão da mentalidade cientificista, que parece não conhecer fronteiras, quando vemos como penetrou nas diversas culturas e as mudanças radicais que aí provocou[76].

Podemos resumir assim as teses principais desta corrente de pensamento:

Primeira tese. *A ciência – e em particular a cosmologia, a física e a biologia – é a única forma objetiva e séria de conhecimento da realidade.* Escreveu o biólogo e filósofo Jacques Monod:

> As sociedades modernas são construídas sobre a ciência. Devem-lhe a sua riqueza, a sua potência e a certeza de que riquezas e poderes ainda maiores serão, em um porvir, acessíveis ao homem, se ele o quiser [...]. Providas de todos os poderes, dotadas de todas as riquezas que as ciências lhes oferecem, nossas sociedades ainda tentam viver e ensinar sistemas de valores já minados na base por esta mesma ciência[77].

Segunda tese. *Esta forma de conhecimento é incompatível com a fé, que se baseia em pressupostos que não são nem demonstráveis nem falsificáveis.*

Terceira tese. *A ciência demonstrou a falsidade, ou ao menos a não necessidade, da hipótese de um Deus criador.* É a afirmação à qual deu amplo destaque a mídia do mundo inteiro por ocasião da publicação do livro *O grande projeto* (*The Grand Design*) do conhecido astrofísico inglês Stephen

---

76. JOÃO PAULO II. *Fides et Ratio*, 88.

77. MONOD, J. *Il caso e la necessità*. Milão: Mondadori, 1970, p. 136s.

Hawking. Contrariamente ao que havia escrito anteriormente, em seu novo livro este cientista sustenta que os conhecimentos alcançados pela física tornam inútil acreditar em uma divindade criadora do universo: "A criação espontânea é a razão pela qual existe alguma coisa, e não o nada".

Um corolário deste ateísmo cientificista é a tese da total marginalidade e insignificância do homem no universo e no próprio grande mar da vida. O que é o homem e a própria terra em relação às milhares de galáxias, com as milhares de estrelas, cada uma distando milhares de anos luz da outra? Os doutos adoram evidenciar esta desproporção. "Sempre pensei – afirma um deles – ser insignificante. Conhecendo as dimensões do Universo, não faço senão perceber o quanto realmente o sou. [...] Somos apenas um pouco de barro num planeta que pertence ao sol"[78].

Que sensação confrontar esta visão do mundo com a de alguns místicos que viram o universo com outros "telescópios"! Um dia a mística inglesa Juliana de Norwich teve uma visão: viu Deus que segurava na mão "algo pequeno, do tamanho de uma avelã". Perguntava-se sobre o que poderia ser, e lhe foi respondido: "É toda a criação!"[79]. A mesma coisa foi revelada por Deus a um místico do Oriente, São Simeão o Novo Teólogo: "À minha palavra, o céu, como um nada, foi feito; e o sol, as estrelas, a terra, um pequeno excedente"[80]. O universo, que para o homem parece a imensidão e o infinito,

---

78. ATKINS, P. Apud TIMOSSI, R. G. *L'illusione dell'ateismo*. Cinisello Balsamo: San Paolo, 2009, p. 482.

79. JULIANA DE NORWICH. *Libro delle rivelazioni*. Milão: Àncora, 1984, cap. 5, p. 109s.

80. SIMEÃO, O NOVO TEOLÓGO. *Inni e preghiere*. Roma: Città Nuova, 1996, p. 89 (SCh 174, p. 170).

na realidade não é senão uma "pequena avelã" nas mãos de Deus, um "excedente" aos seus olhos!

As teses do cientificismo ateu se revelaram falsas, não apenas em base a um raciocínio *a priori* ou em argumentos teológicos e de fé, mas a partir da própria análise dos resultados da ciência e das opiniões de muitos dos cientistas mais ilustres do passado e do presente. Um cientista do porte de Max Planck, fundador da teoria da física quântica, disse que "a ciência conduz a um ponto além do qual não pode mais nos guiar"[81]. Em um museu da ciência e da técnica em Paris, destaca-se uma frase muito significativa enquanto procedente justamente do mundo da ciência: "A ciência nos leva a um número maior de incertezas do que de certezas". Li este significativo reconhecimento num livro de divulgação científica. Se olharmos retroativamente a história do mundo, como se percorrêssemos as páginas de um livro, da última para a primeira, nos daríamos conta, chegados ao final, que é como se faltasse a primeira página, o início: sabemos tudo do mundo, exceto por que e como começou[82]. A pessoa de fé está convencida de que a Bíblia nos oferece exatamente esta página inicial ausente; nela, como no frontispício de qualquer livro, é indicado o nome do autor e o título da obra.

Não insisto na confusão das teses enunciadas, que foi feita por cientistas e filósofos da ciência, com uma competência de que não disponho[83]. Limito-me a uma observação elementar e o faço com um exemplo. Existem aves noturnas,

---

81. PLANCK, M. *La conoscenza del mondo fisico*. Torino: Bollati Boringhieri, 1993, p. 155.

82. ANGELA, P. *Viaggio nella scienza*. Milão: Garzanti, 1997.

83. Cf., p. ex., a crítica pontual de TIMOSSI, R. G. *L'illusione dell'ateismo*. Cinisello Balsamo: San Paolo, 2009, p. 160.

como a coruja, cujo olho é feito para ver na escuridão da noite, não na claridade do dia. Estas aves sabem tudo, e se deslocam facilmente no ambiente noturno, mas pouco sabem do mundo diurno. Adotemos por um momento o gênero das fábulas, em que os animais falam entre si. Imaginemos que uma águia faça amizade com uma coruja e lhe fale do sol: sobre como tudo é iluminado por ele, e como sem ele tudo cairia na escuridão e no gelo, e o seu próprio mundo noturno sem ele nem existiria. O que responderia a coruja senão isto: "Tua narrativa é fantasiosa! Nunca vimos vosso sol. Nós nos deslocamos perfeitamente e encontramos alimento sem necessitar dele; esta hipótese é inútil e, portanto, não existe". É exatamente o que faz o cientista ateu quando afirma: "Deus não existe". Julga um mundo que não conhece, aplica suas leis a um objeto que está fora de seu alcance. Para ver a Deus é necessário abrir um olhar diferente, aventurar-se para fora da noite. Neste sentido, é válida ainda a antiga afirmação do salmista: "Diz o estulto: 'Deus não existe'" (Sl 14,1).

É evidente que as partes podem inverter-se e os crentes se tornarem, eles mesmos, aves noturnas que pretendem julgar os resultados da ciência a partir de seus princípios de fé, como aconteceu, por exemplo, no caso de Galileu. A rejeição do cientificismo não deve, portanto, induzir a uma rejeição da ciência ou à desconfiança em relação a ela. A história nos ensinou dolorosamente onde similar a atitude pode nos levar. Um exemplo luminoso de atitude aberta e construtiva em relação à ciência nos é dado pelo bem-aventurado John Herry Newman. Nove anos após a publicação da obra de Darwin sobre a evolução das espécies, quando não poucos iluminados que lhe estavam próximos se mostravam preocupados e perplexos, ele os tranquilizava, exprimindo um juízo que antecipava de um século e meio o atual da Igreja sobre a não incompatibilidade de tal teoria com a fé bíblica. Vale a pena ouvir novamente os trechos centrais de sua carta ao cônego John Walker:

> Esta [a teoria de Darwin] não me assusta [...]. Não me parece negar logicamente a criação pelo fato que o Criador, há milhões de anos, tenha imposto leis à matéria [...]. A teoria do senhor Darwin não deve ser necessariamente ateia, seja ela verdadeira ou não; ela pode simplesmente estar sugerindo uma ideia mais alargada de Divina Providência e Capacidade [...]. À primeira vista não vejo como a "evolução casual de seres orgânicos" seja incoerente com o desígnio divino – É casual para nós, não para Deus[84].

Sua grande fé permitia a Newman olhar com serenidade as descobertas científicas presentes e futuras. Uma analogia pode nos ajudar a conciliar a nossa fé na existência de um desígnio inteligente de Deus sobre o mundo com a aparente casualidade e imprevisibilidade posta em evidência por Darwin e pela ciência atual. Trata-se da relação entre graça e liberdade. Da mesma forma que no campo do saber a graça deixa espaço à imprevisibilidade da liberdade humana e age também através dela, assim no campo físico e biológico tudo é confiado ao jogo das causas segundas (a luta pela sobrevivência das espécies segundo Darwin, o acaso e a necessidade segundo Monod), mesmo se esse mesmo jogo seja previsto e feito justamente pela Providência de Deus. Deus dotou também o universo de uma certa "liberdade", apesar de impessoal e inconsciente; Ele não intervém continuamente a fim

---

84. NEWMAN, J. H. Lettera al canonico John Walker (1868). *In: The Letters and Diaries.* Vol. XXIV. Clarendon Press, Oxford 1973, p. 77s.

de corrigir suas "escolhas", embora saiba que tudo serve para os seus planos. Em ambos os casos, Deus, como diz o provérbio, "escreve certo por linhas tortas".

4.5 O grande pecado do mundo para com o Criador

Mas o maior pecado, a propósito da criação, não é a negação pura e simples da existência de um Criador, por parte do ateísmo científico, ao menos quando essa negação é feita de boa-fé. É algo muito mais grave. É a substituição de Deus por algo diferente, por um ídolo; é a tentativa de "substituir" Deus. Leiamos, a este respeito, o texto de Paulo:

> A ira de Deus se revela do alto do céu contra toda impiedade e injustiça daqueles que sufocam a verdade com a injustiça; o que se pode conhecer de Deus é neles manifestado, tendo-se Deus manifestado neles; de fato, as qualidades invisíveis de Deus, sua eterna potência, sua divindade podem ser claramente vistas desde a criação do mundo através de suas obras; por isso eles não têm desculpa, visto que, conhecendo a Deus, não o glorificaram como Deus, nem renderam-lhe graças, mas entregaram-se aos seus vãos raciocínios, e assim seu coração, privado de inteligência, obscureceu-se. Pretendendo-se sábios, tornaram-se estultos, e trocaram a glória do Deus incorruptível em enganos semelhantes aos do homem corruptível, ao das aves, ao dos quadrúpedes e ao dos répteis (Rm 1,18-23).

O pecado fundamental, o objeto primário da ira divina, é identificado por São Paulo na *asebeia*, isto é, na impiedade. Em que consiste exatamente essa impiedade o próprio Paulo o explica imediatamente, dizendo que se trata da indisponibilidade de glorificar e de render graças a Deus, "mesmo tendo-o conhecido". Em outros termos: consiste em "conhecer" a Deus, mas não "reconhecê-lo" enquanto tal, ou seja, não lhe prestar a devida consideração; saber que Ele existe, mas fazer de conta que não existe. Reduzido ao seu núcleo germinativo, o pecado é a tentativa, por parte da criatura, de cancelar, por iniciativa própria, quase por força, a diferença infinita que há entre a criatura e Deus. O pecado ataca, desta forma, a própria raiz das coisas; "sufocar a verdade" é uma tentativa de manter a verdade prisioneira da injustiça. É a coisa mais terrível que se possa imaginar ou dizer.

Esta rejeição tomou forma, concretamente, na idolatria, pela qual se adora a criatura no lugar do Criador (cf. Rm 1,25). Na idolatria o homem não "aceita" Deus, mas faz-se deus; é o homem que decide sobre Deus, e não vice-versa. As partes são invertidas: o homem se torna oleiro e Deus o vaso que o homem modela ao seu bel-prazer (cf. Rm 9,20ss.).

Conhecida é a afirmação de Feuerbach que está na origem de uma parte considerável do ateísmo moderno, juntamente com o de Marx: Deus não é senão a projeção que o homem faz de si mesmo; é o homem que cria Deus à sua imagem, não o contrário, como o afirma a Bíblia. Esta máxima é verdadeira, só que ela não afeta a fé bíblica e da Igreja, mas a idolatria. É na idolatria que o homem projeta e diviniza a própria imagem. Mas, com uma diferença: segundo Feuerbach, o homem projeta em Deus sua "melhor essência", seus atributos mais nobres; na idolatria acontece o contrário: o homem projeta frequentemente em Deus suas tendências maiores. Faz de sua sensibilidade e luxúria uma deusa, Vênus; de sua violência um deus, Marte; de sua desonestidade no comércio um deus, Hermes, o Mercúrio dos latinos, deus dos ladrões.

A idolatria assumiu hoje outros nomes, e não falo apenas dos ídolos clássicos: dinheiro, sexo, poder, prestígio...

Não! Existe uma idolatria em curso especialmente a nível cultural, que é uma concorrente direta do monoteísmo; uma idolatria, por assim dizer, monoteísta, não politeísta, uma monolatria. Ela consiste na tentativa de transferência de peso de todas as prerrogativas de Deus ao *acaso* e ao seu anagrama que, em italiano, é *caos*, fazendo da vida e do universo um produto cego e exclusivo do acaso e da necessidade.

Mas, se o maior pecado em relação ao Criador não é negar sua existência, mas a tentativa de "substituí-lo" por outra coisa qualquer, imediatamente nos damos conta que isso diz respeito não apenas aos outros – materialistas ateus ou gnósticos –, mas também a nós crentes. A denúncia de Paulo, do pecado contra o Criador, não se limita aos pagãos de seu tempo. No capítulo 2 de sua Carta aos Romanos, o Apóstolo se dirige aos judeus (e atrás deles aos cristãos judaizantes que queriam voltar à observância da lei mosaica) e afirma que também eles são tão "indesculpáveis" quanto os outros, porque fazem as mesmas coisas que censuravam aos pagãos. Judeus e cristãos judaizantes, escreve Paulo, criticavam os pagãos de roubarem, e roubavam; de cometer adultério, e eles também o cometiam; e assim por diante. O fato de não terem desculpa se mostra em julgar os outros e não a si mesmos, em se sentirem seguros porque conhecem a Lei, não porque a observam.

Na sequência da Carta, com mais coerência e clareza, o Apóstolo afirma que os crentes não compartilham com os pagãos somente as consequências da impiedade (roubos, adultérios e outros pecados), mas a própria impiedade, isto é, colocar a criatura no lugar do Criador. Eles não têm em comum apenas os frutos podres, mas também a árvore e a raiz da qual procedem. "Ignorando – diz aos seus contemporâneos – a justiça de Deus e procurando estabelecer a própria, não se submeteram à justiça de Deus" (Rm 10,3). Se alguém observa a lei para estabelecer a própria justiça, para "gabar-se" dos direitos junto a Deus (cf. Rm 3,27), faz basicamente a mesma coisa que os idólatras pagãos: coloca a criatura – e a si mesmo! – à frente do Criador. Na Carta aos Filipenses, Paulo ilustra este fato com aquilo que aconteceu em sua vida, na passagem de fariseu à crente em Cristo (cf. Fl 3,5ss.).

O judeu, mais do que um representante de uma raça, designa aqui um tipo de religiosidade. "Judeu" é o não grego, o não pagão (cf. Rm 2,9-10); é o homem piedoso e crente que, em base aos seus princípios e em possessão de uma moral revelada, julga o resto do mundo e, julgando, se sente seguro. "Judeus", neste sentido, podemos ser qualquer um de nós. Orígenes dizia inclusive que, na Igreja, visados por estas palavras do Apóstolo são os bispos, os presbíteros e os diáconos, isto é, os guias, os mestres[85].

Existe uma idolatria disfarçada que está em curso no mundo. Se idolatria é "adorar a obra das próprias mãos" (cf. Is 2,8; Os 14,4), se idolatria é "colocar a criatura no lugar do Criador", eu sou idólatra quando coloco a criatura – a *minha* criatura, a obra de *minhas* mãos – no lugar do Criador. A minha criatura pode ser a casa ou a igreja que construo, a família que crio, o filho que coloquei no mundo (quantas mães, inclusive cristãs, sem se darem conta, fazem de seu filho, especialmente quando único, seu deus!); pode ser também o trabalho que realizo, a escola que dirijo, o livro que escrevo, a comunidade que fundei...

---

85. Cf. ORÍGENES. *Commento alla Lettera ai Romani*, II, 2 (PG 14, 873).

Existe em seguida o ídolo-príncipe, que é o meu próprio "ego". À base de cada idolatria existe de fato uma autolatria, o culto a si mesmo, o amor-próprio, o colocar-se no centro e em primeiro lugar no universo, sacrificando a isto todo o resto. A "essência" é sempre a impiedade, o não glorificar a Deus, sempre e apenas o si mesmo, o servir-se também do bem, inclusive o serviço que se presta a Deus – também Deus! –, para o próprio sucesso e para a própria afirmação pessoal. O pecado que São Paulo denuncia nos "judeus" ao longo de toda a Carta é exatamente este: buscar a própria justiça, a própria glória, e buscá-la inclusive através da observância da Lei de Deus.

Trata-se de uma espécie de revolução copernicana a ser aplicada ao pequeno mundo, ao microcosmo, que é o homem. No velho sistema, ptolomaico, pensava-se que a terra fosse imóvel no centro do universo, ao passo que o sol girava ao seu redor, como seu vassalo e servidor, para iluminá-la e aquecê-la. Mas a ciência, com Copérnico, inverteu essa opinião, mostrando que o Sol é o centro (ao menos do sistema solar) e a terra gira ao seu redor para receber luz e calor.

Para realizar-se em nós esta revolução copernicana, é necessário passar do homem velho ao homem novo. No primeiro caso, é o "ego" – a terra! – que quer estar no centro e ditar as leis, atribuindo a cada coisa o lugar que corresponde aos próprios caprichos: o lugar mais próximo às coisas que agradam e às pessoas simpáticas, relegando à periferia do próprio sistema as coisas e as pessoas que não agradam. No novo sistema, é Cristo – o sol de justiça! – que está no centro e reina, ao passo que o meu "ego" se dirige humildemente a Ele, para contemplá-lo, servi-lo, e receber dele "o Espírito de vida". É Cristo, não o meu egoísmo, que determina a prioridade.

4.6 O contrário do pecado é o louvor!

Se o pecado fundamental dos homens, em relação ao criado, consiste, como nos explicou Paulo, em não glorificar (*doxazein*) e não render graças (*eucharistein*) ao Criador, mas sempre e apenas a si mesmo, então o verdadeiro contrário do pecado não é a virtude, mas o louvor e o agradecimento. Passamos, dessa forma, à função positiva da criação que, de ocasião de tropeço e obstáculo entre o homem e Deus, se torna ocasião de doxologia.

Existe um salmo que começa assim: "Os céus narram a glória de Deus e o firmamento proclama a obra de suas mãos" (Sl 19,2). Deus escreveu dois livros: um é a Escritura, o outro é a criação. Um é composto de letras e palavras, o outro de coisas. Nem todos conhecem e podem ler o livro da Escritura, mas todos, também os analfabetos, podem ler o livro da criação, e isto de qualquer ponto da terra, de noite ainda melhor que de dia. "Por toda a terra se estende seu eco e até os confins da terra sua palavra" (Sl 19,5).

Mas este é apenas o início daquilo que dizem os céus; é a mensagem destinada aos principiantes. Os céus não proclamam apenas a *existência* de Deus (esta, aliás, os céus a dão por pressuposta); eles proclamam também sua *glória*, isto é, sua magnificência, seu esplendor. A eles é confiada a revelação de um aspecto bem concreto de Deus: sua infinidade. O corpo humano, as flores, as cores, uma simples folha, todas estas coisas bastam, sozinhas, para proclamar a inexaurível beleza, riqueza e fantasia de Deus. Mas quem proclamará também sua infinita grandeza? Esta é a tarefa que desempenham, do ponto de vista religioso, os céus, isto é, o universo com sua imensidão.

A observação do firmamento tem o poder de levar nossa mente ao seu limite extremo, ao limiar do naufrágio e da capitulação; nos causa vertigem. Apenas a Via Láctea contém cem bilhões de estrelas, e pensar que nossos telescópios mais potentes podem observar dez bilhões de galáxias semelhantes à nossa! A estrela mais remota que conhecemos dista de nós catorze bilhões de anos luz; ora, para fazer-nos uma ideia do que isto significa, basta pensar que o Sol – que dista da terra quase cento e cinquenta bilhões de quilômetros – leva pouco mais de oito minutos para fazer sua luz chegar até nós. Não conseguimos conceber com nossa imaginação o que significam expressões como "bilhões de anos luz". Aqui somos reduzidos à impotência e à humildade: "Quando contemplo o céu, obra de teus dedos, a Lua e as estrelas que fixaste, o que é o homem, para que te lembres dele?" (Sl 8,4-5). Aqui emerge aquele sentimento característico de estupor que quase sempre prepara e acompanha a fé.

Qual é então a tarefa do homem em tudo isso? "Os céus e a terra – está escrito – estão cheios de sua glória" (cf. Sl 148,13). Estão, por assim dizer, grávidos dele. Mas não podem, sozinhos, "dar à luz". Como a mulher grávida, eles também necessitam de mãos hábeis de uma parteira para dar à luz aquilo do qual estão "grávidos". Essas "parteiras" da glória de Deus nós é que devemos sê-las. Quanto teve que esperar o universo, que longo caminho teve que percorrer para chegar ao estágio atual! Milhões e bilhões de anos, ao longo dos quais a matéria, através de sua opacidade, avançava penosamente em direção à luz da consciência, como a seiva que do subsolo sobe em direção à copa da árvore para expandir-se em flor e fruto! Esta consciência foi finalmente alcançada quando emergiu no universo "o fenômeno humano" (P. Teilhard de Chardin). Mas, agora que o universo atingiu a sua meta, urge que o homem cumpra o seu dever, que assuma, por assim dizer, a regência do coro e entoe para todos o "Glória a Deus no mais alto dos céus!".

> Quando no canto da missa – dizia o bem-aventurado Henrique Suso (+ 1366) – chego às palavras *Sursum corda*, sinto-me como se à minha frente estivessem todos os seres criados por Deus no céu e na terra: a água, o ar, o fogo, a luz e cada elemento, cada qual com seu próprio nome, da mesma forma os pássaros voadores, os peixes do mar e as flores do bosque, todas as gramíneas e plantas do campo, as incontáveis areias do mar, as poeiras que são vistas nos feixes de luz solar, os pingos de chuva caídos ou que estão para cair, as gotas de orvalho que ornam o prado. Então me imagino estar no meio destas criaturas como um regente de canto no meio de um imenso coral[86].

Tomemos na mão uma flor, uma pedra e consideremo-las não do ponto de vista científico, mas do ponto de vista do amor de Deus para com o homem, amor que se estende também às coisas. É possível ver a beleza desse amor em um pedacinho de grama, numa folha, num ramo, inserindo nossa vida na vida do universo. A montanha, o mar, as flores, os animais: em cada uma dessas criaturas devemos reconhecer uma intenção de seu amor para conosco, e render-lhe graças em nome da natureza que não pode falar. Uma piedade tão vasta quanto o mundo deve ser a resposta ao amor "sem limites" do Criador.

---

86. HENRIQUE SUSO. *Vita*, XI (*Oeuvres*. Paris: Cartier, 1852, p. 25).

Mas não podemos concluir sem lembrar do cantor por excelência da criação, o santo que, no cristianismo, antes e acima de tudo fez da criação um lugar de doxologia: Francisco de Assis. Em sua atitude diante da criação emergiu algo tão novo que impressionou seus próprios contemporâneos. O primeiro biógrafo, Tomás de Celano, a este respeito fala nestes termos:

> Abraça todas as coisas criadas com o afeto de inaudita devoção, falando com elas sobre o Senhor e exortando-as a louvá-lo [...] Proíbe os irmãos que cortam lenha de cortar pelo pé toda árvore, para que tenha esperança de brotar de novo. E ordena que o hortelão deixe sem cavar a faixa de terra ao redor da horta, para que, a seu tempo, o verdor das ervas e a beleza das flores apregoem que é belo O Pai de todas as coisas. Manda traçar inclusive um canteiro na horta para as ervas aromáticas e que produzem flores, para que elas evoquem os que as contemplam à recordação da suavidade eterna. Recolhe do caminho até os vermezinhos, para que não sejam pisados, e manda que sejam servidos mel e ótimos vinhos às abelhas, para que elas não morram por falta de alimento no rigoroso frio do inverno. Chama com o nome de irmão todos os animais, conquanto entre todas as espécies de animais prefira os mansos[87].

Algumas de suas recomendações parecem ter sido escritas hoje, sob a pressão dos ambientalistas. Mas o espírito é diferente. Francisco descobriu um modo diferente de usufruir das coisas, que é o de contemplá-las, ao invés de possuí-las. Ele pode desfrutar de todas as coisas porque renunciou possuir alguma; aliás, quando escreve o *Cântico das Criaturas*

---

87. TOMÁS DE CELANO. *Vita Seconda*, 165 (FF 750) [cf. TOMÁS DE CELANO. Segunda vida de São Francisco. *In:* TEIXEIRA, C. M. (org.). *Fontes franciscanas e clarianas*. 3. ed. Petrópolis: Vozes; FFB, 2014, p. 404].

(o *Cântico do Irmão Sol*), pode contemplar as criaturas apenas com a alma, porque seus olhos estão quase apagados e a própria luz do "Irmão Sol" lhe provoca uma dor lancinante.

A possessão exclui, a contemplação inclui; a possessão divide, a contemplação multiplica. Uma pessoa pode possuir sozinha um lago, um parque, e assim todas as outras pessoas são excluídas; milhares delas poderiam contemplar aquele mesmo lago ou parque, e todas usufruiriam deles sem subtraí-los a ninguém. A doutrina cristã da criação e o exemplo de Francisco nos fazem redescobrir a dimensão contemplativa da vida. Não apenas como experiência de fruição estética, mas como única garantia de salvaguarda do criado, como realização de nossa vocação primária que é a de ser "louvor da glória de Deus", como caminho de nosso retorno a Deus.

Terminemos unindo-nos a Francisco louvando o Criador com o conhecido canto que resume seu *Cântico do irmão sol*:

Louvado sejas, ó meu Senhor,
Louvado sejas, ó meu Senhor,
Louvado sejas, ó meu Senhor,
Louvado sejas, ó meu Senhor,

E por todas as suas criaturas
pelo Sol e pela Lua
pelas estrelas e pelo vento
e pela água e pelo fogo.

Pela irmã nossa, a mãe terra
que nos alimenta e nos sustenta
pelos frutos, flores e ervas
pelas montanhas e pelo mar.

Porque o sentido da vida
é cantar e louvar-te
e para que a nossa vida
seja sempre uma canção.

5

E se encarnou pelo Espírito Santo no seio da Virgem Maria

5.1 Porque Deus se fez homem

Meditemos sobre a segunda grande obra *ad extra* da Trindade, a Encarnação do Verbo. Em sua forma completa o artigo do credo diz:

> Por nós, homens, e por nossa salvação, desceu do céu, e se encarnou pelo Espírito Santo, no seio da Virgem Maria, e se fez homem.

Esta frase não está presente no credo de Niceia (que traz a palavra "*incarnatus*", *sarkothenta,* mas não a especificação: "*de Spiritu Sancto ex Maria Virgine*"); ela se encontra, no entanto, no símbolo de Constantinopla. As possíveis explicações deste fato são duas: ou esta foi acrescentada pelos Padres em 381, junto com as expressões relativas ao Espírito Santo, ou já se encontrava no símbolo local que aqueles Padres adotaram como texto base na composição de sua fórmula consensual. A segunda hipótese parece sem dúvidas preferível; o artigo em questão, de fato, está no símbolo apresentado por Epifânio, cuja composição é anterior ao ano 381.

De qualquer forma – seja que os Padres a tivessem encontrado no credo que tinham em mãos, seja no caso de tê-la acrescentado por conta própria –, a frase não foi criada *ex novo* naquela ocasião, mas deriva de um símbolo precedente. Isto significa que nosso artigo do Concílio de Constantinopla tem seu valor dogmático e ecumênico, mas sua origem histórica última não remonta a este concílio; ela remonta a tempos anteriores. Se passamos para o território ocidental percebemos que o artigo relativo ao nascimento de Jesus do Espírito Santo e da Virgem Maria é comprovado, desde o início do século III, no assim chamado "Símbolo Apostólico".

Neste a frase soa assim: "*Qui natus est de Spiritu Sancto et (ex) Maria Virgine*": nasceu por obra do Espírito Santo da Virgem Maria[88].

O presente artigo do credo exerceu sucessivamente diversas funções. Na fase mais antiga, insistia-se sobretudo na expressão "nasceu da Virgem", isto é, insistia-se no parto virginal e sobrenatural de Jesus, pois naquele tempo o problema consistia em demonstrar, contra os pagãos, o caráter sobrenatural do nascimento de Cristo e, contra os judeus, a realização da promessa de Isaías 7 ("Eis que a virgem conceberá..."). Num segundo momento, insistiu-se no nome de "Maria" para afirmar, contra os docetistas, que a carne de Cristo é verdadeira carne humana, mesmo que nascida de uma virgem. Quando surgiram no interior da Igreja as controvérsias sobre as duas naturezas de Cristo, a menção conjunta de Maria e do Espírito Santo serviu para demonstrar que Jesus é verdadeiramente homem e verdadeiramente Deus, "nascido de Deus e de Maria", como o dizia Inácio de Antioquia[89].

Assim como para a criação, também para a Encarnação a primeira pergunta que fazemos é: Por que Deus se fez homem? *Cur Deus homo?*

A esta pergunta foram dadas, ao longo dos séculos cristãos, duas respostas fundamentais: uma que coloca em primeiro plano a salvação do homem e outra que coloca em primeiro lugar a glória de Deus. A primeira a ser formulada foi a resposta que acentua a salvação: "Por nós, homens, e para nossa salvação – diz o símbolo de fé –, desceu do céu, e se encar-

---

88. Cf. as diversas recensões deste símbolo em DENZINGER, H.; SCHOEN-METZER, A. *Enchiridion Symbolorum* (= DS), ed. 1976, n. 10ss.

89. INÁCIO DE ANTIOQUIA. *Agli Efesini*, 7,2.

nou pelo Espírito Santo no seio da Virgem Maria, e se fez homem". Mas, num determinado ponto do desenvolvimento da fé, na Idade Média, outra resposta ao *"Cur Deus homo"?* faz seu caminho, deslocando o acento do homem e seu pecado para Deus e sua glória. Trata-se de um aprofundamento da fé, em si muito mais legítimo e saudável, de um caso de desenvolvimento coerente do dogma. Pergunta-se: poderia a vinda de Cristo, que é chamado "Primogênito de toda a criação" (Cl 1,15), depender totalmente do pecado do homem, intervindo logo após a criação? A resposta é que Cristo se teria encarnado mesmo que Adão não tivesse pecado, pois ele é o Alfa e o Ômega, o princípio e o fim da criação, a obra suprema de Deus (cf. Ap 22,13).

O bem-aventurado Duns Scoto (1265-1308) faz o passo decisivo, libertando a Encarnação do vínculo essencial com o pecado do homem atribuindo-lhe como motivo primeiro o amor de Deus. A *finalidade* primeira da Encarnação não é a redenção do pecado, mas a recapitulação de tudo em Cristo, "em vista do qual tudo foi criado" (Cl 1,15ss.). O *motivo* da Encarnação está no fato de que Deus quer ter, fora de si, alguém que o ame de forma suprema e digna de si:

> Em primeiro lugar – escreve Scoto – Deus ama a si mesmo; em segundo lugar se ama através de outros diferentes de si, e trata-se de um amor puro; em terceiro lugar quer ser amado por outro que o possa amar de forma suprema, falando de amor de alguém fora dele[90].

No entanto, se partimos da grande afirmação de João: "Nisto consiste o amor: não fomos nós que amamos a Deus,

---

90. DUNS SCOTO. *Reportationes Parisienses*, III, d. 7, q. 4, § 5 [ed. Wadding, vol. XI, p. 451].

mas foi Ele quem nos amou [...]. Nós o amamos porque Ele nos amou primeiro" (1Jo 4,10.19), devemos corrigir ou completar também a resposta de Scoto, como o fizemos a propósito da resposta dada pelo catecismo à razão última da criação. Deus é acima de tudo *ágape*, amor de doação antes que de busca; por isso não age primariamente para ser amado, mas para amar. Deseja, obviamente, ser amado novamente (este é o aspecto de *eros* presente no amor de Deus), mas apenas em resposta ao seu amor, não como sua causa.

Isto significa que Deus quis a Encarnação do Filho não tanto para ter alguém fora de si que o amasse de maneira digna de si, mas para ter alguém *para amar* fora de si, de maneira digna de si, isto é, sem medida; alguém que fosse capaz de acolher a medida de seu amor que é a de amar sem medida! Eis a razão última da Encarnação.

Graças à Encarnação Deus tem alguém para amar fora da Trindade de maneira suprema e infinita, porque Jesus é homem e Deus ao mesmo tempo, o único ser capaz de acolher o amor de Deus em toda a sua plenitude. O plano pelo qual Deus criou o mundo se realiza quando Deus Pai pode dizer de seu Filho feito homem: "Este é o meu Filho, o amado, de quem eu me agrado" (Mt 3,17). Nele, também nós somos objeto da complacência e do amor do Pai. Somos diletos no Dileto, filhos no Filho: "Nele nos escolheu [...] segundo o beneplácito (*eudokia*) de sua vontade" (Ef 1,4).

O motivo último da Encarnação é, portanto, o mesmo da criação, com a diferença que agora, para poder "difundir seu amor sobre suas criaturas", é necessário derrubar o muro do pecado que impedia tal efusão, e é o que aconteceu com a redenção operada por Cristo. É o motivo que o próprio Jesus atribuiu à sua vinda ao mundo: "Deus amou tanto o mundo que entregou o seu Filho unigênito" (Jo 3,16).

A Encarnação não foi um disfarce passageiro, mas algo definitivo. O Verbo de Deus se fez homem para sempre. Sua humanidade não foi abandonada com a ascensão, como uma vestimenta já inútil, mas existe para sempre em Deus. Já Santo Inácio de Antioquia dizia: "Estou convencido e acredito que após a Ressurreição Ele estava na carne"[91]. De fato, entre Deus e o homem existe uma distância infinita, mas Deus nos estendeu sua mão em Cristo, e se agora o homem a segura, a distância é anulada. Deus havia criado o homem belo e bom, um ser perfeito. Quando, empregando mal sua liberdade, avariou a si mesmo, tornou-se um brinquedo quebrado. Daqui vêm os erros, os problemas, os pecados, as doenças. Em Cristo, Verbo feito carne, o homem se reconstrói; Ele mesmo se faz modelo do homem novo, regenerado, renovado em todos os aspectos humanos para elevar-se à dimensão divina. Ele é Deus, mas é o homem mais humano que existe sobre a terra.

Daí o conteúdo grandioso do mistério da Encarnação que professamos com as palavras do credo: "E por nós, homens, e para nossa salvação, desceu dos céus, e se encarnou pelo Espírito Santo, no seio da Virgem Maria, e se fez homem".

5.2 No seio da Virgem Maria

Nosso artigo contém, como se pode ver, diversas afirmações: fala do motivo da Encarnação, da perfeita e real humanidade de Cristo, do papel do Espírito Santo e de Maria

---

91. INÁCIO DE ANTIOQUIA. *Agli Smirnesi*, 3, 1.

nesta humanidade. Deteremo-nos no último destes elementos. Meditaremos sobre a maternidade divina de Maria, mesmo porque não poderia faltar, num itinerário de fé como o nosso, um olhar dedicado à Mãe de Deus, a primeira crente, modelo de toda alma fiel e primícia da própria Igreja.

Mãe de Deus: um título que exprime um dos mistérios e, pela mesma razão, um dos paradoxos maiores do cristianismo. Um título que encheu de estupor a liturgia da Igreja. Esta, fazendo sua a maravilha do antigo povo da Aliança quando, em uma nuvem, a glória de Deus veio a habitar no templo (cf. 1Rs 8,27), exclama: "Aquele que os céus não podem conter, encerrou-se em tuas entranhas, feito homem". Mãe de Deus é o mais antigo e importante título dogmático de Nossa Senhora. Foi definido pela Igreja no Concílio de Éfeso, em 431, como verdade de fé a ser crida por todos os cristãos. É o fundamento de toda a grandeza de Maria. É o próprio princípio da mariologia. Por isso, no cristianismo, Maria não é apenas objeto de devoção, mas também de teologia; ou seja, ela entra no próprio discurso sobre Deus, já que Deus está diretamente implicado na maternidade divina de Maria. No credo podemos omitir o nome de Pôncio Pilatos, sem que nada mude, mas não podemos omitir o nome da Virgem Maria. É também o título mais ecumênico que possa existir; e não apenas por ter sido definido por um concílio ecumênico, mas também por ser o único compartilhado e acolhido indistintamente, ao menos em linha de princípio, por todas as confissões cristãs.

No Novo Testamento não encontramos explicitamente o título "Mãe de Deus", atribuído à Maria. Porém, encontramos afirmações que a reflexão cuidadosa da Igreja, guiada pelo Espírito Santo, mostrarão, em seguida, já conter, *in nuce*, tal verdade. De Maria se diz que concebeu e gerou um filho, que é Filho do Altíssimo, santo e Filho de Deus (cf. Lc 1,31-32.35). Dos evangelhos resulta, portanto, que Maria é a mãe de um filho, de quem sabemos ser o Filho de Deus. Ela é frequentemente chamada nos evangelhos de: mãe de Jesus, mãe do Senhor (cf. Lc 1,43), ou simplesmente "a mãe" e "sua mãe" (cf. Jo 2,1-3).

Será necessário que a Igreja, no desenvolvimento de sua fé, esclareça a si mesma quem é Jesus, antes de saber de quem Maria é mãe. Obviamente, Maria não começa a ser Mãe de Deus no Concílio de Éfeso, em 431, assim como Jesus não começa a ser Deus no Concílio de Niceia, que assim o define no ano 325; também o era antes. Aquele foi antes o momento em que a Igreja, no processo de desenvolvimento e de explicitação de sua fé, impulsionada pela heresia, assume plena consciência desta verdade e assume uma posição a este respeito. Acontece como no descobrimento de uma nova estrela: ela não nasce no momento em que sua luz alcança a terra e é vista pelo observador, mas já existia antes, talvez há milhares e milhares de anos. A definição conciliar é o momento em que a candeia é posta no candelabro, que é o credo da Igreja.

Neste processo que leva à proclamação solene de Maria Mãe de Deus podemos distinguir três grandes fases que agora vou resumir brevemente.

a. A maternidade "física" de Maria

No início e por todo o período dominado pela luta contra a heresia gnóstica e docetista, a maternidade de Maria é vista quase que exclusivamente como maternidade física. Estes hereges negavam que Cristo tivesse um verdadeiro corpo humano, ou, se o tinha, que este corpo humano tivesse nascido de uma mulher, ou, se nascido de uma mulher, procedesse de sua carne e de seu sangue. Contra eles seria necessário afirmar com força, portanto, que Jesus era filho de Maria e "fruto de seu ventre" (Lc 1,42), e que Maria era a verdadeira e natural mãe de Jesus.

Alguns desses heréticos admitiam, de fato, que Jesus tivesse nascido de Maria, mas não que tivesse sido concebido em Maria, isto é, de sua própria carne. Segundo eles, Cristo nasceu *através* da Virgem, não *da* Virgem, já que, "inserido do céu na virgem saiu dela mais em forma de passagem que de verdadeira geração"; através dela, não dela, tendo na Virgem não uma mãe, mas uma via[92]. Maria não teria carregado no ventre Jesus como seu Filho, mas como seu hóspede[93].

A maternidade de Maria, nesta fase mais antiga, serve, acima de tudo, para demonstrar a verdadeira humanidade de Jesus. Foi nesse período e nesse clima que se formou o artigo do credo: "nasceu (e se encarnou) pelo Espírito Santo, no seio da Virgem Maria". Isto, na origem, queria simplesmente dizer que Jesus é Deus e homem: Deus enquanto gerado segundo o Espírito, isto é, por Deus; e homem enquanto gerado segundo a carne, isto é, por Maria.

b. A maternidade "metafísica" de Maria

Na fase mais antiga, fase na qual afirma-se a maternidade real ou natural de Maria contra os gnósticos e os

---

92. TERTULIANO. *Contro i Valentiniani*, 27, 1 (CCL 2, p. 772).
93. TERTULIANO. *Sulla carne di Cristo*, 21, 4 (CCL 2, p. 911).

docetistas, aparece, pela primeira vez, o título *Theotokos*: Progenitora de Deus. Doravante será exatamente este título a conduzir a Igreja à descoberta de uma maternidade divina mais profunda, que podemos chamar de maternidade metafísica. Isto acontece na época das grandes controvérsias cristológicas do século V, quando o problema central ao redor de Jesus Cristo não é mais o de sua verdadeira humanidade, mas o da unidade de sua pessoa. A maternidade de Maria não é mais vista apenas em referência à natureza humana de Cristo, mas, mais exatamente, em referência à única pessoa do Verbo feito homem. E, assim como esta única pessoa que Maria gera segundo a carne não é outra senão a pessoa divina do Filho, consequentemente Maria emerge como verdadeira "Mãe de Deus".

Acrescente-se, a este respeito, o exemplo do que acontece em cada maternidade: cada mãe dá ao próprio filho seu corpo, não a alma, que é infundida diretamente por Deus. Entretanto, eu não chamo minha mãe de "mãe de meu corpo", mas simplesmente *minha* mãe, mãe de mim mesmo, porque meu corpo e minha alma formam uma única natureza e realidade. Assim, analogamente, Maria deve ser chamada Mãe de Deus, mesmo que tenha dado a Jesus apenas a humanidade e não a divindade, pois nele a humanidade e a divindade formam uma única pessoa (ainda que não "uma única natureza", como, ao contrário, fazem a alma e o corpo no ser humano).

Entre Maria e Cristo não existe apenas uma relação de ordem física, mas também de ordem metafísica, e isto a coloca numa altura vertiginosa, criando uma relação singular também entre ela e o Pai. Com o Concílio de Éfeso isto se torna para sempre uma conquista da Igreja:

Se alguém – se lê num texto por ele aprovado – não confessa que Deus é verdadeiramente o Emanuel e que por isso a Santa Virgem, tendo gerado segundo a carne o Verbo de Deus feito carne, é a *Theotokos*, seja anátema[94].

Foi um momento de grande júbilo para todo o povo de Éfeso, que esperou os Padres fora da sessão plenária e os acompanhou, com tochas e cantos, para as suas casas. Tal proclamação gerou uma explosão de venerações à Mãe de Deus como jamais visto, tanto no Oriente quanto no Ocidente, e se traduziu em festas litúrgicas, ícones, hinos e em incontáveis igrejas a ela dedicadas.

c. A maternidade "espiritual" de Maria

Mas, mesmo esta meta não era definitiva. Havia outro nível a descobrir na maternidade divina de Maria, após o nível físico e o metafísico. Nas controvérsias cristológicas, o título *Theotokos* era valorizado mais em função da pessoa de Cristo do que em função da pessoa de Maria, muito embora sendo um título mariano. Deste título não se tiravam ainda as consequências lógicas relativas à pessoa de Maria e, em particular, sua santidade única. *Theotokos* corria o risco de tornar-se um instrumento de batalha entre correntes teológicas opostas, ao invés de expressão da fé e da piedade da Igreja para com Maria.

Foi esta a grande contribuição dos autores latinos e, em particular, Santo Agostinho. A maternidade de Maria é vista como uma maternidade na fé, como maternidade também espiritual. Estamos na época da fé de Maria. A propósito da

---

94. CIRILO DE ALEXANDRIA. *Anatematismo I contro Nestorio* (DS 252).

pergunta de Jesus: "Quem é minha mãe?" (cf. Mc 3,33), Agostinho responde atribuindo à Maria, em grau máximo, aquela maternidade espiritual que brota do fazer a vontade do Pai:

> Não teria feito a vontade do Pai a Virgem Maria, que pela fé acreditou, pela fé concebeu, que foi escolhida para que dela nascesse a salvação para os homens, e foi criada por Cristo antes que Cristo fosse criado em seu ventre? Santa Maria fez evidentemente a vontade do Pai e a fez inteiramente; e, portanto, vale mais a Maria ter sido discípula de Cristo do que ter sido Mãe de Cristo[95].

A maternidade física e metafísica de Maria é agora coroada pelo reconhecimento de uma maternidade espiritual, ou de fé, que faz de Maria a primeira santa filha de Deus, a primeira e a mais dócil discípula de Cristo, a criatura cujo nome – escreve ainda Santo Agostinho – "pela honra devida ao Senhor, não deve sequer ser mencionado quando se fala do pecado"[96]. A maternidade física ou real de Maria, com a excepcional e única relação que cria entre ela e Jesus e entre ela e a Trindade inteira, é e permanece, do ponto de vista objetivo, o que de melhor aconteceu e um privilégio inigualável, mas o é enquanto tal precisamente porque encontra uma correspondência subjetiva na humilde fé de Maria. Para Eva, obviamente, constituía um privilégio único ser "mãe de todos os viventes" (Gn 3,20); mas, visto que ela não tinha fé, não lhe serviu de nada e, ao invés de abençoada, tornou-se desventurada.

---

95. AGOSTINO. *Discorsi*, 72 A (Miscellanea Agostiniana, I, p. 162).

96. AGOSTINHO. *Natura e grazia*, 36, 42 (CSEL 60, pp. 263s.).

5.3 A fé de Maria

Reunindo a herança de Agostinho, cuja mariologia constitui a base do debate sobre Maria no Concílio Vaticano II[97], meditemos agora sobre a fé de Maria. Quando Maria visitou Isabel, ela a acolheu com grande alegria e, "cheia do Espírito Santo", exclamou: "Bendita é aquela que acreditou no cumprimento das palavras do Senhor" (Lc 1,45). São Lucas se serve do episódio da visitação como um meio para trazer à luz aquilo que se realizou no segredo de Nazaré e que somente no diálogo com a interlocutora podia ser manifestado, assumindo um caráter objetivo e público.

O fato mais importante que aconteceu em Nazaré, após a saudação do anjo, é que Maria "acreditou", e assim se tornou "Mãe do Senhor". Não há dúvida de que este "ter acreditado" se refere à resposta de Maria ao anjo: "Eis aqui a serva do Senhor, aconteça comigo conforme o que disseste" (Lc 1,38). Com estas poucas e simples palavras consumou-se o maior e mais decisivo ato de fé na história do mundo.

Esta palavra de Maria representa "o vértice de cada comportamento religioso diante de Deus, já que ela exprime, da forma mais elevada, a passiva disponibilidade unida à ativa prontidão, o vazio mais profundo que acompanha a maior plenitude"[98]. Com esta resposta – escreve Orígenes – é como se Maria dissesse a Deus: "Eis-me aqui, sou uma tabuinha em branco: o Escritor escreva o que quiser, o Senhor de tudo

---

97. Cf. *Lumen Gentium*, cap. VIII.
98. SCHÜRMANN, H. *Il Vangelo di Luca*. Brescia: Paideia, 1983, p. 154.

faça de mim o que quiser"[99]. Ele compara Maria à tabuinha encerada que se usava, naquele tempo, para escrever. Maria, diríamos nós hoje, se oferece a Deus como uma página em branco, sobre a qual Ele pode escrever o que quiser.

Das palavras de Isabel: "Bendita aquela que acreditou", já se percebe como no Evangelho a maternidade divina de Maria não é entendida somente como maternidade física, mas muito mais como maternidade espiritual, fundada na fé. É nisto que Agostinho se baseia quando escreve:

> A Virgem Maria deu à luz aquele que concebeu crendo [...]. Depois que o anjo falou, ela, cheia de fé (*fide plena*), concebendo Cristo primeiro em seu coração do que em seu ventre, respondeu: "Eis aqui a serva do Senhor, aconteça comigo conforme o que disseste"[100].

À plenitude de graça por parte de Deus corresponde a plenitude da fé por parte de Maria; ao "*gratia plena*", o "*fide plena*".

À primeira vista, o ato de fé de Maria foi fácil e até mesmo óbvio. Tornar-se mãe de um rei que teria reinado eternamente sobre a casa de Jacó, tornar-se mãe do Messias! Não seria tudo o que toda menina hebreia sonhava ser? Este, no entanto, é um modo de raciocinar demasiadamente humano e carnal. A verdadeira fé jamais é um privilégio ou uma honra, mas é sempre um morrer um pouco, e assim foi sobretudo a fé de Maria naquele momento. Essencialmente, Deus nunca engana, nunca arranca sorrateiramente as cria-

---

99. ORÍGENES. *Commento al Vangelo di Luca*, frammento 18 (GCS 49, p. 227).
100. AGOSTINHO. *Discorsi*, 215, 4 (PL 38, 1074).

turas dos consentimentos, escondendo delas as consequências, o que elas encontrarão pela frente.

Esta verdade a vemos em todos os chamamentos de Deus. A Jeremias preanuncia: "Eles lutarão contra ti" (Jr 1,19); e Saulo diz a Ananias: "Eu lhe mostrarei quanto precisará sofrer por meu nome" (At 9,16). Apenas com Maria, para uma missão como a sua, teria Deus agido diferentemente? Na luz do Espírito Santo, que acompanha o chamamento de Deus, ela certamente entreviu que seu caminho não seria diferente daquele das outras pessoas que ouviram o chamamento de Deus. Aliás, Simeão, bem depressa, dará expressão a esse pressentimento, ao dizer-lhe que uma espada lhe transpassaria a alma (cf. Lc 2,35).

Mas, já no plano meramente humano, Maria se depara com uma total solidão: a quem poderia explicar o que aconteceu nela? Quem lhe daria crédito quando dissesse que a criança que carregava no ventre era "obra do Espírito Santo"? Isto nunca aconteceu antes dela, e tampouco depois. Maria certamente conhecia o que estava escrito no Livro da Lei: que se a moça, no momento do casamento, não estivesse em estado de virgindade, devia ser levada até a entrada da casa do pai e devia ser apedrejada pelas pessoas do vilarejo (cf. Dt 22,20s.). Nós falamos de bom grado hoje do risco da fé, em geral entendendo com isso o risco intelectual; mas, para Maria, tratou-se de um risco real!

Carlo Carretto, em seu livrinho sobre Nossa Senhora, narra como chegou a descobrir a fé de Maria. Quando vivia no deserto, soube por alguns de seus amigos Tuareg que uma moça do acampamento tinha sido prometida por esposa a um homem, mas que não tinha ido morar com ele, por ser muito jovem ainda. Coligou este fato com o que Lucas diz de Maria. Por isso, após dois anos, passando novamente pelo mesmo acampamento, perguntou pela moça. Percebeu um certo embaraço entre seus interlocutores e, mais tarde, um deles, aproximando em grande segredo, fez um sinal: passou os dedos estendidos sobre a própria garganta, num gesto característico dos árabes quando querem dizer: "Foi degolada". Se fosse descoberta grávida antes do casamento, a honra da família exigia aquele fim. Então pensou novamente em Maria, nos olhares impiedosos das pessoas de Nazaré, nas piscadelas, nos olhares atravessados, e compreendeu a solidão de Maria. Naquela mesma noite Carlo Carretto a escolheu como companheira de viagem e mestra de sua fé[101].

Maria, por outro lado, acreditou imediatamente, no mesmo instante. Não hesitou, não suspeitou do julgamento. Ao contrário, de imediato ela se empenhou inteiramente. Acreditou ter concebido um filho por obra do Espírito Santo. Não disse a si mesma: "Bem, agora vamos ver o que acontecerá; o tempo dirá se esta estranha promessa é verdadeira e se vem de Deus"; nem disse a si mesma: "Se forem rosas, florirão..." Isto é o que qualquer pessoa teria dito, se tivesse dado ouvido ao bom-senso e à razão. Maria não; Maria acreditou. Pois se ela não tivesse acreditado, o Verbo não se teria feito carne nela, e ela, pouco depois, não estaria, no terceiro mês da gravidez, com Isabel, nem Isabel teria saudado nela "a mãe do Senhor".

De Abraão, numa situação similar, quando a ele também foi prometido um filho, embora estivesse em idade

---

101. Cf. CARRETTO, C. *Beata te che hai creduto*. Cinisello Balsamo: Paoline, 1986, p. 9ss.

avançada, a Escritura diz, quase com ar de triunfo e estupor: "Abraão teve fé no Senhor e isto lhe foi creditado como justiça" (Gn 15,6). Muito mais triunfalmente deveríamos dizer nós de Maria: Maria teve fé em Deus, e isto lhe foi creditado como justiça. O maior ato de justiça jamais realizado sobre a terra por um ser humano, após o de Jesus, que, no entanto, também é Deus!

São Paulo diz que Deus ama a quem dá com alegria (cf. 2Cor 9,7) e Maria disse a Deus seu "sim" com alegria. O verbo com o qual Maria exprime seu consentimento, e que é traduzido com o *"fiat"*, ou com o *"faça-se"*, no original grego está na forma optativa (*genoito*); isso não expressa uma simples aceitação resignada, mas um desejo vivo. É como se dissesse: "Eu também desejo, com todo o meu ser, aquilo que Deus deseja; que se realize o mais rápido possível o que Ele quer". De fato, como dizia Agostinho, antes que em seu corpo, Maria concebeu Cristo em seu coração.

Maria não disse *"fiat"*, que é um termo latino; tampouco disse *"genoito"*, que é um termo grego. O que disse então? Que palavra, na língua falada por Maria, corresponderia mais de perto a esta expressão? O que diria um hebreu, ao dizer, "assim seja"? Dizia "amém!" Se é lícito remontar, com devota reflexão, à *ipsissima vox*, à palavra exata saída da boca de Maria – ou ao menos à palavra que existia, naquele momento, na fonte judaica usada por Lucas –, esta deve ter sido exatamente a palavra "amém". "Amém" – palavra hebraica, cuja raiz significa solidez, certeza – era usada na liturgia como resposta de fé à Palavra de Deus. Cada vez que, no final de alguns salmos, na Vulgata se lê *"fiat, fiat"* (na versão dos Setenta: *genoito, genoito*), o original hebraico, conhecido por Maria, usa: *Amém, amém!*

Com o "amém" se reconhece aquilo que foi dito como palavra firme, estável, válida e vinculante. Sua tradução exata, quando é resposta à Palavra de Deus, é esta: "Assim é e assim seja". Indica fé e obediência juntas; reconhece que o que Deus disse é verdadeiro e a Ele nos submetemos. É dizer "sim" a Deus. Neste sentido o encontramos na própria boca de Jesus: "Sim, amém, Pai, porque assim foi do teu agrado..." (cf. Mt 1,26). Ele, aliás, é o Amém personificado: "Assim fala o Amém" (Ap 3,14), e é por meio dele que outro "amém" pronunciado sobre a terra agora se eleva a Deus (cf. 2Cor 1,20). Como o "*fiat*" de Maria antecipa aquele de Jesus no Getsêmani, assim seu "amém" antecipa o do Filho. Também Maria é um "amém" personificado a Deus.

Não devemos, porém, concluir nosso olhar para a fé de Maria com a impressão de que Maria tenha acreditado uma única vez e isto tenha bastado para o resto de sua vida; ou que tenha havido um único e grande ato de fé na vida de Nossa Senhora. O Concílio Vaticano II nos deu uma grande dádiva, afirmando que também Maria caminhou na fé, aliás, "progrediu" na fé[102], isto é, cresceu e se aperfeiçoou nela, até o ato supremo de fé realizado por ela aos pés da cruz.

Continuando a comparação paulina entre Adão e Cristo, os Padres da Igreja, a começar por Santo Irineu, embasaram sua mariologia comparando Eva e Maria. Existe um aspecto deste tema que nunca foi desenvolvido, mas que é de grande importância para nós. Eva e Maria tiveram uma "imaculada concepção"; são, à origem, duas "imaculadas". Também Eva,

---

102. Cf. *Lumen Gentium*, 58.

de fato, foi concebida sem pecado, em estado de graça. Onde está então a grande diferença entre ela e Maria, para que de uma venha a morte e de outra a vida? Ambas conservaram sua liberdade, mesmo isentas do pecado original; só que Eva a usou para rebelar-se contra Deus não acreditando nele; deu ouvido à serpente ao invés de ouvir o Criador; Maria usou sua liberdade para dizer um sim livre e alegre a Deus. Maria teve fé e tornou-se "mãe de todos os crentes".

5.4 Mãe de Cristo mediante a fé

Da contemplação de Maria como Mãe de Deus, passemos à sua imitação. É possível imitar Maria enquanto mãe de Deus? Não é somente possível, mas houve homens, como Orígenes, Santo Agostinho, São Bernardo, que chegaram a dizer: "O que me beneficiaria o fato de Cristo ter nascido uma vez de Maria em Belém, se não nasce também pela fé em minha alma?"[103].

Devemos lembrar que a maternidade divina de Maria se realiza em dois planos: no plano físico e no plano espiritual. Maria é mãe de Deus não apenas porque o carregou fisicamente no ventre, mas também porque o concebeu primeiro no coração com a fé. Nós não podemos, naturalmente, imitar Maria no primeiro sentido, gerando de novo Cristo, mas podemos imitá-la no segundo sentido, que é o da fé. O próprio Jesus aplicou à Igreja o título de "Mãe de Cristo" quando declarou: "Minha mãe e meus irmãos são os que ouvem a palavra de Deus e a põem em prática" (Lc 8,21; cf. Mc 3,31s.; Mt 12,49).

---

103. Cf., p. ex., ORÍGENES. *Commento al Vangelo di Luca* 22, 3 (SCh 87, p. 302).

Santo Ambrósio escreve: "Toda alma que crê, concebe e gera o Verbo de Deus [...]. Se, segundo a carne, uma única pessoa é a Mãe de Cristo, segundo a fé todas as almas geram Cristo quando acolhem a palavra de Deus"[104]. Outro Padre ecoa do Oriente: "Cristo nasce sempre misticamente na alma, encarnando-se naqueles que são salvos e fazendo da alma que o gera uma mãe virgem"[105].

Tentemos ver, concretamente, como podemos nos tornar mãe de Jesus. Jesus disse que assim podemos sê-lo através de dois processos: ouvindo a Palavra e colocando-a em prática. São Francisco de Assis assim comenta a palavra de Jesus:

> Somos mãe de Cristo quando o trazemos em nosso coração e em nosso corpo através do amor divino e através da consciência pura e sincera; damo-lo à luz por santa operação que deve brilhar como exemplo para os outros. [...] Como é santo e dileto, muito aprazível, humilde, pacífico, doce, amável e acima de tudo desejável ter tal irmão e tal filho: Nosso Senhor Jesus Cristo![106].

Nós – continua o santo – concebemos Cristo quando o amamos em sinceridade de coração e com retidão de consciência, e damo-lo à luz quando realizamos obras santas que o manifestam no mundo.

São Boaventura, discípulo e filho do *poverello*, desenvolveu este pensamento num opúsculo intitulado *Le cinque feste di Gesù Bambino* [*As cinco festas de Jesus Menino*]. Na

---

104. AMBROSIO. *Esposizione del Vangelo di Luca* II, 26 (CSEL 32, 4, p. 55).

105. MÁXIMO, O CONFESSOR. *Commento al Padre nostro* (PG 90, 889).

106. FRANCISCO DE ASSIS. *Lettera a tutti i fedeli*, 1 (FF 178) [cf. *Carta a todos os fiéis. In:* TEIXEIRA, C. M. (org.). *Fontes franciscanas e clarianas*. 3. ed. Vozes/FFB, Petrópolis, 2014, p. 111].

introdução ao livro, ele relata como, certo dia, enquanto estava no Alverne em retiro, veio-lhe à mente o que dizem os santos Padres, isto é, que a alma de Deus devota, por graça do Espírito Santo e potência do Altíssimo, pode espiritualmente conceber o bendito Verbo e Filho Unigênito do Pai, dá-lo à luz, dar-lhe um nome, buscá-lo e adorá-lo com os Magos e, enfim, apresentá-lo alegremente a Deus Pai em seu templo[107].

Destes cinco momentos ou festas de Jesus Menino que a alma deve reviver, nos interessam sobretudo as duas primeiras festas: a concepção e o nascimento. Para São Boaventura, a alma concebe Jesus quando, abrasada pela vida que leva, estimulada por santas inspirações e inflamando-se de santo ardor, enfim, distanciando-se resolutamente de seus velhos hábitos e defeitos, é como que fecundada espiritualmente pela graça do Espírito Santo e concebe o propósito de uma vida nova. Eis como se concretiza a concepção de Cristo! Uma vez concebido, o bendito Filho de Deus nasce no coração no exato instante em que, após a realização de um sadio discernimento, de um oportuno conselho solicitado, de ter sido invocado o auxílio de Deus, a alma põe imediatamente em prática o seu santo propósito, começando a realizar aquilo que há tempo vinha maturando, mas que sempre havia postergado por medo de não ser capaz de realizá-lo.

Entretanto, devemos insistir numa coisa: este propósito de vida nova deve traduzir-se, sem demora, em algo bem concreto, numa mudança, possivelmente também externa e visível, em nossa vida e em nossas atitudes. Se o propósito não é posto em prática, Jesus é concebido, mas não parido.

---

107. BOAVENTURA. *Le cinque feste di Gesù Bambino*. Prólogo. Quaracchi, 1949, p. 207ss.

Trata-se de um dos muitos abortos espirituais. Dessa forma não se celebrará jamais "a segunda festa" de Jesus Menino, que é o Natal! É um dos muitos adiamentos dos quais talvez nossa vida tenha sido tocada e uma das razões principais de por que tão poucos se tornam santos.

Se decides mudar o estilo de vida, deverás enfrentar dois tipos de tentações. Primeiramente te aparecerão – diz São Boaventura – homens carnais de teu entorno e dirão: "é árduo demais o que pretendes levar a cabo; jamais o conseguirás; vão te faltar forças; tua saúde está em jogo; essas coisas não condizem com teu estado; comprometes o teu nome e a dignidade de teu posto..." Superado este obstáculo, outros se apresentarão, que têm fama de ser – e, talvez, o sejam de fato – pessoas piedosas, religiosas, mas que não creem realmente no poder de Deus e de seu Espírito. Esses, se começares a viver desse modo – dando mais espaço à oração, evitando falatórios inúteis, fazendo obras de caridade – hão de te dizer: serás rapidamente tido por santo, por homem devoto, espiritual, e como sabes perfeitamente que não o és ainda, acabarás enganando as pessoas e sendo hipócrita, atraindo contra ti a ira daquele que perscruta os corações: Deus. A todas essas tentações é preciso responder com fé: "Não, a mão do Senhor não é curta demais para salvar!" (Is 59,1); e, quase te irando contra ti mesmo, exclamar, como Agostinho às vésperas de sua conversão: "Se estes e estas podem, por que não eu também?"[108].

Lembramos enfim outra palavra deste mesmo santo, que falou como nenhum outro da fé de Maria:

---

108. AGOSTINHO. *Confessioni*, VIII, 8 ("Si isti et istae, cur non ego?").

A Mãe o carregou no ventre, nós o carregamos no coração; a Virgem tornou-se grávida pela Encarnação de Cristo, que se torne grávido nosso coração pela fé em Cristo; ela deu à luz o salvador, que nossa alma dê à luz a salvação e o louvor. Não sejam estéreis nossas almas, mas fecundas para Deus[109].

Terminemos recitando (ou cantando) uma das orações mais antigas à Nossa Senhora (foi encontrada num papiro do século III), a primeira em que é invocada com o título de *Theotokos*, Mãe de Deus:

Sub tuum praesidium confugimus, Sancta Dei Genetrix. Nostras deprecationes ne despicias in necessitatibus, sed a periculis cunctis libera nos semper, Virgo gloriosa et benedicta.	Sob a tua proteção buscamos refúgio, Santa Mãe de Deus: não desprezes as súplicas de nós que estamos na provação, mas de todos os perigos livra-nos sempre, ó Virgem gloriosa e bendita.

---

109. AGOSTINHO. *Discorsi*, 189, 3 (PL 38, 1006).

6

Também por nós foi crucificado sob Pôncio Pilatos, padeceu e foi sepultado

6.1 O mistério pascal no credo

O texto completo do artigo sobre o qual pretendemos meditar diz:

> Também por nós foi crucificado sob Pôncio Pilatos; padeceu e foi sepultado. Ressuscitou ao terceiro dia, conforme as Escrituras, e subiu aos céus, onde está sentado à direita do Pai. E de novo há de vir, em sua glória, para julgar os vivos e os mortos; e o seu reino não terá fim.

Trata-se do *kerygma*, isto é, do núcleo primitivo do qual se desenvolveu todo o credo da Igreja. Dizia respeito à obra de Deus em Jesus Cristo, o mistério pascal de morte e Ressurreição. Consistia em fórmulas breves de fé, como a que se deduz do discurso de Pedro no dia de Pentecostes: "Vós o crucificastes, mas Deus o ressuscitou e o constituiu Senhor" (cf. At 2,23-36), ou como a passagem da Carta aos Romanos: "[Jesus Cristo] morreu por nossos pecados e ressuscitou para nossa justificação" (Rm 4,25).

A formulação mais conhecida, porém, é a que lemos na Primeira Carta aos Coríntios, que remonta a não mais do que cinco ou seis anos da morte de Cristo, já que São Paulo a "transmite" na forma em que ele mesmo a recebeu oralmente, pouco tempo depois de sua conversão: "Eu vos transmiti aquilo que eu mesmo recebi: que Cristo morreu por nossos pecados, segundo as Escrituras, foi sepultado e ressuscitou no terceiro dia, segundo as Escrituras" (1Cor 15,3-4).

A estrutura deste credo pascal primitivo é muito interessante. Nele distinguimos claramente dois níveis: a) o nível da história, ou dos simples fatos: "morreu", "ressuscitou"; b) o nível da fé, ou do significado dos fatos: "por nossos pecados", "para nossa justificação". Poderíamos dizer: o nível do "em si" e o nível do "para nós". Para o Apóstolo, ambos os níveis são indispensáveis à salvação; não apenas o da fé (o "para mim"), mas também o da história. De fato, ele testemunhou que se Cristo não tivesse realmente ressuscitado, "vã" seria a nossa fé, isto é, vazia (cf. 1Cor 15,14), justamente porque é fé em um evento histórico, ou em uma intervenção de Deus na história e, portanto, o evento histórico é seu conteúdo.

Dedicamos a presente meditação à primeira parte do mistério pascal, à Paixão e morte de Cristo, e a próxima será dedicada à segunda parte, à Ressurreição. Faremos uma espécie de *via crucis* através dos relatos da Paixão, detendo-nos em seus momentos mais importantes. Será um "vigiar uma hora com Ele", como pediu aos seus apóstolos no Getsêmani, fazendo simplesmente memória meditativa dos eventos, deixando que eles falem e sugiram eventuais propósitos.

6.2 No Getsêmani

Terminada a ceia Jesus se dirige ao Horto das Oliveiras, levando consigo Pedro, Tiago e João, os mesmos que estiveram com Ele no Tabor. Conhecida é a confidência que lhes fez: "Minha alma está sobrecarregada pela tristeza a ponto de morrer" (Mc 14,34). Jesus nunca fez uma confidência tão angustiante sobre a condição de sua alma.

De onde lhe vem tamanha sobrecarga? Obviamente, há também o peso de sua vida apostólica que suportou com alegria, sem medir esforços, sem controlar sua generosidade. A esta altura, porém, a grande tensão causada pelas pregações prolongadas diante das multidões, pelas controvérsias incessantes com os fariseus, pela extenuação das longas horas de orações noturnas e o desgaste de forças provocado pelas longas caminhadas através das estradas da Galileia e da Judeia parecem recair de repente sobre Ele. A intensa emoção do momento da instituição da Eucaristia contribuiu para acabrunhá-lo; sente-se esgotado.

No entanto, a fadiga não é tristeza ainda. Por que naquele momento o fardo é mais pesado e suscita nele tanta dor? Existe aqui um mistério que coloca em cena sua própria intimidade: sensivelmente, como homem, não sente a presença de seu Pai; por essa razão a alegria cedeu espaço a um grande vazio. A presença paterna permanece inabalável em sua alma, mas não consegue percebê-la como homem. Também os místicos, às vezes, atravessaram esse momento, mas ninguém jamais sentiu na pele uma desolação tão absoluta como o Mestre divino.

Sua alma está ferida em sua intimidade com o Pai porque deve carregar o peso dos pecados do mundo, e o pecado separa o homem de Deus. Sua tristeza é um reflexo dos pecados do mundo, mas é pura e casta, e justamente por isso mais dolorosa ainda. Jesus está triste por todos nós pecadores que devemos nos entristecer por nossas culpas e não o fazemos suficientemente. Ele não podia conhecer o arrependimento, mas quis experimentar, em virtude de seu amor perfeito, o gosto amargo de ser privado de uma presença.

A angústia o atormenta: é o modo espontâneo do ser humano, desejoso de fugir do suplício. É a revolta da alma e do corpo à perspectiva de sofrimentos terríveis e de uma morte vergonhosa. Jesus sua sangue porque seu corpo participa da angústia. Sua angústia se transforma em oração. Pede ao Pai que afaste o amargo cálice, mas lhe declara sua disponibilidade! Esta oração reflete exatamente a luta que se desenvolve em sua alma: confia no Pai e coloca a solução em suas mãos.

Esgotado, desorientado, oprimido, Jesus lança com a ternura mais atordoada o grito de seu amor mais profundo. As duas sílabas *abba* ressoam na noite do Getsêmani como um grito de ajuda. Elas contêm o segredo da vida terrena de Jesus, a origem e o objetivo de sua Paixão, a esperança de seu triunfo. Sozinho, este seu apelo bastaria para demonstrar que no momento em que, sensivelmente, não sente a presença do Pai, mais se aproxima dele. Jesus sempre viveu em união com o Pai e ainda reforça tal união quando, na angústia e no medo, lhe dirige o grito mais apaixonado de seu coração de Filho.

Nós todos, com alegria, nos dirigimos a Deus chamando-o de "Pai", mas só o podemos fazer porque Ele o mereceu. Para que pudéssemos pronunciar aquele nome com entusiasmo, Ele teve que dizê-lo num momento de terrível angústia!

Jesus não hesita em pedir que o cálice de dor lhe seja poupado. Na instituição da Eucaristia já ofereceu aos discípulos o cálice que contém o sangue de seu sacrifício; agora, ao contrário, suplica ao Pai que tire de seu caminho aquele supremo sofrimento, com o qual deve levar a termo sua missão. Assim nos ensina que sempre podemos suplicar-lhe para que nos poupe de uma provação, qualquer que seja. Podemos inclusive pedir-lhe que afaste de nós um sofrimento para o nosso bem e o dos outros. Ele pode dispor os acontecimentos de maneira diferente, mas apenas podemos dirigir--lhe tais súplicas se, inspirados em seu exemplo, adicionarmos a nossa submissão total à sua vontade!

A oração de Jesus poderia ser atendida pelo Pai. No entanto, Jesus não obtém o que pede, e deve beber o cálice até o fim. Será que sua oração não teve nenhum efeito? Seria estranho, e inclusive inacreditável, já que Ele mesmo, no momento da ressurreição de Lázaro, havia dito que o Pai sempre o atendia. Se sempre era atendido, como poderia não o ser na oração culminante da agonia, muito mais importante que a oração para obter a ressurreição de seu amigo?

Ele foi atendido, não com a preservação da morte física, mas de maneira superior. Enquanto parece falir em seu objetivo específico, sua oração consegue obter um objetivo mais elevado: ao invés da conservação física e moral, obtém a vida gloriosa e imortal! Demonstra assim que cada oração à qual não corresponde o favor expressamente pedido vê-se recompensada com outro dom mais importante e mais justo às aspirações profundas de quem reza.

6.3 Perante o Sinédrio

Do Gestsêmani nos desloquemos, pela segunda vez em nossa *via crucis*, para o processo e para a condenação de Jesus, seguindo o relato tanto dos sinóticos quanto de João, que dou por conhecido, e que cada qual faria bem, de alguma forma, reler com calma.

O processo diante do sinédrio começa com os ultrages. A fraqueza e a desgraça de um homem podem suscitar compaixão, mas podem também estimular o instinto de crueldade. É o que acontece com os guardas que atormentam Jesus com espancamentos e zombarias. Esta é a forma de vingar-se do comportamento de Jesus ao longo do interrogatório. Os guardas estavam enfurecidos por seu silêncio, e a bofetada que um servo lhe dá testemunha a indignação de todos! Além disso, a resposta a quem o havia esbofeteado acrescentou a irritação dos demais, já que mostrava que Jesus estava certo e os outros errados. "Bem-feito!" Aos seus algozes parece evidente estarem na presença de um falso profeta, incapaz de ver através da venda que lhe colocaram nos olhos!

À resposta afirmativa à pergunta se Ele era "o Cristo, o Filho de Deus" (Mt 26,63ss.), o sumo sacerdote rasga as próprias vestes. Quando se ouvia uma blasfêmia, este gesto significava expressão de dor. Caifás, no entanto, não sente dor, mas exulta: obtém finalmente o que buscava. O gesto teatral de rasgar as vestes é parte integrante da encenação do processo. A exclamação: "Que necessidade temos ainda de testemunhas?" soa como um grito de triunfo. Caifás havia encontrado muitas dificuldades em recrutar testemunhas que não souberam exercer sua função, e eis que Jesus mesmo lhe oferece aquilo que inúteis manobras não haviam conseguido.

A partir daquele instante torna-se uma pura formalidade o parecer dos membros da assembleia; todos se regozijam por terem sido dispensados do embaraço de uma afirmação blasfema que parece cair do céu e salvar o processo no instante final: "Todos o julgaram merecedor de morte" (Mt 14,64). Não se deve concluir, no entanto, que todos os membros do Sinédrio tenham manifestado o mesmo parecer; sabemos, por exemplo, que José de Arimateia não fez parte da condenação (cf. Lc 23,51).

A condenação de Jesus explica o significado profundo do pecado. A frase "todos o condenaram" evoca todos os homens que, com o pecado, estão propensos a condenar juntos Deus e Jesus Cristo. É fato que Deus condena o pecado, mas antes disso o próprio pecador é condenado pelo pecado. O pecador se coloca em estado de hostilidade perante Deus; gostaria de suprimir sua presença fastidiosa, aquele poder de Deus que perturba e aterroriza. Desta forma todos os pecadores são responsáveis pela condenação infligida a Jesus, pois em todas as épocas existem homens que querem suprimi-lo, expulsá-lo de suas vidas.

6.4 Diante de Pilatos

Do processo perante Pilatos meditaremos apenas sobre sua conclusão, omitindo todas as escaramuças entre ele e os chefes judeus que, hipocritamente, apelam à fidelidade a César. Pilatos gostaria de salvar Jesus, mas não sabe mais como se desvencilhar dos acusadores. De repente, do lado de fora, a multidão se aglomera diante do pretório e reivindica a libertação de um condenado, segundo um costume realizado na vigília da Páscoa. Pilatos entrevê a possibilidade que lhe é oferecida de resolver a questão sem ter que condenar Jesus e sem violar as exigências da justiça e de sua consciência.

Assim Pilatos apressa-se a aproveitar a oportunidade: "Quereis que vos solte o rei dos Judeus?" Mas, imediatamente, para impedir a manobra, os príncipes dos sacerdotes, os anciãos e os escribas gritam outro nome: Barrabás. Eis o herói popular que deve ser libertado: de fato, ele foi julgado culpado por um delito justamente em uma revolta. Talvez seja um bandido ou um assassino, mas é um revolucionário que quis derrubar a autoridade que representava o poder invasor. Esta escolha, procedente dos chefes judeus, além de audaciosa indica ainda a duplicidade desses chefes: acusam Jesus de incitar o povo contra os romanos, mas em seguida pedem a graça em favor de um notório provocador de motins.

Pilatos insiste, mas a resposta chega unânime: "Barrabás!". Ao perguntar sobre o que fazer com Jesus, ouve: "Crucifica-o". Ao invés de obter sucesso, o embrolho tentado por Pilatos aumentou o tumulto. Pilatos apelou ao povo, e o povo uniu seus gritos às acusações dos chefes. O subterfúgio de enviá-lo a Herodes fracassou, assim como fracassou a concessão da graça a um prisioneiro. Se, por um lado, aumenta o constrangimento de Pilatos, por outro, os chefes, em face das delongas do governador, se tornam sempre mais propensos a arrancar-lhe a condenação, certos de obter a vitória.

A multidão desvia seu favorecimento de Jesus, ou melhor, é induzida a fazer a vontade dos sacerdotes e dos anciãos. Sua preferência por Barrabás preanuncia todas as opções que, no futuro, serão feitas contra Jesus. Ele conhece bem o povo; demonstrou-lhe tanto amor com sua incansável pregação, com seus milagres! Agora, porém, aquela mesma multidão se separa dele, o abandona e se rebela, reivindicando sua morte. Dessa forma Jesus conhece o penoso sofrimento de sua derrota, saboreia dolorosamente a provação sofrida daquele que dá de seu melhor e não obtém o resultado esperado, encerra sua vida com uma derrota. Entretanto, foi justamente com seu insucesso que salvou a humanidade!

Pilatos não abandona a partida e busca salvar Jesus *in extremis*. Convenceu-se de que seu comportamento é justo porque até sua mulher o leva a pensar dessa forma. O conselho que ela lhe dá soa misterioso e o impressiona; aquela mensagem, por outro lado, não expressava senão o que sua consciência lhe ditava. Mas, como sair dessa? Veio-lhe uma ideia: ordenar sua flagelação. Dessa forma faria uma concessão à multidão e aplacaria suas reivindicações; depois tentaria mostrar condolências mostrando o condenado coberto de sangue.

Este último expediente custou muito caro a Jesus. A flagelação era considerada pelos romanos um suplício vergonhoso, reservado aos escravos e aos estrangeiros. Jesus não tinha este privilégio, e assim conheceu o ápice da dor tanto física quanto moral.

A flagelação era tão cruel que muitas vezes levava à morte. A condição piedosa de Jesus suscita, após a flagelação, uma crueldade e um desprezo maior dos soldados. É o que atesta o episódio no pátio do pretório (cf. Mc 15,16ss.). Nessa ora nos deslocamos para os horrores das câmaras de tortura e campos de concentração, às pessoas algemadas e à mercê de cruéis e implacáveis torturadores: o Filho de Deus conheceu os limites da crueldade do homem!

O monte de arbustos espinhosos que se encontrava no pátio, preparado para acender o fogo, ofereceu aos soldados um divertimento: tecer a coroa de espinhos. Até a varra que lhe colocam na mão serve para ferir sua cabeça. Os espinhos que espetam a carne são sua coroa real...

Vendo-o no estado em que se encontrava, Pilatos pretendia mostrar um Jesus e suscitar piedade na multidão. Não seria o espetáculo suficientemente comovente e lamentável aos olhos de uma multidão emocionada? Não seria suficientemente ridículo aos olhos dos chefes que desejavam combater a influência de Jesus sobre o povo? Não seria suficiente para desarmar o ódio? Mais uma vez, Pilatos falha em sua tentativa, e os presentes pedem a morte de Jesus!

Imprensado entre o medo do céu e o medo de César, Pilatos ouve apenas este último. Os escrúpulos de consciência se esvanecem diante do interesse próprio de conservar a qualquer custo o posto de governador. O seu "lavar as mãos" é sinal de covardia: proclama inocência enquanto condena!

6.5 No Calvário

Assim como a flagelação, que era seu prelúdio, o suplício da cruz tinha um caráter calunioso. Tratava-se de um suplício destinado especificamente aos escravos; um cidadão romano jamais poderia sofrê-lo. Por outro lado, ele oferecia um espetáculo que suscitava compaixão, já que o condenado morria com dores atrozes, torturado pela sede, com seu corpo preso ao patíbulo à mercê de cães e abutres.

Segundo o projeto do Pai, era necessário que o Filho, para salvar a humanidade do pecado, tocasse o fundo da angústia e da abjeção humanas, e que parecesse, no final de sua vida terrena, o último dos homens, o mais desprezível. Os dois malfeitores, crucificados com Ele, deviam completar o quadro da vergonha. Tudo conspirava a colocá-lo ao nível dos malfeitores! Esta morte não tem nem a majestade de uma certa solidão, aliás, deve ser enquadrada naquela dos dois ladrões. Como o Verbo uniu sua vida àquela dos homens, assim também une sua morte àquela dos homens. Une-a de modo especial aos pecadores; permanece amigo dos pecadores até o fim, a ponto de morrer como eles e com eles.

Segundo o costume, Jesus devia carregar a cruz até o local do suplício. Uma grande multidão o acompanhava, não apenas curiosos e adversários, os que pediram sua condenação e queriam desfrutar desse triunfo, mas também os que nutriam simpatia por Ele. Naquela multidão também havia mulheres que choravam por sua sorte. Pela primeira vez desde o início do processo se vê um gesto favorável da parte do povo, e este parte exatamente dessas mulheres. A única intervenção para salvá-lo da morte foi o de uma mulher: a esposa de Pilatos.

Por outro lado, a compaixão demonstrada pelas mulheres não era um simples ato de piedade para com o condenado à morte: essas mulheres reconheceram o que em Jesus havia de único e excepcional. O arrependimento delas era acompanhado por uma compaixão muito viva. Dessa forma elas precedem a plêiade de todos os que na história humana se deixam comover pelo espetáculo da Paixão e querem fazer parte da dor do caminho da cruz. A compaixão das mulheres não ficou sem resposta. Jesus lhes fala. Suas palavras manifestam perfeitamente seu amor. Nos terríveis sofrimentos em que se encontra, Ele não pensa em si mesmo, mas na desgraça dos outros. A grande desgraça é a de tornar-se uma árvore seca e alcançar a morte definitiva neste estado; o sofrimento só pode ser uma provação à árvore verde.

O caminho que leva do pretório ao Calvário não é longo, mas demasiadamente extenso para Jesus que, esgotado pela flagelação e maus-tratos, sucumbe sob o peso da cruz. Os soldados romanos veem um homem chegando do campo e o requisitam: assim Simão de Cirene é obrigado a carregar a cruz, atrás de Jesus. Aqui Jesus revela de maneira mais completa sua humildade: necessita de outros para carregar a cruz até o local do suplício. Para Cristo o caminho do Calvário não foi uma prova de bravura. Ele não se envergonha de mostrar sua fraqueza física: desde o início vacila sob o peso posto em seus ombros, ao passo que seus dois companheiros de suplício carregam com maior determinação a própria cruz.

O Pai teria podido dar-lhe força suficiente para carregar sozinho a cruz até o Calvário, mas dispôs intencionalmente os acontecimentos de maneira a que Jesus caísse ao longo do caminho: queria colocar atrás de Jesus, e sob a cruz, outro homem, um homem qualquer, encontrado por acaso, para significar que qualquer pessoa é destinada a dividir a cruz com Jesus, que cada cruz é a mesma cruz de Jesus, e é carregada em sua companhia. O detalhe expresso com a palavra "requisitar" é sugestivo: subentende que Simão de Cirene não prestou este serviço espontaneamente; aliás, fez-lhe resistência. É compreensível que estivesse irritado com a necessidade de ter que carregar aquele instrumento de suplício e sentir vergonha de si mesmo; por isso não é de admirar que talvez tenha carregado a cruz de mau humor. Só posteriormente apreciará a honra que lhe foi dada. Sabemos disso pelo fato de que seus filhos são conhecidos na comunidade primitiva (cf. Mc 15,21).

Três cruzes serão erguidas no Gólgota, não longe dos muros da cidade. Antes do suplício é oferecido a Jesus vinho aromatizado com mirra. É um costume cujo significado está presente no Livro dos Provérbios (31,6-7). A mistura de vinho e mirra era considerada um refrigério particularmente inebriante. Não foram os soldados que ofereceram a bebida, mas provavelmente uma das mulheres que o seguiam, desejosa de aliviar seus sofrimentos. Jesus, para manifestar apreço pelo gesto, humedece os lábios na taça que lhe é oferecida, mas não bebe. O que Ele quer beber é o cálice que o Pai lhe ofereceu; não quer outro; não aceita alívio algum, e não quer atenuar, nem sequer com um pouco de embriaguez, a lucidez durante o sacrifício. Quer olhar de frente a dor terrível que se aproxima, acolhê-la e sofrê-la em plena posse de suas faculdades, oferecê-la com inteligência lúcida, com sensibilidade não ofuscada, com vontade serena.

Os soldados começam o trabalho. Deitam-no e o pregam na cruz. Jesus os deixa trabalhar e permanece em silêncio. Sofre atrozmente pelas mãos e pés trespassados, mas não reclama de nada. Os que não observam atentamente o seu rosto acreditam que Jesus esteja indiferente, impassível. Quem o conhece, porém, encontra nele a doçura característica de seu comportamento, uma doçura da qual o heroísmo faz parte. É exemplo de uma paciência sem limite, que nem o pior sofrimento consegue subverter. Aceita e oferece até mesmo no auge de uma dor que abala inteiramente o seu ser.

É a hora que Ele havia preanunciado: "Quando eu for levantado da terra, atrairei todos a mim" (cf. Jo 12,32). Sobre a cruz, de uma posição elevada, seu olhar pode abraçar a multidão que o circunda, símbolo da imensa multidão dos homens. Sabe que seu sacrifício fará a transformação mais radical da humanidade. Seus olhos procuram, perto e longe, a massa humana a quem sua dor propiciará salvação e felicidade.

O próprio Pilatos escreveu o motivo da condenação: "Jesus Nazareno rei dos Judeus". É sua última vingança contra os hebreus, sobretudo pelo embaraço que lhe causaram nessa história toda, e pela humilhação sofrida pela ameaça de apelar para César. Os fariseus leem o escrito e compreendem a afronta. Protestam com o governador, mas Pilatos não tem mais nada a temer e rejeita seus protestos. Ele saboreia esse pequeno triunfo e aproveita a ocasião para confirmar sua autoridade, em compensação às concessões que teve que fazer.

O Pai se serve da vingança de Pilatos para que seja posta em evidência, em seu suplício, a realeza do Filho. Doravante o escrito permanecerá pregado na cruz e será para sempre um emblema de soberania real. É bem verdade que se trata simplesmente de um rei dos judeus, mas o escrito é redigido em três línguas: não apenas em hebraico, mas em grego e em latim, línguas universais. Este é um sinal de que sua realeza é destinada a estender-se universo afora, e para superar as divisões criadas pelos homens pela diferença na linguagem. Jesus morre para reunir a humanidade em seu amor!

Logo que é içado na cruz, Jesus começa a rezar ao Pai, a pedir o perdão por seus inimigos. Não apenas perdoa pessoalmente seus inimigos, mas com toda a força de seu ânimo implora para eles o perdão: "Pai, perdoai-lhes, porque não sabem o que fazem". Ele se serve do título de Filho de Deus, que seus adversários desdenhosamente rejeitaram, para obter o perdão de suas culpas. Jesus os desculpa, já que não sabem o que fazem. A grandeza de seu perdão consiste precisamente no fato que o pede também em favor de seus piores inimigos: Caifás e o Sinédrio. Também para eles, e não apenas para os incautos soldados romanos, Ele invoca a atenuante da ignorância: mesmo que estes tenham agido com astúcia e maldade, na verdade não sabiam o que faziam; não pensavam colocar na cruz alguém que era realmente o Messias e Filho de Deus! A responsabilidade deles, portanto, é atenuada.

Os dois ladrões crucificados com Ele, um à direita outro à esquerda, representam a humanidade; a mesma humanidade que um dia se encontrará dividida em duas partes, uma à sua direita e outra à sua esquerda. A opção feita diante dele na cruz, diante de sua soberania, distingue as duas partes. Um dos dois ladrões rejeita aquela soberania e a ridiculariza, o outro acredita nela. A escolha consiste na aceitação ou na negação da condição de pecador, e da própria cruz.

O primeiro ladrão gostaria de ver-se livre da cruz, mas não quer reconhecer em Jesus o Cristo que, nesta condição, poderia "salvar a si mesmo e a nós". Ele não aceita o castigo, não quer dobrar-se diante de Deus e não admite sua culpa, tampouco a justiça do veredito. Seu companheiro, no entanto, aceita o suplício merecido por seus atos: admite-se pecador. Não pretende esquivar-se da cruz, mas coloca sua esperança em Jesus. Nestas duas atitudes opostas, percebe-se que a fé em Cristo deve ser unida à confissão do pecado e à aceitação da cruz.

A promessa de ressurreição dirigida por Jesus ao ladrão assume uma forma e uma imediatez impressionantes. A simplicidade da conversão a torna mais extraordinária. Poder-se-ia pensar que aquele ladrão era incorrigível, incapaz de mudar de atitude; além disso, se não conhecêssemos a resposta de Jesus poderíamos duvidar da sinceridade de sua mudança e desconfiar da seriedade de seu bom propósito; e poderíamos concluir que uma vida passada em meio a todo tipo de delitos, roubos e homicídios por si só já mostraria suficientemente o valor de um homem, e inclusive duvidar de suas mais profundas disposições de aceitar uma verdadeira conversão, mesmo que *in extremis*. A resposta de Jesus revela, no entanto, que a vida desse homem é decidida exatamente no último instante, e que seu comportamento na cruz apagou completamente a mancha de um passado pecaminoso. Na conversão, o amor pessoal do ladrão por Jesus se revela de maneira totalmente especial. Ele compreende o drama da inocência de Jesus e o defende. Mostra seu afeto chamando-o pelo nome: "Jesus, lembra-te de mim quando estiveres no teu reino!"

6.6 Junto à cruz de Jesus estava Maria sua mãe

Se os malfeitores representam no Calvário a humanidade pecadora, convidada à conversão, Maria e João representam outra humanidade: a da pureza e do amor. A frase dita por Jesus: "Mulher, eis teu filho!" (Jo 19,26), indica o ponto culminante de seu despojamento. Após ter abandonado tudo o que possuía, oferece ao mundo o dom mais precioso: sua Mãe. Quer que ela se torne a mãe dos homens e derrame sobre seus discípulos o afeto anteriormente dedicado a Ele.

A maternidade espiritual de sua Mãe é o dom maior de seu coração crucificado, depois do dom do Espírito. Quem não admite esta maternidade não compreende o testemunho mais comovente de seu amor para com a humanidade. Jesus faz sua Mãe participar de seu destino terreno de forma plena. Ele a convida a oferecer inteiramente o seu sacrifício materno, a faz compreender que seu filho único está prestes a ser levado embora e que doravante ela deve ocupar-se de outro. Maria deve aceitar a morte do filho, antes que ela aconteça.

Chama-lhe "mulher" para demonstrar que a distância entre eles está para aumentar: convidada a colaborar com Ele na obra redentora, é a nova Eva assumida ao lado do novo Adão, que deve aceitar o sacrifício de sua maternidade em vista de uma maternidade universal. Jesus não hesita em fazer com que sua mãe, a pessoa mais amada por Ele no mundo, participe plenamente de seu sacrifício e compartilhe de sua incomensurável dor. A última palavra que lhe dirige tem o objetivo de fazê-la oferecer a plenitude de seu sofrimento e de abrir-lhe uma maravilhosa perspectiva sobre a nova maternidade que lhe é dada após sua entrega.

Neste dom essencial feito à sua mãe se revela uma verdade geral: quanto mais um ser humano é amado por Cristo, introduzido em sua intimidade, tanto mais é chamado a compartilhar de sua cruz. E é chamado em vista de uma fecundidade maior. Maria tinha compreendido perfeitamente o desejo do filho e espontaneamente queria viver ao seu lado a paixão e a agonia do Calvário. Considerava uma fraqueza e uma falta de amor subtrair-se ao escândalo do suplício do filho. Desejava participar o mais intimamente possível de sua dolorosa sorte, unir-se à sua entrega pela salvação do mundo. Não é por acaso que ela se encontrava aos pés de sua cruz.

Maria estava em pé, fato que indica a firmeza de seu comportamento. Ao invés de ser tragada pelo evento que aos olhos de todos parece uma catástrofe, conserva sua coragem. A espada que lhe transpassa o coração não a faz vacilar. A mesma força inabalável une mãe e filho! Permanecendo em pé, Maria domina sua dor; engole as lágrimas prestes a sufocá-la, pois não quer causar um sofrimento suplementar ao filho, manifestando sua dor. Compreende o dever de apoiar igualmente, com sua coragem, as mulheres que a circundam, bem como os discípulos presentes a uma certa distância. A retidão de sua figura é um símbolo e um estímulo. Como Jesus, ela não é derrotada, mas vitoriosamente resiste ao ataque da dor.

Nela a fé, a esperança e o amor resistem. Ela continua crendo no filho: quando seus adversários zombam dele por se pretender o Cristo, o Filho de Deus, ela se fortalece mais ainda em sua fé. Não perdeu minimamente a esperança: sempre conta com o triunfo do filho que, segundo a profecia, deve ocorrer através da morte, numa misteriosa ressurreição. Nela, desta forma, se personificam a fé, a esperança e a caridade com as quais a Igreja aderirá a Cristo e aprofundará sua adesão na partilha de sua cruz.

A dor de Maria é semelhante à do parto. Como mãe, ela deve contribuir na geração dos filhos de Deus, assim como havia colaborado com o Espírito na concepção de Cristo. Este sofrimento é projetado para o futuro, para a formação de uma nova humanidade. Ao invés de ser desmentida pelo drama da cruz, Maria sai desse drama com uma personalidade maior, que se encaixa melhor às dimensões de um mundo novo. Seu amor, que se expandiu no afeto materno por Jesus, propagou-se sem limites no amor universal a todos os homens. Esta expansão é merecida pelo sacrifício: ela pagou muito caro seu título de Mãe dos homens. É o fundamento da devoção à Mãe de Cristo.

Ao recomendar Maria à João, Jesus não se inspira apenas na piedade para com a mãe, que sua morte está prestes a deixar numa solidão dolorosa: aponta muito mais alto. Este envolvimento da mãe no ato supremo de sua redenção faz entender que, mais uma vez, assim como em seu nascimento, o filho não pode prescindir dela como mulher e como mãe. Após ter feito tudo para mostrar seu amor à humanidade deixando-se pregar na cruz, Ele não pode senão mostrar até o fim sua ternura através da feminilidade materna de sua mãe. É aqui, na mulher aos pés da cruz, que Deus assume o rosto de mãe.

A função materna e mariana da salvação só pode ser compreendida à luz e no âmbito daquela redenção que é realizada por Cristo. Mesmo assim, nesta economia da salvação, a mãe detém uma função salvífica universal e insubstituível, em virtude de sua concepção materna, espiritual e corpórea. Deus quer que este aspecto materno esteja presente como elemento insubstituível na economia da graça. Com o fato de ser mãe de Jesus e dos homens, ela manifesta, da mesma redenção, algo que no ato redentor realizado por Cristo não aparece e, enquanto tal, nem pode aparecer: a ternura materna. Ele, sendo homem, não pode enquanto tal "manifestar" a generosidade, a doçura e a inefabilidade próprias de uma mãe. Esta manifestação só é possível a uma mulher; por isso a Trindade escolheu Maria!

Maria se encontra assim no caminho da graça que vai de Cristo aos homens; doravante ela transmitirá a graça através de suas mãos maternas e oferecerá o amor divino através de seu amor materno. Por isso merece o afeto e a estima devidos a uma mãe que oferece aos filhos o que possui de mais precioso. O discípulo predileto deu o exemplo desta acolhida: levou Maria para a sua casa, viveu em sua companhia. Este é o símbolo da intimidade que deve existir entre o cristão e a Mãe de Jesus.

6.7 O que aconteceu depois...

Para descrever a morte de Cristo, João se limita a dizer: "Inclinando a cabeça, entregou seu espírito" (Jo 19,30), mas os outros evangelistas sublinharam melhor a grande ressonância de sua morte. Com imagens semelhantes, sugerem a repercussão do evento sobre a humanidade. A escuridão que envolve a terra exprime a participação de todo o universo no drama da redenção e manifesta sua condolência pela morte do salvador; o tremor da terra simboliza a perturbação radical suscitada pela morte; o véu do templo que se rasga de alto a baixo indica o colapso do culto hebraico.

Muitos túmulos se abriram, mortos ressuscitaram, entraram na cidade santa e apareceram a muitas pessoas: é a imagem da grande libertação concedida no além às almas dos defuntos. Até o momento da morte de Cristo essas almas permaneciam prisioneiras da morte, no sentido que não podiam entrar no céu. No momento em que Jesus entra na morte, que desce aos infernos, isto é, que toma posse do reino da morte, Ele liberta as almas daqueles que fizeram o bem na terra e as carrega consigo para a felicidade eterna. Por essa razão a hora de sua morte marcou uma nova era para toda a humanidade que precedera sua vinda.

O episódio da exclamação do centurião atesta esta eficácia da morte de Cristo: "Verdadeiramente este homem era filho de Deus!" (Mc 15,39). A morte de Jesus impressiona um homem que não teve ocasião de conhecê-lo em vida. Como chefe da escolta de soldados romanos encarregados de sua execução, ele ouvira as autoridades hebraicas zombarem dele, justamente por ter-se afirmado Filho de Deus. Como última vingança sobre todas essas zombarias, ele testemunha que Jesus merece o título pelo qual foi condenado à morte. Dessa forma, o centurião, que era responsável pela execução, é a primeira conquista de sua morte; com seu ato de fé ele inaugura as incontáveis conversões subsequentes, simbolizando a adesão à mensagem do Evangelho das nações não hebraicas.

Também sobre o povo hebreu a morte de Jesus produziu um efeito surpreendente: a multidão muda de comportamento. Após reivindicar com violência sua morte, uma vez passada a exaltação fictícia de seu comportamento diante de Pilatos, começou a perceber a trágica consequência de seu grito "crucifica-o". Vendo-o morrer, compreendeu melhor sua inocência e lamenta seus próprios atos. A hostilidade cede espaço ao arrependimento. No coração daquela multidão tão amada por Ele, Jesus começa a penetrar, graças à sua morte.

Existe um contraste entre a multidão que se dispersa e os amigos que permanecem ao lado do crucificado. Estes recobraram coragem, demonstram um comportamento mais decidido. Detendo-se junto à cruz após a morte de Jesus, ao invés de se dispersarem como os outros, como se o drama tivesse acabado, revelam a constância de seu afeto por Cristo! José de Arimateia é um exemplo: como membro do Sinédrio, anteriormente não ousara manifestar sua simpatia por Jesus; tampouco tentou intervir publicamente em seu favor ao longo do processo. Após sua morte, porém, recobra a audácia que lhe havia faltado e vai até Pilatos reivindicar o corpo de Jesus. Agindo dessa forma assume abertamente uma postura em favor de Cristo, compromete-se. O desastre da cruz suscita uma coragem nova: esta, de forma discreta ainda, já difunde a energia que galvanizará os discípulos no momento da Ressurreição.

Os hebreus pediram a Pilatos que quebrasse as pernas dos condenados para acelerar sua morte. Esta ação é novamente orientada por uma preocupação legal: o respeito ao sábado, que na ocasião coincidia com a Páscoa. Esse escrúpulo parece mesquinho, mas o Pai celeste se servirá dele para realizar seu último ato cheio de significado. A Jesus, morto por primeiro após um suplício mais doloroso, é reservado um gesto inesperado: ao invés da horrível mutilação da quebra das pernas, um golpe de espada lhe transpassa o lado, por iniciativa de um soldado que pretende verificar sua morte, mas mais ainda por inspiração do Pai que quer dar ao mundo um crucificado com o peito aberto.

O golpe de espada não é mais um sofrimento para Jesus, e isto realça grandemente seu valor simbólico e revela todo o drama da Paixão. Aquele amor que Cristo continuou oferecendo aos homens ao longo de sua vida, e mais ainda em sua morte, agora está gravado e fixado para sempre em seu lado transpassado numa imagem inegavelmente verdadeira e comovente. No sangue e na água que jorram da ferida, há a fecundidade daquele amor que Jesus não quis guardar para si. É seu Espírito que emana de seu coração! Naquela água e naquele sangue está o triunfo do amor!

Desçamos em silêncio do Calvário carregando no coração, como se fosse dirigida a cada um de nós, esta palavra que Jesus um dia dirigiu a Santa Ângela de Foligno: "Não te amei de brincadeira!"

7

Ressuscitou ao terceiro dia,
conforme as Escrituras, e subiu
aos céus, onde está sentado
à direita de Deus Pai

7.1 "Ressuscitou, subiu ao céu!"

É necessária uma graça especial para poder falar da Ressurreição. Ninguém pode dizer "Jesus é o Senhor", ou "Jesus ressuscitou" (que é a mesma coisa), a não ser "no Espírito Santo" (cf. 1Cor 12,3). Diante da Ressurreição toda palavra desaparece. Aquele que do anúncio da cruz passa a anunciar a Ressurreição de Cristo se assemelha àquele que do continente chega ofegante à beira-mar: deve parar de repente, pois seus pés não são mais apropriados para andar sobre as águas. Deve contentar-se em apenas alargar o olhar, e permanecer parado à beira-mar.

Da fé na Ressurreição depende a salvação. Quem o afirma é o Apóstolo Paulo: "Se com tua boca confessares que Jesus é o Senhor e no coração creres que Deus o ressuscitou dos mortos, serás salvo" (Rm 10,9). Santo Agostinho comenta:

> Através da Paixão, o Senhor passou da morte à vida, abrindo o caminho a nós, *que acreditamos em sua Ressurreição*, para que também nós passemos da morte à vida [...]. Não é tão extraordinário acreditar que Jesus morreu; nisto acreditam também os pagãos, também os judeus, também os réprobos; todos acreditam nisto. O que é realmente extraordinário, no entanto, é crer que Ele ressuscitou. A fé dos cristãos reside na Ressurreição de Cristo[110].

A morte de Cristo, em si, não é um testemunho suficiente da verdade de sua causa, mas apenas do fato que ele acreditava na verdade de sua causa. Houve homens que foram mortos por uma causa errada, e até iníqua, injusta, mas acreditando que fosse uma boa causa. A morte de Cristo,

---

110. AGOSTINHO. *Commento ai Salmi*, 120, 6 (CCL 40, p. 1791).

de fato (a partir do fato que "não existe maior amor do que dar a vida pela pessoa amada"; cf. Jo 15,13), é o testemunho supremo de sua *caridade*, mas não de sua *verdade*. Esta só é adequadamente testemunhada pela Ressurreição. Eis a razão pela qual diante do areópago, Paulo disse que Deus deu a todos "uma prova segura" sobre Jesus, ressuscitando-o da morte (At 17,31). Literalmente: "Deus dá provas" de Jesus, é seu garantidor. A Ressureição é como um segredo divino que o Pai coloca sobre a vida e a morte, sobre as palavras e os fatos de Jesus. É seu "amém", é seu "sim". Morrendo, Jesus disse "sim" ao Pai ao obedecer até a morte; ressuscitando-o, o Pai disse "sim" ao Filho constituindo-o Senhor.

O artigo do credo termina com um aceno para a ascensão: "Subiu aos céus, onde está sentado à direita do Pai". É preciso compreender bem a diferença entre desaparecimento e partida. Uma partida causa ausência; um desaparecimento inaugura uma presença escondida. Com a ascensão, Jesus "desaparece da vista" (cf. Lc 24,31); "uma nuvem o ocultou de seus olhos" (At 1,9), mas não se ausenta. Tanto é verdade que Jesus disse aos discípulos: "Eis que eu estou convosco, todos os dias, até a consumação dos tempos" (Mt 28,20).

Ele não partiu, não nos deixou órfãos, mas se estabeleceu para sempre no coração de cada pessoa que nele crê. Ele mesmo nos disse onde iria fazer morada: "Se alguém me ama, observa a minha palavra; meu Pai o amará, e nós iremos a Ele e nele faremos morada" (Jo 14,23). Nós, portanto, nos tornamos sua casa! Se a ascensão fosse sua partida, mais deveríamos nos entristecer do que nos alegrar. Sua entrada no céu seria para nós uma espécie de sepultamento. Mas, de fato, não é um sepultamento porque Ele permanece conosco até a consumação dos séculos. Com a ascensão Jesus passa a fazer parte da onipresença do Pai, é plenamente glorificado, exaltado, espiritualizado em sua humanidade.

Ao professarmos que Jesus "subiu aos céus e está sentado à direita do Pai" não estamos imaginando uma transferência de local. Trata-se tão somente de uma imagem que exprime um acréscimo de poder, de honra. Com sua ascensão, Jesus alcançou aquela eficácia infinita que lhe permite preencher tudo com sua presença. A sua é uma ascensão em potência, em eficácia: é, portanto, uma intensificação de sua presença, não uma ascensão local que o distanciaria de nós. Como o Verbo não deixou o Pai ao vir até nós na Encarnação, da mesma forma não se separou de nós voltando ao Pai. Não restabeleceu a distância; apenas restabeleceu e garantiu a comunicação.

Esta é a nossa alegria: Jesus está aqui comigo, e não me deixará jamais, pois sua presença espiritual alcançou a intensidade e a extensão que sua presença carnal não havia conseguido obter. Acontece como ocorre no momento da comunhão na missa: primeiramente contemplamos a hóstia consagrada, a vemos com os nossos próprios olhos, mas a fim de que ela possa estar mais intimamente ainda dentro de nós.

7.2 A Ressurreição de Cristo: abordagem histórica

Podemos, ou não, definir a Ressurreição como um evento histórico, no sentido mais comum do termo, isto é, de "realmente acontecido", entendendo o histórico como o oposto do não histórico, do mítico ou legendário? Para nos expressar com os termos do debate recente: Jesus ressuscitou apenas no *querigma* e na liturgia da Igreja, ou, ao contrário, ressuscitou também na realidade e na história? Ressuscitou *porque* assim a Igreja o proclama? Mais ainda: ressuscitou Ele, a *pessoa* de Jesus, ou ressuscitou apenas sua *causa*, no sentido puramente metafórico, onde ressuscitar significa sobreviver, ou o reemergir vitorioso de uma ideia após a morte de quem a propôs?

A resposta mais abalizada já está contida no Evangelho, colocada lá com antecedência pelo Espírito Santo: "Ressuscitou verdadeiramente", dizem os apóstolos, acolhendo os dois discípulos de Emaús, antes mesmo que estes pudessem narrar a própria experiência (cf. Lc 24,34). Ressuscitou "de fato", "realmente" (*ontos*). Os cristãos orientais fizeram desta frase sua saudação pascal: "O Senhor ressuscitou", a que o saudado responde: "Ressuscitou verdadeiramente!" Vejamos, pois, em que sentido se dá uma abordagem também histórica à Ressurreição de Cristo, "para que possamos conhecer melhor a solidez dos ensinamentos que recebemos" (cf. Lc 1,4). Com a Paixão e a morte de Jesus, aquela luz que vinha se acendendo na alma dos discípulos não resiste à prova de seu trágico fim. A escuridão mais completa envolve tudo. Chegaram a quase reconhecê-lo como o enviado de Deus, como o maior de todos os profetas. Mas agora já não sabem mais o que pensar. O estado de espírito dos discípulos nos é descrito por Lucas no episódio dos dois discípulos de Emaús: "Esperávamos que Ele fosse [...], mas já se passaram três dias" (Lc 24,21). Estão no impasse da fé: o caso Jesus é dado por encerrado.

Agora – sempre como historiadores – desloquemo-nos para alguns anos mais tarde. O que encontramos? Um grupo de homens, o mesmo que esteve ao lado de Jesus, que vai repetindo, oralmente e por escrito, que Jesus de Nazaré é o Messias, o Senhor, o Filho de Deus, que Ele está vivo e que virá julgar o mundo. O caso de Jesus não é apenas reaberto, mas rapidamente é levado a uma dimensão inacreditavelmente profunda e universal. Aquele homem não interessa apenas ao povo hebraico, mas a todos os homens e de todos os tempos. "A pedra rejeitada pelos construtores – diz São Pedro – tornou-se a pedra angular" (1Pd 2,4), ou seja, princípio de uma nova humanidade. Doravante, não há outro nome dado aos homens debaixo do céu no qual possamos ser salvos senão o de Jesus de Nazaré (cf. At 4,12).

O que aconteceu? O que determinou tamanha mudança que levou os mesmos homens que antes haviam renegado Jesus, ou fugiram dele, a proclamar publicamente essas coisas, fundando Igrejas em nome de Jesus e se deixando tranquilamente aprisionar, flagelar, assassinar em causa dele? Em coro, eles nos dão esta resposta: "Ressuscitou!" O último ato que o historiador pode realizar, antes de ceder a palavra à fé, é verificar aquela resposta: ir também ele, como as piedosas mulheres, ao sepulcro, para ver o estado das coisas.

A Ressurreição é um evento histórico num sentido particularíssimo: ela está no limite da história, como aquela orla estreitíssima que divide o mar da terra firme. Está dentro e fora ao mesmo tempo. Com a Ressurreição a história se abre para aquilo que está para além da história, a escatologia. É, portanto, em certo sentido, a ruptura da história e sua superação, assim como a criação é seu início. Isto faz com que a Ressurreição seja em si um evento não testemunhável e não atingível com nossas categorias mentais, todas elas ligadas à experiência do espaço e do tempo. Ninguém pode dizer ter visto Jesus ressuscitando, mas tão somente tê-lo visto ressuscitado.

A Ressureição é reconhecível, portanto, *a posteriori*, após acontecida. Exatamente como a Encarnação no seio de Maria. É a presença física do Verbo em Maria que comprova o fato que Ele se encarnou. Da mesma forma, é a presença espiritual de Cristo na comunidade, tornada visível pelas aparições, que mostra que Ele ressuscitou. Isto explica o fato de nenhum historiador profano referir-se à Ressurreição. Tácito, que até lembra a morte de um certo Cristo no tempo de Pôncio Pilatos[111], cala-se sobre a Ressureição. Aquele evento não tinha relevância e sentido a não ser para quem faz a experiência de suas consequências, no seio da comunidade.

Em que sentido falamos então de uma abordagem histórica da Ressurreição? O que é oferecido à consideração do historiador e lhe permite falar da Ressurreição são dois fatos: primeiramente a inesperada e inexplicável fé dos discípulos, uma fé tão firme que resiste inclusive à provação do martírio; em segundo lugar a explicação de tal fé que nos deixaram os seus primeiros interessados, isto é, os discípulos. No momento decisivo, quando Jesus foi preso e condenado, os discípulos não nutriam nenhuma expectativa sobre a Ressurreição. Eles fugiram e deram por encerrado o caso Jesus. Algo interveio de tal forma que não pouco tempo depois provocou uma mudança radical em seu estado de espírito, levando-os a uma atividade totalmente nova e à fundação da Igreja. Este "algo" é o núcleo histórico da fé da Páscoa.

Se se nega o caráter histórico, isto é, objetivo e não apenas subjetivo, da Ressurreição, o nascimento da Igreja e da fé se torna um mistério mais inexplicável que a própria Ressurreição. Acertadamente foi sublinhado:

---

111. TÁCITO. *Annales*, 25.

A ideia de que o imponente edifício da história do cristianismo seja como uma enorme pirâmide que se equilibra sobre um fato insignificante é certamente menos crível do que a afirmação de que todo o evento – isto é, o dado de fato mais o significado inerente a ele – tenha realmente ocupado um lugar na história comparável àquele que o Novo Testamento lhe atribui[112].

Qual é então o ponto de chegada da pesquisa histórica a respeito da Ressurreição? Podemos resumi-lo nas palavras dos discípulos de Emaús: na manhã da Páscoa alguns discípulos foram ao sepulcro de Jesus e o encontraram como as mulheres, chegadas antes deles, tinham dito, "mas não o viram" (cf. Lc 24,24). Também a história se desloca para o sepulcro de Jesus e deve constatar que os fatos se coadunam com os testemunhos relatados. Mas, o Ressuscitado, a história não o vê. Não basta constatar historicamente; faz-se necessário ver o Ressuscitado, e isto a história não pode fazê-lo, mas somente a fé.

7.3 A Ressurreição: abordagem espiritual

Chegamos assim à beira-mar, ao ponto além do qual só se pode avançar com o "olhar" e não com os pés; não com a demonstração histórica, mas com a fé e a piedosa meditação das Escrituras. É o que nos propomos a fazer agora. Reflitamos primeiramente sobre duas características da Ressurreição de Cristo: sua humildade e sua mensagem acerca da alegria.

Primeiramente a *humildade*. A vitória da Ressurreição acontece no mistério, sem testemunhas, ao passo que a morte foi vista por uma grande multidão. Enquanto ressuscitado,

---

112. DODD, C. H. *Storia ed Evangelo*. Brescia: Paideia, 1976, p. 87.

no entanto, Cristo aparece apenas a alguns poucos fiéis, a grupos privilegiados. O caráter misterioso da Ressurreição indica que não é necessário esperar um triunfo exterior, visível como uma glória terrena, depois de ter sofrido; o triunfo é dado por Deus no invisível, e é de ordem superior.

A Ressurreição é a vitória do amor, razão pela qual deve ser particularmente discreta. Esta se revela através das aparições, de maneira suficiente a dar um fundamento sólido à fé. Mas não é uma vingança que humilha os adversários: Jesus não aparece no meio deles para demonstrar que erraram, ou para fazer pouco de sua ira impotente. Qualquer vingança seria incompatível com o amor que Ele quis testemunhar aos homens com sua Paixão.

Jesus se comporta humildemente tanto na Glória da Ressurreição quanto no aniquilamento do Calvário. Esta é a natureza do triunfo suscitado pelo sofrimento: triunfo sobrenatural enquanto triunfo de Deus e, consequentemente, triunfo que pode permanecer escondido na terra; triunfo na doçura e na humildade porque triunfo amoroso!

Em segundo lugar vem a *alegria*. Jesus havia anunciado abertamente aos seus discípulos a prova que os aguardava ao participarem de sua Paixão, mas também havia sublinhado o contraste entre uma dor passageira e uma alegria destinada a perdurar. A Ressurreição de Cristo emerge como resultado necessário do sofrimento aceito e oferecido: este sofrimento torna-se triunfo glorioso. Este triunfo não pode ser impedido nem comprometido pelos adversários. Os chefes do povo conseguiram fazer com que Ele sofresse e morresse, mas o poder deles acaba aqui; eles não podem impedir sua vitória. Suas precauções se revelam ridículas diante de sua força soberana; aliás, mostrarão a irresistível potência divina. O triunfo de Jesus é inevitável porque desejado pelo Pai! Sua Paixão era em vista da Ressurreição. Também o sofrimento humano é em vista de um triunfo maior! A vontade divina jamais impõe à existência humana a dor por si mesma: o sofrimento não pode ser um fim; no plano de Deus é apenas uma passagem. Ela humilha e apequena o ser humano, mas é apenas para exaltá-lo e engrandecê-lo.

O triunfo da Ressurreição é inevitável porque é o primeiro objetivo da vontade do Pai e ainda porque está implícito na Paixão do Filho. Nesta vimos as manifestações da soberania de Jesus ao longo do processo e do suplício; a demonstração de sua realeza está ligada à Cruz porque deriva de maneira particular de seu sofrimento. Ali o triunfo foi exposto aos olhos de todos com o título de rei! A imagem do Crucificado erguida do chão na colina do Calvário simboliza uma exaltação em glória. A dor, recebida com amor, abre a alma para a energia divina e contribui para preenchê-la de força celeste.

A Ressurreição leva aos discípulos a alegria definitiva que ninguém lhes poderá tolher. "Os discípulos se alegraram ao ver o Senhor" (Jo 20,20). Quando Jesus aparece, naquela mesma noite, em meio aos seus discípulos, a alegria é tamanha que alguns se recusam a acreditar. O Ressuscitado lhes traz uma alegria tão surpreendente que nem todos conseguem acolhê-la imediatamente. No relato das aparições devemos perceber a intenção de Jesus de transformar em alegria a dor dos que ainda estão chorando sua morte. Sua presença opera essa transformação tanto no coração de Maria Madalena e das outras mulheres quanto no coração dos discípulos. As aparições, nas intenções de Jesus, não têm tanto um objetivo apologético (demonstrar a verdade de sua Ressurreição), mas o escopo, ditado pelo amor, de fazer com que os discípulos participem de sua alegria.

Na medida em que cada um lhe foi fiel durante a Paixão, Jesus testemunha a sua mais viva solicitude ao oferecer sua alegria de ressuscitado. Desta forma as mulheres têm o privilégio de receber por primeiro a notícia de sua Ressurreição, de recebê-lo e de entrar na alegria de seu triunfo, pois manifestaram mais corajosamente do que os discípulos o próprio afeto por Ele. A alegria é o resultado da generosidade no sofrimento!

É a mensagem mais consoladora que vem da Ressurreição de Cristo. Nesta vida, prazer e dor se substituem com a mesma regularidade de uma onda no mar: ao erguer-se, ela faz-se imediatamente acompanhar de uma depressão e de um vazio que suga de volta o náufrago que tenta alcançar a praia. Prazer e dor são conteúdos um do outro, indissociavelmente. O homem tenta desesperadamente separar estes dois irmãos siameses, isolar o prazer da dor. Às vezes ilude-se de ter conseguido, e na embriaguez do gozo esquece tudo e celebra sua vitória. Mas não por muito tempo. A dor permanece lá. Não uma dor diferente, independente, ou dependente de outra causa, mas exatamente a dor que deriva do prazer.

É o próprio prazer desordenado que se transforma em sofrimento. E isto – repentinamente, tragicamente, ou aos poucos – em razão de sua incapacidade de perdurar, e da própria morte. É um fato que o homem mesmo constatou por conta própria, e que foi representado de mil maneiras na arte e na literatura. "Um não sei bem o que de amargo emerge do próprio íntimo de cada prazer e nos angustia mesmo em meio às delícias"[113]. As "flores do mal" – nos garante seu próprio cantor, o poeta Baudelaire – nem bem terminam de despontar e já emitem odores de decomposição e morte. Exemplo mais gritante disso, hoje, é a droga. Ela oferece um breve instante de bem-estar e exaltação, mas em seguida deixa as pessoas depressivas e acaba destruindo-as. Diga-se o mesmo do abuso do sexo.

O mistério pascal de Cristo, com sua sucessão de morte e Ressurreição, finalmente quebrou essa corrente.

> A morte do Senhor – escreveu Máximo o Confessor –, diferentemente daquela dos outros homens, não foi uma dívida paga pelo prazer, mas antes algo que foi lançado contra o próprio prazer. E assim, através desta morte, mudou o destino merecido do homem[114].

No lugar de um prazer que leva à dor, esse mistério propõe uma dor que leva à alegria, à alegria plena. Não se trata apenas do prazer puramente espiritual, mas de qualquer prazer honesto: do prazer que o homem e a mulher experimentam no dom recíproco, ao gerar a vida e ao verem crescer os próprios filhos; do prazer da arte e da criatividade, da beleza, da amizade, do trabalho alegremente levado a termo. Neste sentido, é a alegria e não a dor que tem a última palavra, e trata-se de uma alegria que durará eternamente e já começa nesta vida. Neste sentido, quem, nesta vida, seria mais feliz do que os santos?

---

113. LUCRÉCIO. *De rerum natura*, IV, 1129s.

114. MÁXIMO O CONFESSOR. *Capitoli vari*, IV cent. 39. *In: Filocalia*. Vol. II. Torino: Gribaudi, 1983, p. 249.

Ressurgindo da morte, Jesus inaugurou, portanto, um novo gênero de alegria, uma nova qualidade de prazer: aquele que não *precede* a dor, como sua causa, mas o prazer que *vem depois dela,* como seu fruto; aquele que encontra na Cruz sua fonte e sua esperança de não desaparecer nem mesmo com a morte, visto que é eterno. Quando se fala em sofrimento que leva à alegria, não devemos pensar em qualquer espécie de sacrifício a impor-nos. Para alguns, Deus pode até pedir uma forma extrema de sacrifício (e então Ele não oferece apenas a graça, mas também a alegria de viver esse sacrifício com Ele), mas normalmente a renúncia exigida é o respeito ao sentido das coisas (p. ex., da sexualidade), em fidelidade ao próprio estado de vida, ou como forma de respeito à liberdade alheia.

Também o modo de calcular o tempo reflete esta revolução acerca da alegria. A unidade de tempo, o dia, na maneira humana de calcular, é formada por um dia e uma noite; na maneira bíblica é uma noite e um dia. A sucessão, em um caso, é dia-noite, em outro, é noite-dia. "Fez-se tarde e uma manhã: o primeiro dia", assim reza o relato da criação (Gn 1,5). O que isto significa? Significa que uma vida sem Deus e sem fé é um dia que termina numa noite, que também pode ser uma noite eterna; que uma vida vivida na fé é uma noite (e para alguns santos uma noite escura), mas termina em um dia, e em um dia sem ocaso.

7.4 A Ressurreição: mistério "para nós"

Santo Agostinho escreveu:

Tudo aquilo que aconteceu na Cruz de Cristo, no sepulcro, na Ressurreição ao terceiro dia, na ascensão ao céu, no encontro à direita do Pai, aconteceu de tal forma que nestas coisas fosse representada, não apenas com palavras, mas também com os fatos, a vida cristã que se desenvolve aqui na terra[115].

O santo distingue dois modos de celebrar um acontecimento da história da salvação: em forma de mistério e em forma de simples aniversário. Na celebração em forma de aniversário, não se pede outra coisa – diz ele – senão "indicar com uma solenidade religiosa o dia do ano em que acontece a lembrança do próprio acontecimento"; na celebração em forma de mistério ("*in sacramento*"), "não apenas se comemora um acontecimento, mas o fazemos ainda de forma que se compreenda seu significado e a fim de que seja acolhido santamente"[116]. Aplicando este princípio à Ressurreição de Cristo, vejamos agora o que ele significa "para nós". E não mais apenas como modelo de humildade e caminho para a alegria, mas em relação ao nosso próprio destino.

O significado "mistérico" da Ressurreição é expresso por São Paulo assim: "Se o Espírito de Deus, que ressuscitou Jesus dos mortos, habita em vós, aquele que ressuscitou Cristo dos mortos dará vida também aos vossos corpos mortais por meio de seu Espírito que habita em vós" (Rm 8,11); e em outro texto: "Aquele que ressuscitou o Senhor Jesus ressuscitará também a nós e nos colocará convosco junto dele" (2Cor 4,14). Em outros termos: se Cristo ressuscitou também nós ressuscitaremos.

Se esse anúncio não nos faz gritar e pular de alegria é porque pensamos em nossa ressureição no final dos tempos, concebendo-a como algo distante, que não nos toca de

---

115. AGOSTINHO. *Enchiridion*, 53 (PL 40, 257).

116. AGOSTINHO. *Epistula 55*, 1, 2 (CSEL 34, 1, p. 170).

perto. É preciso então saber que existem duas ressurreições: uma ressurreição do corpo, que virá no último dia, e uma ressurreição do coração, que deve acontecer todos os dias. "Aparecem mesmo agora na cidade santa os sinais da futura ressurreição – escreve São Leão Magno –, e o que deve realizar-se nos corpos, realize-se agora nos corações"[117].

De fato, nós também podemos estar mortos no coração, e acima de tudo se nele reina o pecado. Porém, num sentido diferente, também podemos estar mortos e fechados como num sepulcro quando no coração reina o desconforto, a tristeza, o rancor. Sobretudo se nele morre a esperança. É para os vivos e para os que têm fé que é dirigido aquele grito da Carta aos Efésios: "Desperta ó tu que dormes; levanta-te de entre os mortos, e Cristo te iluminará" (Ef 5,14).

O discípulo de Jesus não é convidado apenas a ressurgir pessoalmente da morte todos os dias; Cristo lhe pede inclusive que ressuscite os mortos: "Curai os enfermos, ressuscitai os mortos", disse Jesus ao enviar seus discípulos ao mundo (Mt 10,8). Se se tratasse de ressuscitar apenas os mortos corporais, este convite seria dirigido a muito poucos, mas isto se refere também aos mortos de coração, aos mortos de espírito. Desta morte se ressurge, e se faz ressurgir, sobretudo com a esperança. É significativo que a Primeira Carta de Pedro relacione a Ressurreição de Cristo com esta virtude: "Deus Pai nos regenerou mediante a Ressurreição de Jesus Cristo dos mortos, para uma esperança viva" (1Pd 1,3).

Foi observado que a palavra "esperança" está ausente da pregação de Jesus. Os evangelhos reportam muitos de seus ditos sobre a fé, sobre a caridade, mas nenhum sobre

---

117. LEÃO MAGNO. *Sermo* 66, 3 (PL 54, 366).

a esperança. Em compensação, após a Páscoa, na pregação dos apóstolos, vemos literalmente explodir a ideia e o sentimento de esperança que, ao lado da fé e da caridade, emerge como uma das três componentes constitutivas da nova existência cristã (cf. 1Cor 13,13). Deus mesmo é definito como "o Deus da esperança" (Rm 15,13). Compreende-se a razão deste fato: Cristo devia primeiro morrer e ressuscitar para destrancar a própria fonte da esperança, criando o objeto da esperança teologal que é uma vida com Deus, inclusive para além da morte.

Urge abrir o coração à esperança viva que vem da Ressurreição de Cristo e deixar-se arrebatar por ela como um sopro renovador. Como já vimos, a Primeira Carta de Pedro fala, a este respeito, de uma regeneração, de um "renascer". É o que acontece, de fato, com os apóstolos. Eles experimentaram a força e a doçura da esperança. Foi a esperança em seu estado nascente que os fez reunirem-se novamente e gritar de alegria uns aos outros: "Ressuscitou, está vivo, apareceu, o reconhecemos!" Foi a esperança que fez os desconsolados discípulos de Emaús darem meia-volta e retornarem a Jerusalém.

A Igreja nasce de um movimento de esperança, movimento este que deve ser despertado hoje, se quisermos dar à fé uma revitalização e torná-la capaz de conquistar novamente o mundo. Nada é feito sem a esperança. Um poeta cristão escreveu um poema sobre a esperança teologal. Disse que as três virtudes teologais são como três irmãs: duas delas já são moças-feitas, a outra é ainda criança. As três caminham juntas, segurando-se pelas mãos, tendo a pequena no meio. Ao vê-las, tem-se a impressão de que são as duas maiores que arrastam a menor. Mas é exatamente o contrário: é a pequena que arrasta as outras duas; é a esperança que arrasta a fé e a caridade. Sem a esperança nada avança[118].

Isto também pode ser constatado na vida cotidiana. Quando uma pessoa chega ao ponto de perder todas as esperanças, de acordar pela manhã e não esperar absolutamente nada, é como se estivesse morta. Com frequência, de fato, vemos pessoas se entregando à morte, ou deixando-se lentamente levar por ela. Assim como a quem está desmaiando se oferece rapidamente algo forte para que respire e se recupere, assim também a quem está no limite de abandonar a luta urge oferecer um motivo em que ela possa esperar, mostrando-lhe que sempre existe uma possibilidade, para que assim se reanime e recobre o ânimo perdido.

Cada vez que renasce uma semente de esperança no coração de um ser humano, é como se acontecesse um milagre: tudo se torna diferente, mesmo que nada tenha mudado. Também uma comunidade, uma paróquia, uma ordem religiosa, quando nelas desabrocha uma nova esperança, novas vocações podem ser atraídas. Não existe propaganda capaz de fazer o que a esperança faz. É a esperança que move os jovens. Também no seio da família acontece o mesmo: caso haja esperança, a ela se retorna ou nela se permanece.

Ser propiciador de esperança é o melhor que possa existir. Assim como no passado os fiéis, ao sair da Igreja, passavam-se de mão em mão a água benta, assim os cristãos devem passar-se de mão em mão, de pai para filho, a divina esperança. Assim como na noite de Páscoa os fiéis acendem

---

118. Cf. PÉGUY, C. *Il portico del mistero della seconda virtù*. Paris: Gallimard, 1975, p. 538ss.

um ao outro a própria vela, a partir do sacerdote que a acende do Círio Pascal, assim devemos passar-nos uns aos outros a esperança teologal a fim de que ela nunca falte no coração do povo cristão.

Um exemplo de ressurreição através da esperança é a visão dos ossos secos de Ezequiel (cf. Ez 37,1ss.). Lá não se trata de mortos de corpo, mas de mortos de alma. Trata-se do povo de Israel no exílio, que perdeu a esperança: "Filho do homem, estes ossos são toda a casa de Israel. Eles dizem: 'Nossos ossos estão secos, nossa esperança acabou, estamos perdidos!'" (Ez 37,11). É aos vivos, portanto, não aos mortos, que se dirige a palavra de Deus que segue:

> Ó meu povo, vou abrir vossas sepulturas! Eu vos farei sair de vossas sepulturas e vos conduzirei para a terra de Israel. Ó meu povo, quando abrir vossas sepulturas e vos fizer sair delas, sabereis que Eu sou o Senhor. Quando incutir em vós o meu espírito para que revivais, quando vos estabelecer em vossa terra, sabereis que Eu, o Senhor, digo e faço, oráculo do Senhor (Ez 37,12-14).

Depois que Cristo ressurgiu do sepulcro como "primícia dos ressuscitados", esta não é mais apenas uma promessa de um retorno material, dirigida a um povo particular, mas uma possibilidade real oferecida a todos. Depois que o Profeta Ezequiel profetizou dizendo que "o Espírito entrou neles e voltaram à vida e se colocaram de pé qual imenso exército" (Ez 37,10), o mesmo poder-se-ia dizer do povo cristão. E acredito que, neste sentido, algo semelhante se possa dizer nos dias de hoje.

Assim como o oxigênio que respiram, as pessoas necessitam de esperança para viver. Diz-se que enquanto há vida, há esperança. Mas, o contrário também é verdadeiro: enquanto há esperança, há vida. A esperança encerra um grande mistério, descoberto quando confrontado com a fé. A fé diz respeito a Deus e às coisas que Ele opera, que independem de nós. Que Deus exista, é objeto de fé; que Jesus Cristo tenha ressuscitado dos mortos, é objeto de fé; que haja uma vida eterna, é objeto de fé. Acreditando ou não, tudo isto não deixa de ser verdadeiro e de existir. Deus existe mesmo que eu não creia que Ele exista. A fé, portanto, acredita naquilo que já existe. O objeto da esperança não existe, no entanto, se eu não alimento nenhuma expectativa. Sou eu que o faço existir esperando. A esperança diz respeito, portanto, às coisas que Deus não fará sem a nossa liberdade. A esperança é parte integrante de nossa salvação. A frase de São Paulo "é pela esperança que somos salvos" (Rm 8,24), tem um sentido mais profundo do que à primeira vista parece.

Mas precisamos estar atentos a uma coisa: a esperança não é apenas uma bela e poética disposição interior, um tanto quanto difícil quando nos deixa inoperantes e sem ações concretas, e que, por isso mesmo, em última análise, pode nos deixar estéreis. Esperar significa descobrir que ainda existe algo a ser feito, uma tarefa a desempenhar, e que não estamos à mercê do nada e de uma paralisante inatividade.

Esperar em Deus numa dificuldade significa reconhecer que, não obstante tudo, a provação continua, o motivo não está em Deus – que é amor infinito –, mas em nós. Se o motivo está em nós, significa que ainda podemos fazer alguma coisa para mudar, que ainda há uma tarefa a desempenhar, ao invés de desesperar. Kierkegaard escreve:

Enquanto há uma missão, enquanto há alguma proposta, o homem não está abandonado ao desespero [...]. Por isso, mesmo que me aconteça o mais duro infortúnio que um homem possa ter e não haja absolutamente nada a fazer, existe, mesmo assim, a alegria pelo fato de existir uma tarefa: a de suportar tudo com paciência. E se fosse necessária a paciência para além de limites jamais antes exigidos a qualquer homem, existe, mesmo assim, a alegria pelo fato de existir uma tarefa: a de não perder a paciência, nem mesmo quando se está nos extremos[119].

Mesmo que de nossa parte não houvesse nada a fazer para mudar uma situação difícil, sempre permaneceria, no entanto, uma grande tarefa a desempenhar: a de manter-se suficientemente empenhados para afastar o desespero e suportar pacientemente até o fim.

Na Bíblia encontramos reais e verdadeiros movimentos, ou ondas, de esperança. Um deles se encontra na Terceira Lamentação, que é o canto da alma na mais desoladora aflição: "Eu sou um homem provado na aflição. Deus me fez caminhar nas trevas, não na luz [...]. Eu disse 'desapareceu minha alegria, a esperança que me vinha do Senhor'" (cf. Lm 3,1-18). Mas eis que emerge um suspiro de esperança que tudo transforma. Num dado momento, o orante diz a si mesmo:

> Ainda que haja aflição, o Senhor se compadece com grande misericórdia, porque não é de bom grado que Ele oprime ou aflige os seres humanos; nele, portanto, quero esperar! O Senhor nunca rejeita, mas se aflige, terá piedade. Talvez ainda haja esperança (cf. Lm 3,19-29).

---

119. KIERKEGAARD, S. *Il vangelo delle sofferenze*, IV [trad. it. FABRO, C. (ed.). *Opere*. Firenze: Sansoni, 1972, p. 863-866].

A partir do momento em que o ser humano diz a si mesmo isto, a Lamentação muda de tom, e passa a ser uma serena expectativa de restauração de Jerusalém.

A Carta aos Hebreus compara a esperança a uma âncora: "A esperança é para nós uma âncora da alma, firme e sólida" (Hb 6,19). Firme e sólida porque lançada não na terra, mas no céu, não no tempo, mas na eternidade, ou seja, "para além do véu do santuário". Esta imagem da esperança se tornou clássica. Mas temos também outra imagem da esperança, em certo sentido oposta: a vela. Se a âncora é o que dá ao barco a segurança e o mantém firme no ondejar das marés, a vela é, ao contrário, o que o faz avançar mar adentro.

São estas duas coisas que a esperança faz com o barquinho de nossa vida e com o da Igreja. Ela é verdadeiramente uma vela que recolhe os ventos do Espírito e silenciosamente os transforma em força motriz que carrega o barco, no mar ou na terra, segundo as circunstâncias. Assim como a vela nas mãos de um exímio marinheiro consegue usar a capacidade total do vento, independentemente da direção que sopre, favorável ou menos favorável, a fim de que o barco avance na direção almejada. Dessa forma faz a esperança com a nossa vida.

7.5 Maria na Ressurreição, ícone da esperança

Da "Esperança criança" temos um ícone vivo na Páscoa de Cristo, que é a Mãe de Jesus. Assim como na anunciação Maria tinha representado sozinha toda a Igreja para receber Cristo na fé, assim, em sua morte, sozinha ela representou toda a Igreja, a fim de o acolher na fé. Só a lâmpada de sua fé não se apagou em momento algum. Durante a Paixão e a morte do Filho ela sofreu, mas conservou intacta sua fé, sua esperança e sua confiança total no Pai, na misteriosa eficácia do que estava acontecendo.

Aos pés da cruz, na dor imensa que por inteiro a perpassava, era animada por uma fé e por uma esperança intensas, e no fundo de seu ser compreendeu que nada havia mudado realmente: conservava, meditava, confrontava os acontecimentos e profecias, alcançando incessantemente nova luz e nova força. Mais do que Abraão, ela "acreditou esperando contra toda esperança" (Rm 4,18). Acreditou que Deus sempre reserva uma possibilidade a mais, inclusive para além da morte.

Ao terceiro dia Jesus ressurgiu do túmulo, não para consolar a mãe (não havia necessidade, pois ela era só alegria e altivez), mas para conduzir os demais para onde ela os aguardava em silêncio. Quando aqueles a quem Jesus apareceu foram até Maria para anunciar-lhe essa boa notícia, logo compreenderam que ela já o sabia. Cada qual compreendeu o que significava ter fé comparando-a com a fé de Maria. A partir desse momento passou-se a compreender o lugar de Maria na Igreja. Pouco a pouco, todos foram se reunindo ao redor dela, nela se encontravam, sentiam-se compreendidos. Ao longo dos dez dias entre a Ascensão e Pentecostes não se afastaram dela; tanto que a encontramos com eles no cenáculo, na expectativa da descida do Espírito Santo.

É bem verdade que os evangelhos não falam de aparições à Maria, mas talvez o motivo seja porque não fosse necessário. Não havia necessidade de reforçar sua fé, tampouco a missão de testemunhá-la aos outros. As aparições do Ressuscitado aos apóstolos parecem motivadas pelo fato de que eles deviam ser testemunhas de sua Ressurreição real e corpórea em suas respectivas comunidades. São também às vezes uma concessão feita à incapacidade das pessoas de relacionar-se imediatamente com Ele em seu novo estado de vivente "no Espírito". Talvez seja este o sentido da afirmação "não me toques" (cf. Jo 20,17), dito à Madalena: "Agora não é mais necessário tocar-me fisicamente para entrar em contato comigo. Deves habituar-te a estar comigo em meu novo modo de ser, isto é, com a fé e o amor".

Neste sentido Jesus não tinha necessidade de "aparecer" à mãe para depois desaparecer, como o fez com os outros. Ele sempre esteve com ela, numa comunhão sem comparação humana. Como tinham estado unidos aos pés da cruz na dor, assim o são agora na alegria da Ressurreição. Se houve um lugar no mundo em que a alma de Jesus pôde repousar antes de subir novamente ao Pai, com certeza esse lugar foi a comunhão com sua mãe.

A Igreja, no período pascal, adora identificar-se com uma das mulheres que, cansadas, foram à Maria levar o alegre anúncio da Ressurreição do Filho, pelo que reza inocentemente (como se ela já não o soubesse!) assim:

Regina caeli, laetare, alleluia,	Rainha do céu, alegrai-vos, aleluia,
quia quem meruisti portare,	pois quem merecestes trazer em vosso seio,
alleluia,	aleluia,
resurrexit, sicut dixit,	ressuscitou, como disse,
alleluia.	aleluia.
Ora pro nobis Deum alleluia.	Rogai por nós a Deus, aleluia.

8

E de novo há de vir em sua
glória para julgar os vivos
e os mortos, e o seu reino
não terá fim

O artigo que proclama a volta de Cristo conclui o núcleo central do credo que tem por objeto o mistério de Cristo. Está em continuidade com o artigo sobre a morte e a Ressurreição, como proclama a liturgia numa das aclamações que se cantam após a consagração: "Anunciamos Senhor a vossa morte e proclamamos a vossa ressureição, vinde Senhor Jesus".

A primeira parte de nosso artigo está presente no credo desde as formulações mais antigas, inclusive no assim chamado Símbolo Apostólico, tanto nas resenhas latinas quanto gregas. A frase "e o seu reino não terá fim", tirada de Lc 1,33, aparece, ao contrário, só no século IV, e foi acrescentada para combater a tese julgada herética do Bispo Marcelo de Ancira (morto depois de 374). Segundo este bispo, no fim do mundo o Filho será reabsorvido na substância do Pai, da qual tinha emergido por dilatação, como realidade distinta, em vista da criação e da redenção do mundo; na consumação dos séculos, Ele deixará de ser pessoa distinta, e juntamente com Ele o seu reino. Esta tese foi vista como uma negação do dogma da Trindade das pessoas divinas, e como tal foi rejeitada, especialmente no Oriente.

O corpo principal do artigo nos apresenta dois eventos a crer, distintos, mesmo se simultâneos: a volta de Cristo, isto é, a parusia, e o juízo universal. Meditemos sucessivamente sobre um e outro evento, para em seguida extrair dessas verdades futuras algum ponto de meditação para a vida presente.

8.1 A volta de Cristo

Primeiramente vejamos a terminologia relativa à volta de Cristo. O termo comumente usado no Novo Testamento é "*parousia*", exceto em Lucas que, com a linguagem do Antigo Testamento ("O dia do Senhor"), fala mais em "dia do Filho do homem", ou em "seu dia" (Lc 17,24-26). Em si o termo *parousia* significa simplesmente "presença", mas na época havia adquirido o sentido específico de uma presença, ou de uma visita, especial e importante, por exemplo, a do imperador. No Novo Testamento ele indica a manifestação, a volta, gloriosa de Cristo, em contraste com sua primeira vinda na humildade da carne. Mateus é quem nos dá a descrição mais detalhada da parusia do Senhor. Vale a pena deter-nos um pouco neste famoso discurso escatológico ou apocalíptico de Jesus para dissipar imediatamente qualquer equívoco:

> Logo em seguida, depois da aflição daqueles dias, o sol escurecerá e a lua não dará sua claridade, as estrelas cairão do firmamento e os poderes do céu serão abalados. Então aparecerá no céu o sinal do Filho do homem. [...] Todas as tribos da terra baterão no peito; e verão o Filho do homem vir sobre as nuvens do céu na plenitude do poder de sua glória (Mt 24,29-30).

Em cada época sempre houve alguém que se encarregou de brandir ameaçadoramente esta página do Evangelho diante de seus contemporâneos, alimentando a paranoia e a angústia. O fenômeno se intensifica pontualmente em determinadas épocas, como na passagem de um milênio a outro, ou em outras datas-limites, reais ou imaginárias. Meu conselho é o de ficarmos calmos e tranquilos e não nos deixarmos minimamente perturbar por essas previsões catastróficas.

Basta ler a frase final da própria passagem evangélica: "Quanto a esse dia e a essa hora, ninguém sabe, nem os anjos do céu, nem o Filho, mas somente o Pai" (Mt 24,36). Se nem os anjos nem o Filho (entendido enquanto homem, não enquanto Deus) conhecem o dia e a hora do fim, por que haveria de conhecê-los um adepto de alguma seita ou algum fanático religioso? No Evangelho, Jesus nos certifica sobre o *fato* que Ele voltará um dia e que reunirá seus eleitos dos quatro cantos da terra; o *quando* e o *como* isso acontecerá (nas nuvens do céu, entre o escurecimento do sol e a queda dos astros) faz parte da linguagem figurada própria do gênero literário desses discursos.

Outra observação pode ajudar a explicar esta e outras páginas semelhantes do Evangelho. Quando falamos do fim do mundo, em base à ideia que hoje temos do tempo, pensamos no fim do mundo em absoluto, após o que só pode haver a eternidade (ou o nada, segundo a crença de cada um). Mas a Bíblia, mais do que com categorias absolutas e metafísicas, reflete com categorias relativas e históricas. Por isso, quando ela fala do fim do mundo, muito frequentemente entende o mundo concreto, aquele que existe de fato e que é conhecido por um certo grupo de homens: o *seu* mundo. Trata-se, enfim, mais do fim de *um* mundo do que do fim *do* mundo, mesmo se às vezes as duas perspectivas se entrelacem, e a primeira seja vista como imagem daquilo que acontecerá na segunda.

Jesus disse: "Não passará esta geração antes que tudo isso aconteça" (Mt 24,34). Enganou-se? Não! De fato, não passou a geração daquele mundo conhecido por seus ouvintes, o mundo judaico, pois Jerusalém tragicamente foi destruída no ano 70 depois de Cristo. Quando, em 410, houve o saque de Roma por obra dos vândalos, muitos pensadores do tempo imaginaram que fosse o fim do mundo. Não estavam muito longe disso; terminava um mundo sim, mas aquele criado por Roma com seu império.

As primeiras gerações cristãs não tinham condições de fazer esta distinção, e é certo que muitos cristãos, inclusive Paulo, esperavam o retorno glorioso de Cristo como iminente, no período da própria vida; tanto que a Segunda Carta de Pedro teve que tranquilizar sobre este ponto a segunda geração cristã, dizendo que o atraso ou a demora era devido ao fato de que Deus quer que todos tenhamos tempo para nos arrepender (cf. 2Pd 3,4-10).

Alguns estudiosos atribuíram a Jesus mesmo este erro de perspectiva e a expectativa iminente da instauração final do Reino de Deus. É a tese defendida por Albert Schweitzer[120], e posteriormente a de outros, mas é desmentida por muitos dados evangélicos.

Jesus havia escolhido os Doze para continuar sua obra no mundo; havia-lhes dado a ordem de "ir a todo o mundo e pregar o Evangelho a toda criatura"; havia-lhes dito que, antes do fim, o Evangelho deveria chegar "aos confins da terra", e que sua morte inaugurava "a nova e eterna aliança". Como se explicaria tudo isso se se atribuísse a Ele, ou – o que nada mudaria neste caso – aos evangelistas que reportam tais palavras, a convicção de que em breve tudo chegaria ao fim? Para os que têm fé em Cristo essa questão não existe. Teria o Filho vindo à terra para salvar o mundo quando este estava chegando ao seu fim?

O próprio Paulo deve ter mudado de ideia sobre este ponto, sobretudo em relação aos primeiros tempos, quando escrevia aos tessalonicenses. Na Carta aos Romanos ele mani-

---

120. SCHWEITZER, A. *Von Reimarus zu Wrede* (1906); segunda edição intitulada *Geschichte der Leben-Jesu-Forschung* (1913).

festa, de fato, a convicção de que também os hebreus passarão a fazer parte da salvação de Cristo, mas só depois que todos os pagãos tiverem aderido a Cristo (cf. Rm 11,11-25): o que deve significar um intervalo de tempo considerável...

8.2 Da expectativa da parusia à esperança dos bens celestes

Com o passar do tempo percebe-se uma evolução no sentimento geral que os cristãos tinham acerca de sua postura no mundo e na história. Da "segunda vinda", ou o retorno de Cristo, o olhar passou a concentrar-se mais na primeira vinda, na Encarnação. O motivo reside na emergência de heresias como o gnosticismo e o docetismo, que negavam a realidade da carne de Cristo e as obras que Ele havia realizado na carne: Paixão, morte, Ressurreição. Neste clima tende-se a valorizar mais a escatologia do "já realizado" de João. Esta não coloca o ponto decisivo da história lá na frente, na realização final, mas no passado, no evento fundamental da Encarnação e da morte redentora de Cristo; ela acentua mais o "já" do que o "ainda não". Com Cristo a era final foi iniciada, e aos crentes já é permitido experimentar a vida eterna. A vinda do Espírito Paráclito realiza uma parusia de Cristo o tempo todo.

Não se tratava de um subterfúgio, mas de um amadurecimento na fé. Todo esse processo de transformação da escatologia não teve como motivação a desilusão pela demora da parusia, mas, antes, o entusiasmo por sua realização. "O eschaton que deveria vir foi transformado em uma presença de eternidade, da qual se fazia experiência no culto e no espírito". Não foram "as esperanças frustradas, mas, antes, o fato do cumprimento de todas as esperanças" que determinaram a mudança[121].

Nesta nova fase da fé o retorno final do Senhor não é esquecido, mas a ansiosa expectativa é substituída pela esperança serena; a escatologia como expectativa iminente do retorno de Cristo e do fim do mundo é substituída pela orientação para os bens do céu, para aquilo que a oração litúrgica define como um "avaliar com sabedoria os bens da terra, na contínua busca dos bens do céu"[122]. Da escatologia passa-se à *anagogia*, isto é, ao "tender para as coisas do alto". Em certo sentido, o movimento se inverte: a ideia da vinda do Senhor pouco a pouco é substituída pela ideia de nossa ida ao seu encontro; seu retorno à terra é substituído por nossa subida ao céu.

Paralelamente, em relação à escatologia geral, ou da "Igreja", passa a prevalecer aquela individual, ou a da "alma". Cai aos poucos a perspectiva do "quando" acontecerá o retorno do Senhor e permanece, ao contrário, a perspectiva essencial "que" esse retorno acontecerá. O que mantém vivo nos cristãos aquele sentido característico de urgência e de iminência e, por consequência, de vigilância, já não é mais a expectativa da parusia, mas o que será posteriormente denominado "Novíssimos".

Hoje vivemos uma situação diferente daquela que levou à essa evolução do sentimento escatológico. A necessidade maior não é mais a de atenuar a importância da expectativa do retorno do Senhor, mas a de reavivá-la. A secularização transformou a todos nós de peregrinos e

---

121. MOLTMANN, J. *Teologia della speranza*. Brescia: Queriniana, 1970, p. 162.

122. *Oração após a comunhão*, terça-feira da II semana do advento.

viandantes em sedentários e instalados no mundo. A vida dos cristãos é definida pela Bíblia como uma vida de "peregrinos e forasteiros", porque estão *no* mundo sem ser *do* mundo (cf. Jo 17,11.16), dado que a verdadeira pátria dos cristãos está nos céus, de onde esperam que venha como Salvador o Senhor Jesus (cf. Fl 3,20). É a reserva escatológica que São Paulo exprime com a formulação "como se não...":

> O tempo se abreviou; doravante, aqueles que têm mulher sejam como se não a tivessem, os que choram como se não chorassem, os que se alegram como se não se alegrassem, os que compram como se não possuíssem, os que tiram proveito deste mundo, como se não aproveitassem realmente: pois a figura deste mundo passa (1Cor 7,29-31).

O cristão deve comportar-se na terra como um girassol. Este floresce ao longo do dia, quando o sol está presente no céu, volta-se para ele, vira-se continuamente em sua direção; quando o sol se põe e desaparece, o girassol se volta para onde o sol deve reaparecer, e permanece assim a noite inteira, em expectativa. Jesus quer que seus discípulos, após seu desaparecimento, comportem-se da mesma maneira: voltados com o coração e o desejo para onde Ele no final reaparecerá. "Este Jesus, que vos foi arrebatado para o céu, há de vir do mesmo modo como o vistes partir" (At 1,11).

A expectativa da vinda de Cristo não tem uma motivação negativa, de desencanto do mundo e da vida, mas uma motivação sumamente positiva, que é o desejo da verdadeira vida. No saltério hebraico existe uma série de salmos ditos "das ascensões", ou "cânticos de Sião". Eram os cantos que os peregrinos israelitas cantavam quando "subiam" em peregrinação para a cidade santa, Jerusalém. Um deles começa assim: "Que alegria quando me disseram: 'vamos à casa do Senhor'" (Sl 122,1). Esses salmos das ascensões já se tornaram os salmos daqueles que, na Igreja, se encontram a caminho da Jerusalém celeste.

Portanto, precisamos mudar completamente o estado de espírito com que ouvimos os discursos que falam do fim do mundo e do retorno de Cristo. Cristo compara seu retorno à vinda do esposo que vem buscar sua esposa para a festa das núpcias (cf. Mt 25,6). Estranhamente, acabou-se considerando um castigo e uma ameaça aquela que a Escritura chama de "bem-aventurada esperança" dos cristãos, ou seja, a vinda de Nosso Senhor Jesus Cristo (cf. Tt 2,13).

> Mas, que tipo de amor por Cristo é o nosso – pergunta-se Santo Agostinho – se receamos que Ele venha? E não nos envergonhamos disso, irmãos? Nós o amamos e temos medo de que Ele venha? Será que o amamos verdadeiramente? Ou, acaso, não amamos mais nossos pecados que a Cristo?[123]

Os discursos ameaçadores *sobre o fim* do mundo devem ser substituídos por um discurso *sobre a finalidade* do mundo, sobre o destino a que ele tende, que não é o desaparecimento no nada, o congelamento cósmico, mas o encontro (*parousia!*) com uma pessoa que nos espera com os mesmos braços abertos com os quais morreu na cruz para nos salvar.

8.3 Para julgar os vivos e os mortos

Estreitamente ligado ao anúncio da volta de Cristo encontramos, tanto na pregação de Jesus quanto na dos após-

---

123. AGOSTINHO. *Commento ai Salmi*, 95, 4.

tolos, o anúncio do juízo final. O texto mais explícito a este respeito é Mateus 25,31-33:

> Quando o filho do homem vier em sua glória, e todos os anjos com Ele, sentar-se-á no trono de sua glória. Diante dele serão reunidos todos os povos. Ele separará uns dos outros, como o pastor separa as ovelhas dos cabritos, e colocará as ovelhas à sua direita e os cabritos à sua esquerda.

Será que alguém ousaria querer atribuir à Igreja pós--pascal uma fé tão explícita em Jesus juiz universal? Eu não posso imaginar que alguém possa ter tido um pensamento como este (um homem que decide a sorte final de toda a humanidade, do cosmo e da história!) a não ser embasando-se em uma afirmação igual ou equivalente à do Jesus histórico. Muitas parábolas e páginas do Evangelho contêm uma reivindicação análoga por parte de Jesus. A tese contrária é fruto de uma clara separação – hoje superada pelos próprios estudiosos mais críticos do Novo Testamento – entre o Jesus da história e o Cristo da fé.

Ao lado da perspectiva de um juízo final, rapidamente vai tomando corpo também a de um juízo que se realiza no presente:

> Quem crê nele não é condenado; quem não crê já está condenado, porque não creu no nome do Filho único de Deus. E o julgamento é este: a luz veio ao mundo, e os homens preferiram a escuridão à luz, porque suas obras eram más (Jo 3,18-19).

Também Paulo fala de um juízo pró ou contra quem no presente se decide por Cristo em base à fé ou à não fé (cf. Rm 3,21ss.). A dimensão futura jamais é esquecida, mas ela é atualizada. Em outros termos: desde já se decide o lugar que alguém ocupará no juízo final, em base à postura que assume diante da palavra de Cristo.

O capítulo 25 de Mateus parece oferecer por antecipação os critérios do juízo final: tudo se decidirá em base àquilo que se faz ou se deixa de fazer em favor dos irmãos famintos, nus ou presos. Mas isto é uma espécie de "exame geral", ou seja, válido para todos, tendo ou não conhecido a Jesus e seu Evangelho. Jesus mesmo menciona outros pontos sobre os quais o juízo se dará. Por exemplo: se alguém o reconheceu ou não diante dos homens (cf. Mt 10,32); ou se fez frutificar ou não os talentos recebidos (cf. Mt 25,30). Em suma: matéria do juízo serão o bem e o mal, considerados em sua totalidade.

> Deus retribuirá a cada um segundo as suas obras: vida eterna para aqueles que, por sua perseverança em praticar o bem, procuram glória, honra e incorruptibilidade, mas ira e indignação para aqueles que, por rebeldia, revoltam-se contra a verdade e se submetem à injustiça. Tribulação e angústia para todo ser humano que comete o mal, para o judeu em primeiro lugar, depois para o grego; glória, honra e paz para todo aquele que pratica o bem, para o judeu em primeiro lugar, e depois para o grego, pois Deus não faz distinção de pessoas (Rm 2,6-11).

Como o próprio julgamento ocorrerá? A célebre sequência do *Dies irae* fala que será aberto um "livro escrito", no qual "tudo está contido", em base ao qual "o mundo será julgado". É uma forma de falar, poética e dramática, que teve uma enorme influência na determinação do sentimento cristão diante da morte e do juízo final. Mas, de fato, o livro que se abrirá será o da consciência. Não será um juízo analítico, mas sintético e instantâneo: num piscar de olhos cada qual verá a si mesmo como é e se julgará a si mesmo, ou seja, a própria consciência o julgará.

Esta visão espiritual já era a dos Padres. São Cirilo de Jerusalém, referindo-se à Romanos 2,15-16, explica a acusação do homem como autoacusação que nasce do remorso: "Será à luz de vossa consciência que sereis julgados"[124]. Para São Basílio, é o próprio rosto do Juiz divino que constituirá a iluminação na qual cada um verá a própria situação[125]. "No dia do juízo – escreve Gregório Nazianzeno – seremos acusados pelos nossos próprios pensamentos e obras, e seremos arrastados para uma condenação que procede de nós mesmos"[126].

O juízo final não responde somente a uma exigência e a um direito de Deus; responde também a uma exigência do homem. No mundo tudo parece confuso, absurdo, fruto mais de um capricho do acaso que de uma providência divina. Já o percebia o sábio do Antigo Testamento: "Tudo é igual tanto para o justo como para o ímpio [...]. Percebi que, debaixo do sol, em lugar do direito se encontra a injustiça, e em lugar da justiça se encontra a iniquidade" (Ecl 9,2; 3,16). De fato, em todos os tempos viu-se a iniquidade triunfando e a inocência humilhada. Mas, para que não se acredite que no mundo haja algo de fixo e certo, eis que às vezes se percebe o contrário, ou seja, a inocência no trono e a iniquidade no patíbulo. O que concluía de tudo isso, porém, aquele sábio do Antigo Testamento? Concluía o seguinte: "Então pensei comigo: 'Deus julgará tanto o ímpio como o justo, porque

---

124. CIRILO DE JERUSALÉM. *Catechesi*, XV, 25 (PG 33, 905) [cf. CIRILO DE JERUSALÉM. *Catequeses pré-batismais*. Petrópolis: Vozes, 2022, cap. XV, n. 25, p. 353].

125. BASÍLIO. *Omelia sul Salmo 33*, 4 (PG 29, 339).

126. GREGÓRIO NAZIANZENO. *Oratio* 16, 8 (PG 35, 945s.).

há um tempo para cada coisa"' (Ecl 3,17). Aqui está o justo ponto de observação a partir do qual devem ser julgadas e assumem valor todos os assuntos humanos.

Após tantos milênios de vida humana sobre a terra, o homem se acostumou a tudo: se adaptou a qualquer clima, se imunizou contra muitas doenças. Nunca se adaptou, porém, a uma coisa: à injustiça. Ele continua sentindo-a como intolerável. Assim como necessitamos de misericórdia, da mesma forma necessitamos de justiça. E é a esta sede de justiça que responderá o juízo. Este não será desejado apenas por Deus, mas, paradoxalmente, também pelos homens, inclusive pelos ímpios. "No dia do juízo universal – escreve Paul Claudel – não é somente o juiz que descerá do céu, mas toda a terra irá ao seu encontro"[127].

Os Padres da Igreja acertadamente insistiram também em outro ponto: o juízo universal é a somatória e a confirmação solene e pública dos julgamentos particulares que as criaturas humanas esperam no final da vida. Mesmo que não imediatamente, e não sem dificuldade, o pensamento cristão foi se libertando de soluções fantasiosas sobre o destino das almas no intervalo entre a morte e o juízo final, como a ideia de um longo sono das almas ou dos mil anos de vida feliz na terra (milenarismo). A partir dessa lógica foi se tornando comum a crença num juízo particular, que ocorre no momento da morte. A parábola de Lázaro e do homem rico fala de um juízo que se dá no momento da morte de ambos (Lc 16,22-23). E São Paulo está convencido de que, a partir do momento de sua morte, imediatamente vai "estar com Cristo" (Fl 1,23).

---

127. CLAUDEL, P. *Paul Claudel interroge l'Apocalypse*. Paris: Gallimard, 1952, p. 180.

No entanto, o juízo final conserva, também nesta perspectiva, seu alto significado de realização final de todas as coisas, de transformação final do cosmo e de inauguração de "novos céus e nova terra" (Ap 21,1; 2Pd 3,13).

8.4 Inferno, purgatório, limbo

Sobre a duração da pena e da recompensa, a fé geral da Igreja, tanto no Ocidente quanto no Oriente, afirma que é eterna. São Gregório Nazianzeno parece perguntar-se se a punição eterna pode ser considerada digna de Deus[128]. Mas somente Orígenes[129] e, depois dele, São Gregório de Nissa, ousaram propor a ideia de uma purificação ou conversão final também dos maus, o desaparecimento do mal e a restauração final (*apokatastasis*) de todas as coisas, demônio incluído[130].

A Igreja do Oriente condenou essa doutrina no Sínodo de Constantinopla em 543[131]. O motivo da condenação dessa tese foi a convicção de que ela implicava uma limitação radical à liberdade humana, que não termina nem mesmo com a morte corporal. O homem, diziam, não pode ser forçado, contra sua vontade, à união com Deus, nem mesmo em nome da bondade de Deus. No último dia, perante o juiz supremo, o homem ainda terá a liberdade de recusá-lo e, se o faz, condena a si mesmo ao inferno. Parece-me sábia a conclusão que um autor moderno tira de todo esse problema:

---

128. GREGÓRIO NAZIANZENO. *Oratio* 40, 36 (PG 36, 412).

129. ORÍGENES. *De principiis*, I, 6.

130. GREGÓRIO DE NISSA. *Oratio catechetica*, 26 [ed. por Strawley J.H. Cambridge, 1903, p. 99-100]. *In: Christi resurrectionem oratio* (PG 46, 609s.).

131. DS 403.

A vida eterna está estreitamente ligada à vitória sobre o pecado e a morte, trazida por Cristo: ela é promessa de felicidade eterna. Não nos é possível ver claramente o que poderia representar, nesta perspectiva, uma condenação eterna [...]. Convém, portanto, manter a reserva que é imposta sobres as "últimas coisas", respeitando em cada caso a dissimetria [entre o conceito de vida eterna e o de morte eterna]. Em razão da misericórdia de Deus manifestada em Cristo, a Igreja não cessa de afirmar a vida eterna para os justos que morreram em Cristo, mas, acerca da perdição eterna de um certo número de pecadores, ela não se sente no direito de proferir uma palavra tão cabal[132].

Qualquer que seja a natureza do inferno, algo é certo: este é infinitamente mais sério e mais terrível do que, ainda em vida, possamos imaginar. Falta-nos a medida. Jesus disse que "haverá choro e ranger de dentes" (Mt 13,42).

Vale lembrar, para concluir, que com Santo Agostinho começa a abrir caminho, entre os latinos, a crença de um "fogo de purgação", graças ao qual alguns pecados poderão ser purificados e ser perdoados no mundo vindouro[133], crença a partir da qual se desenvolverá a doutrina católica do purgatório[134]. Esta se embasa na prática de rezar pelos defuntos, atestada já no final do Antigo Testamento (cf. 2Mac 12,32ss.), e amplamente posta em prática nos primeiros séculos do cristianismo. Esta só se explica a partir da fé na possibilidade de uma purificação inclusive após a morte.

---

132. GEFFRÉ, C. Vie éternelle. *In: Dictionnaire critique de théologie*. Paris: PUF, 1998, p. 1224.

133. AGOSTINHO. *De civitate Dei*, XXI, 26, 2; *Enchiridion*, 69. • GREGÓRIO MAGNO. *Dialoghi*, 4, 39.

134. Sobre o purgatório, cf. *O Catecismo da Igreja Católica*, n. 1030-1032. • Para uma visão mais histórica do desenvolvimento do conceito de purgatório, cf. LE GOFF, J. *O nascimento do purgatório*. 2. ed. Petrópolis: Vozes, 2022 [N.T.].

O purgatório não é um lugar, e muito menos um campo de concentração no além, destinado à expiação das penas; ele é, no fundo, o estado do encontro com o Deus santo e com o fogo de seu amor purificador, que nós só podemos suportar passivamente, e através do qual somos preparados integralmente para a plena comunhão com Deus[135].

Uma pergunta frequentemente feita sobre o além se refere ao destino das crianças que morreram sem o batismo. A este respeito penso que seja de bom tom esquecer a ideia do limbo, como o mundo do irrealizado para sempre, sem alegria e sem castigo, onde terminariam as crianças não batizadas. Esta doutrina, que vigorou por séculos, e que Dante Aleghieri ajudou a popularizar com sua *Divina Comédia*, nunca foi oficializada e definida pela Igreja. Era uma hipótese teológica, dependente da doutrina de Santo Agostino sobre o modo de transmissão do pecado original, que hoje é cada vez mais abertamente abandonada pelos teólogos. O seguinte texto do *Catecismo da Igreja Católica* vai claramente nessa direção:

Quanto às crianças mortas sem o Batismo, a Igreja só pode confiá-las à misericórdia de Deus, assim como o faz no rito dos funerais para elas. De fato, a grande misericórdia de Deus que quer salvos todos os homens (cf. 1Tm 2,4), e a ternura de Jesus para com as crianças, que o fez dizer: "Deixai vir a mim as criancinhas e não as impeçais" (Mc 10,14), permitem-nos esperar que exista um caminho de salvação para as crianças mortas sem o Batismo. Mais premente ainda é o convite da Igreja a não impedir que as crianças cheguem a Cristo mediante o dom do santo Batismo (n. 1261).

---

135. KASPER, W. *Misericordia*. Brescia: Queriniana, 2015, p. 170.

Busco explicar os motivos teológicos que induzem a abandonar a ideia do limbo. Jesus instituiu os sacramentos como meios ordinários para a salvação, e as pessoas que podem recebê-los e os recusam devem responder diante de Deus. Mas Deus não se limitou a estes meios ordinários. Também da Eucaristia Jesus disse: "Se não comerdes a carne do Filho do homem não tereis a vida em vós" (Jo 6,53); mas isto não significa que quem nunca recebeu a comunhão não se salva.

A doutrina tradicional do batismo de desejo e a festa dos Santos Inocentes o confirmam. Alguém poderia objetar dizendo que Jesus tem a ver com a morte dos Santos Inocentes que morreram por sua causa, mas este nem sempre é o caso das crianças mortas sem o batismo. Embora isto seja verdade, Jesus também disse que "todas as vezes que o fizestes a um destes mais pequenos, foi a mim que o fizestes" (Mt 25,40).

Precisamos levar à sério a verdade da vontade divina universal de salvação, ou seja, que "Deus quer que todos sejamos salvos" (1Tm 2,4); e, sobretudo, a verdade que Jesus morreu por todos (2Cor 5,15). Se dissermos que as crianças mortas sem o batismo não podem ser salvas, devemos concluir que todos os que aderiram a outras religiões e todos os homens "de boa vontade" são destinados à danação, uma vez que também eles não receberam o batismo. Mas isso contrasta com o recente magistério da Igreja, e especialmente com o que diz o documento *Gaudium et Spes,* válido não somente aos cristãos: "Devemos admitir que o Espírito Santo oferece a todos a possibilidade de se associarem, de modo conhecido por Deus, a este mistério pascal de Cristo" (GS 22).

Não creio que a afirmação de que "as crianças mortas sem o batismo se salvam" possa encorajar a prática do aborto. As pessoas que ignoram a doutrina da Igreja acerca do aborto dificilmente terão conta de outras doutrinas da própria Igreja e, mesmo que existisse esse perigo, o abuso de uma doutrina não deveria jamais induzir-nos a abandoná-la. Ao contrário: a ideia do limbo poderia aumentar os sofrimentos das mães que por qualquer motivo perderam uma criança e imaginam que ela jamais poderá gozar da visão de Deus. Pessoas que trabalham no aconselhamento e no cuidado neste âmbito conhecem perfeitamente a intensidade desse sofrimento nas pessoas de fé.

Eu particularmente confesso que a ideia de um Deus que priva de sua visão uma criatura inocente, somente porque outra pessoa pecou, ou por causa de um aborto espontâneo, horroriza-me. Se o inferno consiste essencialmente em ser privado de Deus, o limbo é inferno, e, de fato, nele Santo Agostinho coloca essas criaturas, embora com as penas "mais leves de todas"[136]. Somente na Idade Média, com Santo Tomás de Aquino, o limbo será separado do inferno, como lugar de uma felicidade puramente natural[137].

A criança não nascida e não batizada se salva, portanto, e se une imediatamente à plêiade dos bem-aventurados no paraíso. Poderíamos antes nos perguntar se esses seres alcançarão aquela maturidade e plenitude que a natureza ou a rejeição dos homens lhes negou, ou se também permanecerão, ao contrário, no céu, como pequenos seres "inacabados". Também a esta pergunta devemos responder afirmativamente. "Deus não é Deus dos mortos, mas dos vivos, uma vez que para Ele todos vivem" (Lc 20,38). "Vivem" no

---

136. AGOSTINHO. *Enchiridion*, 93, 111.113; *De civitate Dei*, XXI, 16.

137. TOMÁS DE AQUINO. *Quaest. disp. de malo*, 5.

sentido pleno da palavra. Salvar-se significa alcançar também aquela plenitude humana que normalmente as pessoas alcançam através de uma longa série de experiências. Todos somos destinados a alcançar "o estado de homem perfeito, de acordo com a maturidade da plenitude de Cristo" (Ef 4,13).

Mas isso vale para todos, não só para as crianças não nascidas. "Todos seremos transformados" (1Cor 15,51). Quem de nós deixa esta vida plenamente "acabado"? Com quantos limites físicos, morais, intelectuais, já no plano humano são confrontados, na hora da morte, também os maiores gênios; isso para não falar das imperfeições espirituais! Infelizes de nós se a vida após a morte consistisse em sermos fixados para sempre no estado em que nos encontrarmos naquela hora. A isto responde a doutrina católica do purgatório, despida de alguns de seus revestimentos imaginários, que faz dele um lugar material, em vez de um estado de espírito.

8.5 Vigiai!

Busquemos agora, como já dissemos anteriormente, extrair das realidades futuras que contemplamos algumas conclusões para a nossa vida presente. A consequência prática que Jesus indica cada vez que fala de seu retorno e do juízo se resume em seu imperativo "vigiai!": "Vigiai porque não sabeis quando o Filho do homem virá" (Mt 24,37); "O que digo a vós, o digo a todos: vigiai" (Mc 13,37).

O tema da vigilância supõe toda uma visão do mundo e um juízo sobre ele. Este nosso tempo é uma noite. A vida é um longo sono, a atividade que nela desenvolvemos, fora da fé, é um sonhar. Sempre e em todas as culturas costumou-se associar a ideia do sono à ideia da morte, mas na Bíblia o sono é associado mais frequentemente ainda à vida, a esta vida que vivemos na carne. A vida é realmente um sonho!

Do sonho, nossa vida reflete algumas características. A primeira é a *brevidade*. O sonho acontece fora do tempo. Situações que exigiriam dias e semanas de tempo, no sonho acontecem em poucos minutos. Outra característica é a *irrealidade*. "Será – lê-se em Isaías – como um esfomeado que sonha estar comendo e acorda com o estômago vazio, ou como um sedento que sonha estar bebendo e acorda esgotado com a garganta seca" (Is 29,8). O que são as riquezas, a saúde, a glória, senão um sonho? Eis que um pobre, certa feita, sonha em ser rico: estremece no sono, vagueia, despreza até o próprio pai e finge não reconhecê-lo. Mas, em seguida, desperta e se depara com sua pobreza intacta, ao passo que da riqueza de seu sonho nada encontra: era uma irrealidade total. Quando um rico deste mundo morre, assemelha-se àquele pobre que sonhou ser rico.

Por outro lado, a vida não compartilha com o sonho outra característica: a *irrelevância*. Alguém pode ter assassinado e roubado no sonho, mas disso não restou nenhum vestígio; nada deve pagar. Com a vida não é assim. "Deus retribuirá a cada um segundo suas obras: vida eterna a quem perseverar no bem e indignação e ira contra quem resiste à verdade" (cf. Rm 2,5-10).

Não é somente a vinda final que motiva a vigilância do discípulo. O próprio Jesus, de diversas maneiras, fez compreender que há uma vinda, uma volta particular e pessoal sua que acontece no momento da morte. O mundo passa pela pessoa no momento em que ela passa deste mundo. Quer mais "fim do mundo" do que esta afirmação da parábola de Lázaro e o homem rico? "Insensato! Ainda nesta noite tirarão a tua vida" (Lc 12,20). Morreu, pois, o pobre Lázaro, e foi levado ao seio de Abraão; morreu o rico, e foi sepultado e, estando no inferno, entre os tormentos, gritava (cf. Lc 16,22-23). Para esses dois tudo está decidido; não há nada de novo a esperar. Para eles o Filho do homem já chegou. Quanta tolice em quem se consola pensando que, seja como for, ninguém sabe quando será o fim! Existem tantos "fim do mundo" quantas forem as pessoas que morrem. Hoje mesmo é o fim do mundo para milhares delas.

O imperativo "vigiai", embora sincero, não é um grito de alerta vazio. Jesus também indica o significado de "vigiar", e mostra seus conteúdos concretos. Quase sempre "vigiar" é acoplado a outro verbo que explica o seu sentido: "*Vigiai e ficai atentos*". Vigilância é atenção, isto é, concentração da mente e de espírito sobre alguma coisa, e de tal forma que todo o resto passa a ser secundário; é como concentrar a visão num determinado ponto deixando todo o resto na penumbra. Hoje vivemos num mundo distraído, barulhento. Mas não só hoje! Jesus nos traz o exemplo do que acontecia no tempo de Noé e de Lot. As pessoas viviam muito ocupadas: comiam, bebiam, davam-se em casamento, mas sem dar-se conta do que acontecia debaixo dos próprios olhos (cf. Lc 17,22ss., Mt 24,37ss.).

Uma segunda associação de verbos é: "*Vigiai e estejais preparados*" (cf. Mt 24,55; Lc 12,40). O tema da prontidão é ilustrado por Jesus com a imagem do porteiro e do mordomo que, vigiando, estão prontos para abrir a porta quando o patrão voltar (cf. Mc 12,34; Mt 24,45ss.). Este é um tema pascal que lembra a forma como os hebreus, de partida do

Egito, deviam comer o cordeiro. Os discípulos, de fato, devem estar sempre com "as cinturas cingidas" (cf. Lc 12,35; Ex 12,11): seu traje deve assemelhar-se a alguém que tem tudo preparado e só aguarda o sinal da partida. Só aguardam que seu Senhor lhes diga: "vinde". E então partem.

Uma terceira associação que explica o significado da vigilância é: *"Vigiai e orai"* (Mt 26,41; Mc 14,38; Lc 21,36). É o conteúdo principal da vigilância. A atividade mais característica da vigília é a oração. Preparar é fazer-se presente no presente; é estar na presença de Deus, que é a forma mais elevada de vigilância. Entre o barulho do vozerio que nos invade de todos os lados, vigiar significa impor silêncio a tudo e a todos, como aquele que, circundado por uma multidão que o comprime de todos os lados, põe imediatamente o dedo sobre os lábios e pede silêncio, pois ouviu o chamado de uma voz que não quer perder.

8.6 "É hora de despertar do sono"

Num determinado ponto da pregação apostólica, após a Páscoa, vemos o tema da vigilância assumir um aspecto novo e dramático e, de indicação de um estado ou de uma ação habitual, ele se torna indicação de um ato. Ao imperativo "vigiai" se junta outro imperativo: "Acordai!". "Desperta ó tu que dormes; levanta-te de entre os mortos, e Cristo te iluminará" (Ef 5,14). A característica desses gritos de despertar é que eles não são dirigidos às pessoas fora da Igreja, mas aos cristãos que vivem há tempo em comunidade, a veteranos na fé. Ou seja, dizem respeito mais diretamente a nós. Não se trata de um convite feito por ocasião de uma primeira conversão, mas destinado a uma segunda conversão.

Acordar significa passar de uma condição à outra. É um ato que cria uma diferença, indica mudança, crises. Dito mais tradicionalmente: é um ato que implica conversão. Basta pensar na diferença entre um instante antes e um instante depois do despertar de um sono profundo para dar-nos conta daquilo que esta palavra significa no plano espiritual. Concentremo-nos em um desses gritos de despertar:

> Sabeis em que tempo estamos: eis a hora de sairdes do vosso sono; hoje, com efeito, a salvação está mais próxima de nós do que quando abraçamos a fé. A noite já vai adiantada e o dia vem chegando. Despojemo-nos, pois, das obras das trevas e vistamos as armas da luz. Comportemo-nos honestamente, como de dia, não vivendo em orgias e bebedeiras, em concubinatos e libertinagem, em brigas e ciúmes. Ao contrário, revesti-vos do Senhor Jesus Cristo e não vos preocupeis em satisfazer os apetites da carne (Rm 13,11-14).

De fato, essa brusca e enérgica advertência deixa entrever uma triste realidade: a vida dos cristãos é constantemente exposta às turbulências do mundo e ao modo de viver dos pagãos. Na natureza existe um inseto, a mosca tsé-tsé, conhecida por seu terrível poder de precipitar num sono mortal o infeliz que por ela for picado. No plano espiritual, um poder igualmente nefasto, capaz de fazer precipitar no sono, está no mundo, com suas concupiscências.

"Isto o fareis – diz o Apóstolo – cientes do momento". O que determina a necessidade e a urgência do despertar é, uma vez mais, aquilo que o Apóstolo denomina *kairos*, o momento particular em que os cristãos estão vivendo. É a própria hora que exige que nós despertemos. Mas, de qual hora da história estamos falando? Trata-se da hora da escatologia! Aquela que os profetas identificavam como "aquele dia", ou "os últimos dias". A hora em que viu realizar-se o tempo (cf. Mc 1,15) e a vinda do Reino; a hora que exige a decisão, a passagem.

Não se trata de uma hora fixa, mas em movimento, hora que se projeta em direção ao cumprimento do dia do Senhor, ou de sua volta. Por isso o Apóstolo pode dizer: "A salvação está mais próxima de nós do que quando abraçamos a fé. [...] O dia vem chegando". Cada dia, cada minuto que passa, se aproxima sempre mais daquele desfecho, como a água de um rio, instante após instante, se aproxima sempre mais do mar. Não é possível frear esse momento. A única forma de fazê-lo é não pensar nele, exatamente como quando se está dormindo. Dormindo não se percebe o tempo que passa, tampouco o perigo iminente, mas nem por isso o tempo cessa de passar ou o perigo deixa de existir.

Na noite em que, em pleno oceano, afundou o famoso transatlântico *Titanic*, aconteceu algo semelhante. Foram enviadas, como hoje se sabe, mensagens via rádio por parte de outros navios indicando a existência de um *iceberg* no caminho. Mas, no transatlântico rolava um grande baile; ninguém queria incomodar os passageiros; nenhum procedimento foi tomado; tudo foi deixado para a manhã seguinte. Enquanto isso, o navio e o *iceberg* em alta velocidade iam perigosamente se aproximando: um enorme estrondo..., e tudo foi pelos ares, e o naufrágio foi inevitável. É uma imagem daquilo que pode estar indo ao encontro daquele que dorme em pecado e se esquece que a hora se aproxima. É uma imagem que lembra o que Jesus dizia do tempo de Noé: comiam, bebiam, dançavam, cantavam, veio o dilúvio, e a todos engoliu (cf. Mt 24,37-39).

8.7 "Se aconteceu a este e àquele, por que não a mim?"

Santo Agostinho nos ajuda a compreender o que significa concretamente despertar do sono. Como podemos acolher o grito de despertar? Ele descreve o estado que precedeu sua definitiva e total entrega a Deus, servindo-se justamente da imagem do sono.

> Semelhante ao que dorme num sono, sentia-me docemente oprimido pelo peso do século. Os pensamentos com que em Vós meditava pareciam-se com os esforços daqueles que desejam despertar, mas que, vencidos pela profundeza da sonolência, mergulham novamente no sono. Não há ninguém que queira dormir sempre. A sã razão de todos concorda que é preferível estar acordado. E, contudo, quando o torpor torna os membros pesados, retarda-se, as mais das vezes, a hora de sacudir o sono, e vai-se continuando, de boa vontade, prolongando-o até ao aborrecimento, mesmo depois de haver chegado o tempo de se levantar. Tinha a certeza de que me entregar ao vosso amor seria melhor do que ceder ao meu apetite. Mas o primeiro agradava-me e vencia-me; o segundo aprazia-me e encadeava-me. Não tinha, por isso, nada que vos responder, quando me dizíeis: "Desperta ó tu que dormes; levanta-te de entre os mortos, e Cristo te iluminará". Mostrando-me Vós, por toda parte, que faláveis a verdade, eu, que já estava convencido, não tinha absolutamente nada que vos responder senão palavras preguiçosas e sonolentas: "Um instante, um instantinho, esperai um momento". Mas este "instante" não tinha fim, e este "esperai um momento" ia-se prologando[138].

Trata-se de ver se a situação de Agostinho não é, de alguma forma, também a nossa. Não importa se os vínculos

---

138. AGOSTINHO. *Confessioni.* X, 3, 4 [cf. SANTO AGOSTINHO. 6. ed. *Confissões.* Petrópolis: Vozes, 2022, p. 189-190].

que o prendiam são os mesmos ou se são outros tipos de amarras que nos prendem: nossas comodidades, nossa glória, nossos ressentimentos, nossa profissão, nossas atitudes. Não há nenhum estado de vida espiritual sem espaço para uma conversão que propicie à vida um salto qualitativo. Do Apocalipse emerge este grito: "Que o justo se torne mais justo e que o santo se santifique ainda mais" (Ap 22,11). Que ninguém, portanto, se considere isento, e afirme que, por graça de Deus, não precisa despertar.

Existem vários graus ou níveis de sono tanto no plano natural quanto no espiritual. O mais profundo de todos é a *letargia...* e quantos cristãos vivem nesse estado! São os que passam meses, anos, talvez a vida inteira imersos no sono do século, e no mais completo esquecimento de Deus e do próprio batismo. Existe, em seguida, o *sono* ordinário, que é uma interrupção total da consciência, embora breve. E existe, enfim, o *torpor*, ou o estado de sonolência, tão bem descrito acima por Santo Agostinho. É disto que queremos falar agora.

O torpor é o estado de quem está suficientemente acordado para ver e compreender o que deveria fazer, mas não tão desperto assim para decidir-se a fazê-lo. É como a pessoa que pela manhã ouve o despertador, sabe que a hora chegou, mas reluta e cai novamente no sono. É o estado daqueles que prosseguem entre um propósito fraco e outro, entre um "deixa prá lá" e outro, repetidos a si mesmos, mas não fazem nenhum esforço para se colocarem de pé. Assim a vida transcorre entre uma confissão e outra, sem jamais sair do mesmo lugar. Características desse estado, no plano espiritual, emergem a insatisfação e a tristeza. O indivíduo não gosta do mundo por não ser tão imprudente a ponto de abandonar-se completamente às suas lisonjas, mas, ao mesmo tempo, tampouco consegue sentir alegria em Deus.

Na história da santidade o exemplo mais famoso da primeira conversão, aquela do pecado à graça, é Santo Agostinho; o exemplo mais instrutivo da segunda conversão, aquela da plenitude ao fervor, é Santa Teresa de Ávila. Pode ser que o que ela diz de si mesma no *Livro da Vida* seja exagerado e ditado pela delicadeza de sua consciência, mas pode servir-nos para um saudável exame de consciência.

> Comecei, de passatempo em passatempo, de vaidade em vaidade, de ocasião em ocasião, a meter-me em mui grandes perigos [...] As coisas de Deus me davam prazer e não sabia desvincular-me daquelas do mundo. Queria conciliar estes dois inimigos tão contrários: a vida do espírito com os justos e os passatempos dos sentidos. [...] Passei nesse mar tempestuoso quase vinte anos, ora caindo ora me levantando; mas levantava-me tão mal que tornava a cair. Tinha tão baixa vida de perfeição que quase nenhuma conta fazia de pecados veniais e, se temia os mortais, não era tanto como deveria, já que não me apartava dos perigos. Posso dizer que é uma das vidas mais penosas que me parece possível imaginar, porque nem gozava de Deus, nem achava contentamento no mundo. Quando folgava com este, a lembrança do que devia a Deus me atormentava; quando estava com Deus, perturbavam-me as afeições do mundo[139].

Deus espera que lhe demos a permissão ou o consentimento para agir; que lhe demos, por assim dizer, carta branca, subtraindo todos os nossos "mas" e "porquês", que não

---

139. TERESA D'AVILA. *Vita*, cap. VII-VIII [cf. SANTA TERESA DE JESUS. *Livro da vida*. 5. ed. Petrópolis: Vozes, 2021, p. 57 e 73].

são senão falta de confiança em Deus. Não podemos pretender-nos santos a fim de que nada mude em nossa vida ou em nossos hábitos. Também Santo Agostinho experimentou o medo e as hesitações no momento de dar o passo decisivo. Os antigos hábitos passados o puxavam para trás como que pela bainha das roupas, sussurrando-lhe: "Cuidado, poderias de agora em diante prescindir disto ou daquilo, e para sempre?" Mas outra voz, mostrando-lhe Deus, dizia-lhe fortemente: "Lança-te em seus braços, não temas! Ele não fugirá de ti, e tu não tropeçarás... Lança-te e Ele te acolherá"[140]. Sabemos como a graça o resgatou: foi através da Palavra de Deus. Ele ouviu uma voz que repetia em canto: *"Toma e lê, toma e lê!"* Tomou-a como um convite do céu e, tendo ao alcance da mão o livro das Cartas de São Paulo, abriu-o decidido a aceitar como resposta de Deus o primeiro texto em que pusesse os olhos. Abriu-o, e o que encontrou? Exatamente os versículos que concluem o grito de despertar de Romanos 13,13-14: "Não caminheis em glutonarias e embriaguez, nem em desonestidades e dissoluções, nem em contendas e rixas; mas revesti-vos do Senhor Jesus Cristo e não procureis a satisfação da carne com seus apetites". Uma luz de serenidade repentina lhe inundou o coração, e daquele momento em diante soube que, com a ajuda de Deus, poderia viver em castidade. Era um homem novo. Reinvocando aquele momento, Agostinho o descreve como um despertar do sono: "Tu gritaste e dilaceraste minha surdez. Acenaste, iluminaste e dissipaste minha cegueira. Tocaste-me e eu ardo de desejo

---

140. AGOSTINHO. *Confessioni*, VIII, 8, 19 [cf. SANTO AGOSTINHO. 6. ed. *Confissões*. Petrópolis: Vozes, 2022, p. 202].

de tua paz"[141]. A graça o havia socorrido porque ele a havia invocado com todas as suas forças, com orações e lágrimas.

Perguntemo-nos, pois, com toda honestidade: estou pronto, eu, a permitir que alguma coisa mude em minha vida? Por exemplo: o tempo que dedico à oração? Estou pronto a romper com essa ou aquela atitude, ou a renunciar a alguma margem de minha liberdade? Precisamos insistir num ponto: esta é uma decisão que deve ser tomada imediatamente, caso contrário, ela se perde. Precisamos realizar imediatamente um ato contrário, apressando-nos a dizer um primeiro "não" à paixão ou aos costumes pecaminosos, caso contrário, tal paixão reassume imediatamente todo o seu poder.

O nosso "basta!" não deve, para ser sincero, restringir-se ao pecado, mas também à ocasião de pecado. É preciso fugir – como recomendava a moral tradicional – da ocasião próxima ao pecado, porque mantê-la seria como manter o próprio pecado. A ocasião faz como os animais ferozes que encantam e hipnotizam a presa, para em seguida devorá-la, sem que essa possa mover-se. A ocasião desencadeia no homem estranhos mecanismos psicológicos; consegue "encantar" a vontade com este simples pensamento: "Se não aproveitares a ocasião, jamais voltarás a tê-la; tolice é não aproveitar a ocasião..." A ocasião faz cair no pecado quem não a evita, como a vertigem faz cair no precipício quem o margeia.

Concluamos em oração com alguns versículos do *Dies irae* nos quais o tom sombrio e ameaçador das primeiras estrofes sede lugar a uma tranquila e ardente súplica:

---

141. AGOSTINHO. *Confessioni*, X, 27, 38 [cf. SANTO AGOSTINHO. 6. ed. *Confissões*. Petrópolis: Vozes, 2022].

Rex tremendae maiestatis, qui salvandos salvas gratis, salva me, fons pietatis. Recordare, Jesu pie, quod sum causa tuae viae, ne me perdas illa die. Quaerens me sedisti lassus, redemisti crucem passus, tantus labor non sit cassus.	Ó Rei de tremenda majestade, que salvas por graça os que se salvam, salva-me, fonte da piedade. Lembra, ó bom Jesus, que por mim vieste à terra, não me condene naquele dia. Por mim, um dia, te sentaste cansado, redimiste-me subindo na cruz: tanta dor não seja em vão.

Salva a nós todos, quando vieres novamente na glória, para julgar os vivos e os mortos.

9

Creio na Igreja, una, santa, católica e apostólica

Estamos comentando a parte do credo que trata das coisas "que" acreditamos, após termos comentado a respeito das pessoas "nas quais" acreditamos: o Pai, seu Filho Jesus Cristo e o Espírito Santo. Dentre as realidades e as verdades que cremos na palavra de Cristo, ocupa o primeiro lugar a Igreja: "Creio na Igreja, una, santa, católica e apostólica". Com razão o credo apresenta a Igreja no final e não no começo, após ter falado da pessoa de Cristo. Não se aceita, de fato, Cristo por amor à Igreja, mas se aceita a Igreja por amor a Cristo.

9.1 O que é a Igreja?

O que é a Igreja? Esta foi a pergunta fundamental que se fizeram os participantes do Concílio Vaticano II. A resposta dada se encontra na constituição *Lumen Gentium*, sobretudo no capítulo primeiro, intitulado "O mistério da Igreja". Nele, a Igreja é definida como "um sacramento ou sinal e instrumento da íntima união com Deus e da unidade de todo o gênero humano" (LG I,1). Nas sendas de Efésios 1, o concílio descreve o devir da Igreja como obra da Trindade, partindo do "desígnio salvífico universal do Pai", através da "missão e da obra do Filho" e "da obra santificadora do Espírito". No final do capítulo há uma síntese daquilo que a Igreja pensa sobre si mesma, que precisamos ter presente em cada discurso sobre ela:

> Cristo, único mediador, constituiu e incessantemente sustenta aqui na terra sua santa Igreja, comunidade de fé, esperança e caridade, como organismo visível pelo qual difunde a verdade e a graça a todos. Mas a sociedade provida de órgãos hierárquicos e o corpo místico de Cristo, a assembleia visível e a comunidade espiritual, a Igreja terrestre e a Igreja enriquecida de bens celestes, não devem ser considerados duas coisas, mas

formam uma só realidade complexa em que se funde o elemento divino e humano. [...] Esta é a única Igreja de Cristo que no Símbolo confessamos una, santa, católica e apostólica; que nosso Salvador depois de sua Ressurreição entregou a Pedro para apascentar (cf. Jo 21,17), e confiou a ele e aos demais apóstolos para propagar e reger (cf. Mt 28,18ss.), levando-a para sempre como coluna e fundamento da verdade (cf. 1Tm 3,15) (LG I,8).

Perguntamo-nos o que significa dizer "creio" na Igreja? O que é nela objeto de fé e o que é simples conhecimento e experiência? A resposta está contida na definição inicial da Igreja como "mistério e sacramento de salvação". Crer na Igreja significa crer que a Igreja não é somente aquilo que aparece aos olhos humanos e aos julgamentos do mundo. Nela existe uma dimensão transcendente devida ao fato que é obra da Trindade, que há um desígnio divino e uma vontade de Cristo em sua origem, que ela é, como a Escritura e como a própria pessoa de Cristo, embora diferente, uma realidade "teândrica", isto é, divina e humana juntas. Nós conhecemos o que, da Igreja, é visível, mas acreditamos no que nela é invisível.

9.2 As "notas" sobre a Igreja

O concílio, no mesmo contexto, apresenta as imagens bíblicas da Igreja: redil, lavoura de Deus, povo de Deus, esposa de Cristo. Dentre estas imagens, a mais importante e a mais profunda é a de "corpo de Cristo", à qual é dedicada uma apreciação à parte (LG 1,7).

Seguindo o credo queremos nos concentrar, mais do que sobre imagens, nas "notas" relativas à Igreja, elencadas no símbolo: una, santa, católica e apostólica.

a. A Igreja é una

A propósito da unidade da Igreja, Santo Agostinho fez uma distinção que continua sendo a base de cada discurso sobre este tema. Ele distingue na Igreja dois níveis de unidade: o da comunhão dos sacramentos (*communio sacramentorum*) e o da sociedade dos santos (*societas sanctorum*). A primeira une entre si, visivelmente, todos os que participam dos próprios sinais externos: os sacramentos, as Escrituras, a autoridade; a segunda une entre si todos e somente aqueles que, além dos sinais, têm em comum também a realidade escondida nos sinais (a *res sacramentorum*), isto é, o Espírito Santo, a graça, a caridade.

A novidade está no fato de que enquanto antes dele – por exemplo, em São Cipriano – fazia-se consistir a unidade da Igreja em algo externo e visível – a harmonia de todos os bispos entre si – Agostinho a faz consistir em algo interno: o Espírito Santo. A unidade da Igreja é obra do próprio Espírito, que faz a unidade na Trindade. "O Pai e o Filho quiseram que nós estivéssemos unidos entre nós e com Eles, por meio daquele mesmo vínculo que os une, isto é, o amor, que é o Espírito Santo"[142]. O Espírito realiza na Igreja a mesma função que a alma exerce em nosso corpo natural: é seu princípio animador e unificador. "O que a alma é para o corpo humano, o Espírito Santo o é para o corpo de Cristo, que é a Igreja"[143].

A pertença plena à Igreja exige dois elementos juntos: a comunhão visível dos sinais sacramentais e a comunhão

---

142. AGOSTINHO. *Discorsi*, 71, 12, 18 (PL 38, 454).
143. AGOSTINHO. *Discorsi*, 267, 4 (PL 38, 1231).

invisível da graça. Esta, no entanto, admite graus, por isso não é dito que se deva estar forçosamente ou dentro ou fora. É possível estar em parte dentro e em parte fora. Há uma pertença exterior, ou sinais sacramentais, na qual se situam os cismáticos donatistas e os próprios maus cristãos; e há uma comunhão plena e total. A primeira consiste em ter o sinal exterior da graça (*sacramentum*), sem, no entanto, receber a realidade interior produzida pelos sacramentos (*res sacramenti*); ou em recebê-la não para a própria salvação, mas para a própria condenação, como no caso do batismo operado pelos cismáticos ou da Eucaristia recebida indignamente por católicos. A distinção dos dois níveis de realização da verdadeira Igreja de Santo Agostinho se revela particularmente útil e atual no diálogo ecumênico. Os dois aspectos da Igreja – visível e institucional e invisível e espiritual – não podem ser separados. Isto é verdadeiro, e o reiteraram o Papa Pio XII na *Mystici corporis* e o Vaticano II na *Lumen Gentium*, mas até que estes, por razões de separações históricas e do pecado dos homens infelizmente não coincidam, não podemos dar maior importância à comunhão institucional que à comunhão espiritual.

Isto nos coloca uma interrogação: posso, como católico, sentir-me mais em comunhão com a multidão dos que, batizados na minha própria Igreja, se desinteressam totalmente de Cristo e da Igreja ou só se interessam para falar mal dela, mais em comunhão com esses do que me sinto em comunhão com aqueles que, mesmo pertencendo a outras confissões cristãs, acreditam nas mesmas verdades fundamentais nas quais eu acredito, amam a Jesus Cristo a ponto de entregar a própria vida por Ele, difundem seu Evangelho, lutam para aliviar a pobreza do mundo e possuem os mesmos dons do Espírito Santo que nós temos? As perseguições, tão frequentes em certas partes do mundo, não fazem distinção: não queimam igrejas e matam pessoas por serem católicas ou protestantes, mas porque são cristãs. Para eles somos "uma única e mesma coisa".

Esta é uma pergunta que os cristãos de outras Igrejas também deveriam colocar-se em relação aos católicos e, graças a Deus, é exatamente o que está acontecendo de forma oculta, mas em maior escala do que as notícias correntes deixam entrever. Um dia – disto estou convencido – nós seremos surpreendidos, ou outros o serão, por não nos termos dado conta daquilo que o Espírito Santo estava operando entre os cristãos de nossos dias à margem da oficialidade. Está em curso um movimento tectônico da história, contrário ao que levou os continentes a se distanciarem um do outro: os "continentes" cristãos estão se aproximando.

A intuição mais nova e mais fecunda de Agostinho acerca da Igreja, como vimos, foi a de identificar o princípio essencial de sua unidade no Espírito em lugar da comunhão horizontal dos bispos entre si e dos bispos com o bispo de Roma. Assim como a unidade do corpo humano é dada pela alma que vivifica e move todos os membros, assim é a unidade do corpo de Cristo. Ela, antes mesmo de ser uma realidade que se manifesta social e visivelmente para fora, é um fato místico. É a reflexão da unidade perfeita que existe entre o Pai e o Filho por obra do Espírito. Foi Jesus que fixou de uma vez por todas esse fundamento místico da unidade quando disse: "Que sejam um como nós somos um" (Jo 17,22). A unidade essencial na doutrina e na disciplina será fruto dessa unidade mística e espiritual; jamais poderá ser sua causa.

Os passos mais concretos em direção à unidade não são, pois, os que são feitos ao redor de uma mesa ou em declarações conjuntas (embora importantes); são os que são feitos quando os fiéis de diversas confissões proclamam juntos, em fraterno acordo, que Jesus é o Senhor, compartilhando cada qual o próprio carisma e reconhecendo-se irmãos em Cristo. É o que o Papa Francisco está oferecendo a toda a cristandade, e não somente à Igreja Católica, como exemplo corajoso e contagiante.

b. A Igreja é santa

Uma Igreja sem pecado é uma piedosa ilusão. Na Igreja, desde sempre, santidade e pecado andaram juntos, muito frequentemente na mesma pessoa. Dizer que a Igreja é santa significa que existe nela os meios da graça que alimentam a vida: da tradição viva do Evangelho aos sacramentos, dos ministérios ao testemunho dos santos. Aquela imagem da Igreja "casta meretriz", assim como a expressão tradicional "*sancta et semper reformanda*" (santa e sempre a ser reformada), exprime esta coabitação entre pecado e santidade na Igreja.

A própria Igreja reconhece esta verdade quando, como na segunda-feira da terceira semana da quaresma, assim reza: "Ó Deus, na vossa incansável misericórdia, purificai e reformai vossa Igreja e, já que esta não pode permanecer íntegra sem vós, governai-a sempre com vossa graça". Desta forma ela reconhece que sua própria coerência depende totalmente do dom de Deus. Se não se parte da necessidade do contínuo perdão, do qual vive a Igreja, não se consegue reconhecer a santidade e o pecado.

Fora desse horizonte autenticamente teológico a reflexão sobre o pecado da Igreja se reduz à análise psicológica e sociológica de suas responsabilidades. Trata-se obviamente de análises úteis, mas que correm o risco de tornar-se enganosas, sobretudo quando se confia a elas a busca da causa do mal. A Igreja e os fiéis não reconhecem as próprias culpas após se terem deitado no divã do psicanalista. Como o salmo, ao contrário, devem confessar, sobretudo a Deus, a própria culpa: "Foi contra Vós, só contra Vós, que eu pequei" (Sl 51,6).

Este "só contra Vós" não significa que o pecado não seja também contra os irmãos. Significa que a pessoa reconhece seu pecado e sua natureza somente após ter reconhecido e saboreado a doce e terrível misericórdia de Deus, aquela que juntamente com sua fidelidade, dura eternamente. E só se compreende o abismo do pecado da Igreja após ter contemplado o Crucificado, perdão sem limites, ternura infinita da graça benevolente do Pai.

Na experiência da Igreja emergiu também outra convicção. Desde as origens os cristãos perceberam que não era suficiente renascer uma vez para não recair na lógica do pecado. Quem observa o Evangelho da graça não são os não-crentes, que não o acolheram, e assim, no máximo, podem ignorá-lo, mas são justamente os cristãos. Os cristãos, portanto, devem conjugar a experiência da justificação recebida na fé e no batismo com a experiência do pecado ao qual estão submetidos. O que fazer então? A solução que nos foi dada é a necessária penitência "segunda", em consideração à primeira penitência, que é o batismo.

Ao longo da história da Igreja, esta penitência contínua é praticada individualmente e não pela Igreja enquanto tal. Atualmente nos perguntamos se é a Igreja mesma, em sua dimensão institucional, histórico-natural, que deve "fazer penitência", medir-se com o dom de Deus, pedir perdão e arrepender-se. Para responder a esta questão é necessário abandoar a categoria do abuso, já que esta remete somente à dimensão individual do pecado e impede de ver se na estrutura mesma existe algo que torna o abuso possível. Compreender o pecado da Igreja não é pretender cortá-lo definitivamente para contemplar agora mesmo a bela esposa sem mancha. Trata-se, antes, de colocar toda a Igreja, deste suas instituições até seus indivíduos singulares, em estado de penitência.

A instituição é uma exigência do evento do Evangelho. Nenhum grupo, mesmo que originariamente anti-institucional e nascido para combater a prevaricação da instituição, foge desta lógica, ele inevitavelmente produziria regras que garantiriam o evento inicial que o viu nascer. A instituição eclesial, a *forma Ecclesiae*, encontra aqui sua exigência. O *jus*, enquanto exigência de garantias, pertence desde o início à história do Evangelho, mesmo em Paulo que, como nenhum outro, lutou por sua transcendência.

É óbvio que a dimensão "coletiva" do pecado cresce com o pecado pessoal. Mas, além disso, existe um "poder" do pecado que, independentemente do pecado pessoal, entra na condição humana objetiva, também no interior da Igreja. Este "poder" não foi ainda plenamente derrotado. E as instituições eclesiais, mesmo quando podem se orgulhar de ser "instituições" divinas, não deixam de ser instituições humanas. Não existe instituição mais santa e divina do que as Escrituras, mas enquanto mediação humana elas não são subtraídas à ambiguidade fundamental de cada condição humana. Somente no vínculo percebido e exercido pelo Espírito a "letra" se torna "Escritura" divina nos corações. Existe sempre uma necessidade da lei, na qual se manifesta a vontade divina, mas nem por isso a lei, que é santa, cessa de levar ao pecado. Cristo nos libertou da lei porque Ele, dom do Pai, na lei e sob a lei, pôs fim à lei.

A partir disso se compreende como não se pode pretender separar a Igreja e sua santidade "formal", da Igreja considerada "materialmente", na qual a santidade é manchada. Esta separação é impossível. A Igreja, justamente em sua dimensão institucional, é chamada, portanto, a viver a sua exigência de humildade e tremor. Ela sabe ter sido uma criação do Espírito, e não somente porque este foi infundido no coração dos féis, mas porque do Espírito vêm as Escrituras, do Espírito vêm os dados e os "sinais eficazes" da graça de quem vive, e é o Espírito que a torna indefectível, a torna santa.

Mas o Espírito, que dá vida, assume uma letra que, sozinha, mata. E se é verdade que o Espírito sopra onde quer, é igualmente verdade que separar o Espírito da letra, buscar entender o Evangelho fora da memória de Cristo, é correr o risco de separar o Verbo da carne. A *kenosis* da Palavra, pelo contrário, continua nas palavras dos homens, mas com uma diferença: a humanidade de Cristo, na qual sua divindade se humilhou, não conheceu pecado, mesmo tendo sido feita pecado. A humanidade da Igreja, na qual Ele continua se humilhando, conhece o pecado.

Fora da confissão que somente o Espírito possibilita, a Igreja tende à autojustificação. Se a Igreja não vive sempre do perdão, da confissão da graça que a justifica e a santifica, tenderá inevitavelmente a legitimar a si mesma, a cair na lógica predatória, mesmo em nome da fé. Desta forma, em sua dimensão institucional, ela necessita continuamente se converter a Cristo, colocando-se na contemplação de sua misericórdia.

O risco é o da secularização da penitência. A autocrítica tornou-se assim, também nos movimentos "leigos", "ateus", elemento necessário de sua prática coletiva. Confessar publicamente os próprios pecados, quando se seguem algumas artimanhas específicas, tornou-se quase um meio obrigatório na busca de aprovação. Também a confissão do pecado da Igreja poderia tornar-se, portanto, meio de busca de aprovação social, de demonstração de democracia e modernidade, ato de honestidade intelectual, postura coerente com a cultura da perfectibilidade contínua, do progresso que transforma em tesouros os erros passados.

Confessar o próprio pecado significa medir-se com o dom de Deus, com o dom que é a Encarnação, com seu dom que é o Espírito que fornece a capacidade de descobrir a ternura; mas tudo isso só acontece realmente quando se entra em estado de penitente. Para tanto é necessário compreender novamente o significado das virtudes, superando a fase de suas resistências. As virtudes não são os atos individuais, mas são atitudes, "hábitos". O estado de penitência não é constituído por um olhar lançado no espelho, como que para alinhar os cabelos antes de apresentar-se aos outros. A condição de penitência é constituída pela prática das virtudes, isto é, pelos hábitos contrários aos que geraram o pecado individual. Humildade, pobreza, obediência, castidade (muitas vezes violada pela união entre poder e aprovação mundana), respeito, restituição do que se roubou, não são, portanto, gestos individuais, ocasionais; e tampouco são virtudes e atitudes penitenciais que dizem respeito apenas ao indivíduo, mas devem sinalizar em primeiro lugar os traços do rosto de uma Igreja penitente, que invoca e recebe o perdão, que administra permanentemente, qual tesouro delicadíssimo, a misericórdia contínua da qual é a primeira beneficiada. Novamente, uma atitude tantas vezes demonstrada pelo Papa Francisco.

c. A Igreja é católica

Quando ouvimos falar de Igreja "católica" pensamos, em geral, naquela parte da cristandade que reconhece no papa o próprio pastor supremo, isto é, na Igreja Católica Romana, em oposição à Igreja Ortodoxa e à Igreja da Reforma. O adjetivo "católica" pertence à Igreja bem antes dessas divisões e indica uma realidade muito mais profunda do que somos habituados a pensar.

O primeiro a usar este termo para a Igreja foi Santo Inácio de Antioquia ao escrever: "Onde está o bispo, ali está a comunidade, assim como onde está Jesus Cristo, ali está a Igreja Católica"[144]. O adjetivo "*catholicos*" deriva do advérbio "*catholou*", que significa: "em seu conjunto, em geral, em todo lugar, universalmente". Nas assim chamadas *Catequeses*, de Cirilo de Jerusalém, encontramos a melhor descrição do conteúdo daquele adjetivo aplicado à Igreja:

> A Igreja é denominada "católica" porque se estende sobre todo o orbe, de uma extremidade à outra; porque universalmente e sem interrupção ensina os dogmas dos quais o homem deve ter conhecimento [...]. Porque trata e cura toda espécie de pe-

---

144. INÁCIO DE ANTIOQUIA. *Agli Smirnesi*, 8, 2.

cados, quer cometidos pelo corpo, quer pela alma. Porque possui em si mesma toda sorte de virtudes, em palavra e obras, ou em qualquer sorte de carismas espirituais[145].

O adjetivo "católica" implica, pois, uma dupla universalidade: a) uma universalidade externa, ou geográfica, pela qual abraça todos os homens, de toda a terra; b) uma universalidade interior, ou de conteúdo, que lhe confere todos os dogmas, isto é, toda a verdade, e reúne em si todos os carismas. A Igreja, em outros termos, é católica porque é o "*pleroma*", "a plenitude daquele que preenche tudo em todos" (cf. Ef 1,23). Ela é o todo, não a parte; é o corpo vivo, não um membro, ou uma soma de membros.

Imediatamente se torna evidente a razão pela qual só pode existir uma única Igreja "católica": porque não pode haver duas "totalidades", dois corpos de Cristo diferentes entre si. Também aparece com evidência a razão pela qual devemos ser inseridos nesta Igreja Católica para termos vida: porque somente nela se alcança a verdade de Deus e somente nela os carismas são mantidos unidos entre si e em vital contato com sua fonte, que é o Espírito de Cristo Ressuscitado.

Sobre este ponto, Santo Irineu de Lyon disse coisas que se revelam de extrema atualidade. Ele escrevia contra os heréticos:

> À Igreja, de fato, foi confiado o dom de Deus, como o sopro à criatura plasmada, a fim de que todos os membros, participando dela, sejam vivificados; e nela foi depositada a comunhão com Cristo, isto é, o Espírito Santo, penhor de incorruptibilidade, prova de nossa fé e escada de nossa subida a Deus. De

---

145. CIRILO DE JERUSALÉM. Catechesi, XVIII, 23 (PG 33, 1044) [cf. SÃO CIRILO DE JERUSALÉM. *Catequeses pré-batismais*. Petrópolis: Vozes, 2022, p. 438].

fato, "na Igreja – diz São Paulo – Deus dispôs de apóstolos, profetas e doutores" e toda a remanescente operação do Espírito. Dele não são partícipes todos aqueles que embora se dirigem à Igreja se privam da vida por causa de suas falsas doutrinas e ações perversas. Porque onde está a Igreja, lá também está o Espírito de Deus; e onde está o Espírito de Deus, lá está a Igreja e toda a graça. Quanto ao Espírito, ele é Verdade. Por isso os que não participam dele, não se nutrem no seio da Mãe para a vida, nem atingem a puríssima vertente que jorra do corpo de Cristo, mas "se escavam cisternas danificadas", feitas de poços de terra, e bebem a água fétida de um pântano[146].

Das palavras calorosas de Santo Irineu emerge evidente que a Igreja é o "lugar" dos que buscam o Espírito e cultivam os carismas. Tudo isso é mais do que permanecer súdito e fiel à Igreja Católica Romana: significa ter o senso da universalidade, da totalidade; significa não se enclausurar no particular, no privado, perdendo de vista o todo; significa bater em uníssono com o coração de Deus e de Cristo que abraça tudo e todos. É necessário *sentire cum Ecclesia*, isto é, ter um sentido de Igreja, como no corpo humano cada membro tem a percepção vital de todo o corpo no qual cada membro se move e do qual se nutre. Devemos sempre desenhar o fragmento (o próprio grupo, a própria experiência) no todo e o todo no fragmento.

d. A Igreja é apostólica

O sentido da última nota da Igreja, "apostólica", é apresentado pela Carta aos Efésios nestes termos:

---

146. IRINEU. *Adversus haereses*, III, 24, 1-2.

Assim já não sois estrangeiros e hóspedes, mas concidadãos dos santos e membros da família de Deus, edificados sobre o fundamento dos apóstolos e profetas, tendo por pedra principal o próprio Cristo Jesus. Nele todo o edifício cresce harmoniosamente para ser templo santo no Senhor; nele também vós sois integrados na construção para vos tornardes morada de Deus através do Espírito (Ef 2,19-21).

Dizer que a Igreja é apostólica significa que ela está unida a Jesus Cristo, pedra angular, através dos apóstolos, que são seu fundamento. Neste texto há uma diferença entre pedra angular e fundamento; alhures Jesus mesmo é definito como fundamento: "Ninguém pode pôr outro fundamento senão aquele que está posto, que é Jesus Cristo" (1Cor 3,11). Mas não há contradição: Cristo é fundamento em sentido ativo, os apóstolos em sentido passivo. Em outros termos: Jesus é o que funda, os apóstolos os que são fundados; Jesus é o fundamento não fundado, os apóstolos o fundamento enquanto eles mesmos são fundados.

A apostolicidade da Igreja começa com a *eleição dos Doze*. Alguns estudiosos no passado colocaram em dúvida que Jesus quisesse fundar alguma coisa. Ironicamente alguém disse que "Cristo anunciou o Reino de Deus e o que surgiu foi a Igreja". Tal afirmação é desmentida pelo fato de que Jesus, ao longo de sua vida, escolheu doze apóstolos, mostrando com clareza que Ele queria que sua obra e sua missão continuassem depois de sua morte. Muitas parábolas evangélicas (o crescimento da semente até tornar-se um grande arbusto, o joio e o trigo que crescem juntos até o fim do mundo) seriam incompreensíveis sem uma comunidade que vivesse e crescesse na história.

O segundo momento constitutivo da apostolicidade é dado pelo *envio dos apóstolos*:

> Toda a autoridade me foi dada no céu e na terra. Ide, fazei discípulos meus todos os povos, batizando-os em nome do Pai e do Filho e do Espírito Santo, ensinando-os a observar tudo quanto vos mandei. Eis que estou convosco, todos os dias, até o fim do mundo (Mt 28,18-20).

No Evangelho de João o envio dos apóstolos é posto em relação com o envio do Filho ao mundo por parte do Pai: "Como o Pai me enviou, eu também vos envio" (Jo 20,21). A Igreja primitiva compreendeu a importância desse envio e o estendeu coerentemente dos apóstolos aos seus sucessores. Na Carta aos Coríntios, escrita antes do final do primeiro século, São Clemente papa escreve:

> Cristo foi enviado por Deus, e os apóstolos por Cristo [...]. Estes pregaram em toda parte, nas aldeias e cidades, e elegeram seus primeiros sucessores, após tê-los provado no Espírito, a fim de que fossem bispos e diáconos[147].

Cristo é enviado pelo Pai, os apóstolos por Cristo, os bispos pelos apóstolos: é a primeira e mais clara enunciação do princípio da "sucessão apostólica" que Irineu, Tertuliano e outros escritores eclesiásticos fazem valer contra os gnósticos. Somente as Igrejas fundadas por um apóstolo ou por um de seus sucessores têm o direito, diziam, de usar as Escrituras e ensinar a sã doutrina.

Na interpretação da Igreja Católica a sucessão apostólica inclui a transmissão da função do chefe dos apóstolos. Se Pedro é o fundamento e a rocha sobre a qual entende cons-

---

147. *1Clementis*, 42,1-2.

truir sua Igreja (cf. Mt 16,18ss.), isto significa que esta pode continuar a existir se seu fundamento continuar existindo. É impensável que prerrogativas tão solenes, como a de possuir as chaves do Reino, se referissem apenas aos primeiros vinte ou trinta anos de vida da Igreja, e que tais prerrogativas fossem destinadas a cessar com sua morte.

O papel de Pedro continua em seus sucessores. Pensar, disse alguém, que ter a Bíblia e o Espírito Santo para interpretá-la é tudo o que a Igreja necessita para viver e difundir o Evangelho, seria como se tivesse sido suficiente que os fundadores dos Estados Unidos tivessem escrito a Constituição e indicado o espírito com que esta deveria ser interpretada, sem qualquer necessidade de dotar o Estado de algum governo e de um presidente. Nesta lógica seria difícil imaginar que os Estados Unidos ainda existissem.

Devemos evitar, no entanto, o perigo de reduzir a sucessão apostólica a algo puramente jurídico, isto é, ao fato de sermos coordenados por alguém dotado de poder canônico para exercê-lo. Existe nela um elemento espiritual que consiste na união do Espírito através da qual o eleito participa da unção profética, real e sacerdotal de Jesus. A eleição canônica, sozinha, garante a *sucessão* apostólica, mas não o *êxito* apostólico. É a unção do Espírito Santo que garante o verdadeiro *êxito* apostólico.

Por isso, não podemos concluir o discurso sobre a apostolicidade da Igreja sem acenar para este último aspecto dela. O termo "apostólica" pode ter um significado passivo e ativo. Em sentido passivo, dizer que a Igreja é apostólica significa que ela é fundada sobre os apóstolos; em seu significado ativo significa dizer que ela é missionária, que ela também é "enviada". Em outros termos: a Igreja é apostólica se continua fazendo o que os apóstolos faziam. É o aspecto da apostolicidade que mais urge colocar em evidência hoje. A nossa situação, de fato, voltou a aproximar-se daquela dos apóstolos: eles deviam anunciar o Evangelho a um mundo pré-cristão; nós devemos anunciá-lo a um mundo pós-cristão.

9.3 Amar a Igreja

Refletimos sobre a natureza da Igreja e sobre as notas ou características que a distinguem: unidade, santidade, catolicidade e apostolicidade. Qual será a nossa resposta? O artigo do credo nos faz afirmar: "Creio na Igreja"; esta profissão de fé deve ser acompanhada por uma profissão de amor: "Amo a Igreja!" Na Cartas aos Efésios lemos:

> Cristo amou a Igreja e se entregou por ela, para santificá-la, purificando-a pela água do batismo com a palavra, para apresentá-la a si mesmo esplêndida, sem mancha nem ruga, nem defeito algum, mas santa e irrepreensível (Ef 5,25-27).

A afirmação "Cristo amou a Igreja" contém implícita uma pergunta: "E tu, amas a Igreja"? "Ninguém – prossegue o texto – odeia sua própria carne, mas a nutre e trata como Cristo faz com a Igreja, porque somos membros de seu corpo" (Ef 5,29-30). Como podemos continuar dizendo: "Cristo sim, a Igreja não"?. É que, com frequência, somos tentados, nós cristãos também, a apontar o dedo acusador dizendo: "A Igreja erra nisso, naquilo; a Igreja deveria dizer isso, fazer aquilo..."

Também a Igreja, à semelhança de Jesus, é "a pedra que os construtores rejeitaram", os construtores da moderna cidade secularizada. É a esposa rejeitada pelos homens, não por Deus. Em inglês foi cunhado um termo específico para designar essa categoria de pessoas: *unchurched Christians*, cristãos sem Igreja. Não nos damos conta que dessa forma – a menos que por ignorância ou boa-fé – não se exclui apenas a Igreja, mas também o próprio Cristo. O que Jesus disse de cada matrimônio se aplica, de fato, e com maior razão, à sua união com a Igreja: "O que Deus uniu, o homem não separe" (Mt 19,6). São Cipriano dizia: "Não pode ter Deus por Pai quem não tem a Igreja por mãe"[148]. Ter a Igreja por mãe não significa apenas ser batizado nela; significa também estimá-la, respeitá-la como mãe, sentir-se solidário com ela, na alegria e na tristeza.

Acontece com a Igreja o mesmo que ocorre com o vitral de uma catedral. Dei-me conta disso pela primeira vez ao visitar a catedral de Chartres. Quando se olha de fora, da rua, o vitral não passa de um conjunto de pedaços de vidro escuros, ligados entre si por fios de chumbo, igualmente escuros. Quando se entra na catedral, no entanto, e se olha o mesmo vitral contra a luz, que espetáculo de cores, de figuras, de sentido! Isso ocorre com a Igreja. Quem a olha de fora, com os olhos do mundo e dos *mass media*, não vê senão seu lado escuro, cheio de misérias; mas, vista de dentro, com os olhos da fé e com o sentimento de pertença, se vê o que viu Paulo na Carta aos Efésios: um maravilhoso edifício, no qual cada criatura é unida ao conjunto, uma esposa sem mancha, "um grande mistério".

---

148. CIPRIANO. *L'unità della Chiesa*, 6 (PL 4, 503).

Conhecemos bem a objeção: "Mas, e a incoerência da Igreja? E os escândalos da Igreja?" Isto é devido, em grande medida, ao fato de que não conseguimos aceitar que Deus tenha decidido manifestar sua glória e onipotência através da terrível fraqueza e imperfeição dos homens, incluídos os "homens da Igreja". Um escritor escocês do pós-guerra, Bruce Marshall, em um de seus romances intitulado *O mundo, a carne e o Padre Smith*, faz esta observação aguda:

> O Filho de Deus veio a este mundo e, de bom carpinteiro como se havia tornado na escola de José, recolheu os pedaços de madeira mais miseráveis e calombentos que encontrou e com eles fabricou uma barca que após dois mil anos ainda navega pelos mares.

Os pecados da Igreja! Será que Jesus não os conhece melhor do que nós? Acaso não sabia por quem morria e onde se encontrava a maioria dos apóstolos naquele momento? Ele, no entanto, amou a Igreja real, não uma ideal e imaginária. Morreu para tornar sua esposa "pura e imaculada", não porque já era pura e imaculada. Cristo amou a Igreja "em esperança", não por aquilo que ela é, mas por aquilo que ela será, a nova Jerusalém, "formosa como a esposa que se enfeitou para o esposo" (Ap 21,2).

Mas, por que então, esta nossa Igreja se tornou tão miserável e vagarosa? Já nos fizemos esta pergunta? Padre Primo Mazzolari, que obviamente não era um homem acostumado a lisonjear a Igreja institucional, escreveu:

> Senhor, sou tua carne enferma; eu te sou um peso como a cruz te pesa, qual ombro que não apoia. Para não me deixar caído, te ocupas também de meu fardo e caminhas como podes. E dentre os que carregas, há os que te acusam de não caminhar segundo

as regras, e também acusam a Igreja de lerdeza, esquecendo-se que, de tão carregada de escórias humanas que ela é, sequer consegue lançar-se ao mar (e são seus filhinhos!); o carregar vale mais do que o chegar.

A Igreja, obviamente, caminha lentamente. É vagarosa na evangelização, em responder aos sinais dos tempos, na defesa dos pobres e em muitos outros aspectos, mas é vagarosa porque carrega nos ombros a nós que ainda estamos cheios de entulhos e pecados. Os filhos acusam a mãe de estar toda enrugada, mas essas rugas, como acontece também no nível natural, foram eles mesmos que as provocaram.

Cristo amou a Igreja e a ela entregou-se a si mesmo para que ela fosse "sem mancha", e a Igreja estaria sem manchas se não fosse por nossa causa. A Igreja teria uma ruga a menos se eu tivesse cometido um pecado a menos. A um dos reformadores que o repreendia por permanecer na Igreja Católica, não obstante sua "corrupção", Erasmo de Rotterdam respondeu: "Suporto esta Igreja na expectativa de que ela se torne melhor, já que ela também é obrigada a suportar-me, na expectativa de que eu também me torne melhor"[149].

Todos devemos pedir perdão a Cristo por tantos juízos imprudentes e por tantas ofensas causadas à sua esposa e, consequentemente, a Ele mesmo. Tente dizer a um homem apaixonado que sua esposa é feia, que ela "não presta", e verás quão grande ofensa podes causar-lhe, ou quão grande ira podes provocar-lhe! Antoine de Saint-Exupéry escrevia estas palavras num momento sombrio da história de sua pátria,

---

149. ERASMO DA ROTTERDAM. *Hyperaspistae Diatribes*, I, 1 (Opera omnia, X, Leida 1706, col. 1258): *"Fero igitur hanc Ecclesiam, donec videro meliorem: et eadem me ferre cogitur, donec ipse fiam melhor"*.

durante a ocupação nazista da França e o envolvimento do governo Vichy com os nazistas:

> Pelo fato de ser um deles, façam o que fizerem, não renego os meus. Não discursarei contra eles diante de estranhos. Se possível, defendê-los-ei. Se me cobrem de vergonha, esconderei essa vergonha em meu coração e me calarei. O que quer que eu pense deles, jamais o testemunharei. Um marido não vai de casa em casa, pessoalmente, para informar que sua mulher é uma vadia: dessa maneira não salvaria sua honra. Já que sua esposa é de sua casa, não poderia galantear-se contra ela. Ao invés disso, de volta à sua casa, dará vazão à sua raiva[150].

Em anos não muito distantes aconteceu exatamente o mesmo com a Igreja. Tendo rompido a comunhão com ela, alguns iam de universidade em universidade, de revista em revista, de congresso em congresso, repetindo suas amargas acusações contra a Igreja "institucional", como se esta fosse algo totalmente diferente do ideal de Igreja cultivado na própria mente. Muito frequentemente não se faz senão esconder, por trás de uma confusão de acusações contra a Igreja e os superiores, o próprio naufrágio na fé.

Deveríamos, pois, calar-nos todos e sempre, na Igreja? Não! Uma vez "tornado à tua casa", uma vez tendo chorado com a Igreja, humilhado-te aos seus pés, Deus pode, como o fez com outros no passado, ordenar-te que ergas tua voz contra as "rugas da Igreja". Mas não antes disso, e não sem que tu, de alguma forma, morras para ti mesmo nessa perigosa missão. Acolhamos, como se fosse dirigido a nós, o envio do profeta, entendendo por Jerusalém a Igreja:

---

150. SAINT-EXUPÉRY, A. *Pilota di guerra*. Milão: Bompiani, 2008, p. 24.

Alegrai-vos com Jerusalém,
e exultai por sua causa todos vós que a amais.
Rejubilai-vos com ela
vós todos que por ela estáveis em luto.
Assim sereis amamentados e saciados
no seio de suas consolações;
sugareis e desfrutareis
dos seios de sua glória
(Is 66,10-11).

10

Professo um só batismo para remissão dos pecados

Chegamos à penúltima etapa de nosso itinerário de fé. Também este artigo, como o restante do credo, não deve ser lido à semelhança de um artigo ou de um parágrafo de uma constituição redigida num gabinete. Trata-se de uma pérola que a Igreja encontrou nas Escrituras, que a colocou em seu cofre, que é o símbolo de fé.

A expressão "um só batismo" foi extraída da Carta aos Efésios, como muitas expressões do credo que sublinham a unidade: "Um só Senhor, uma só fé, um só batismo, um só Deus e Pai de todos" (Ef 4,5-6). A especificação "para remissão dos pecados" se inspira, ao contrário, com toda probabilidade, numa palavra de Pedro no discurso de Pentecostes. À pergunta da multidão: "E nós, irmãos, o que devemos fazer?", Pedro respondeu: "Arrependei-vos e fazei-vos batizar em nome de Jesus Cristo *para remissão de vossos pecados*" (At 2,37-38).

Da forma como está, o artigo – ausente ainda no símbolo de Niceia em 325 – já estava presente nos símbolos orientais do século IV, um dos quais serviu como modelo para o nosso credo atual. Um fato curioso: no Ocidente, onde esteve mais acesa a disputa se era preciso repetir ou não o batismo administrado pelos heréticos, o nosso artigo, ao longo de todo o século IV, soa simplesmente assim: "(creio) na remissão dos pecados".

Tanto Agostinho quanto um de seus adversários escrevem um tratado intitulado *Sobre um só batismo*: o autor donatista escreve para demonstrar que o batismo válido é somente o administrado por ministros santos na sua Igreja; Agostinho escreve para demonstrar que o batismo, quando celebrado de forma correta, é único e válido mesmo se administrado por ministros indignos[151]. Ambos citam Efésios 4,5: "um só batismo", mas nenhum dos dois parece conhecer e apoiar-se na afirmação de nosso credo, evidentemente porque, como já explicamos no início, isto permaneceu oculto até o Concílio de Calcedônia, em 451.

10.1 O batismo no Novo Testamento

Desde o início da Igreja, o batismo é visto como o ato constitutivo do fiel, que o torna discípulo de Cristo, membro do povo de Deus, analogamente ao que representava a circuncisão para os hebreus. A prática, segundo Mateus, deriva diretamente de uma ordem do Ressuscitado que, antes de subir ao céu, disse aos apóstolos: "Ide e fazei discípulos meus todos os povos, batizando-os em nome do Pai e do Filho e do Espírito Santo" (Mt 28,19).

É bem provável que, da forma como soa, com sua explícita profissão de fé trinitária, a fórmula derive da prática litúrgica da Igreja pós-pascal. No texto citado do capítulo 2 dos Atos dos Apóstolos fala-se de um batismo "em nome de Jesus Cristo", para diferenciá-lo, obviamente, do batismo de João. No Evangelho de Marcos, o mesmo mandato de Cristo soa simplesmente assim: "Ide pelo mundo inteiro e proclamai o Evangelho a toda criatura. Quem crer e for batizado será salvo, mas quem não crer será condenado" (Mc 16,15-16). A fé é radicalmente ligada ao batismo e o batismo à fé.

A doutrina mais rica sobre o significado do batismo no Novo Testamento é a de Paulo e a dos escritos a ele atribuídos, por exemplo, a Carta aos Hebreus. O batismo, para quem o recebe, torna-o "morto para o pecado" (Rm 6,11),

---

151. Cf. AGOSTINHO. *De unico baptismo contra Petilianum* (PL 43, 595ss.).

"criatura nova" (2Cor 5,17), "homem novo" (Ef 2,15), membro do corpo de Cristo animado pelo Espírito Santo (Ef 4,4). O rito é apresentado no Novo Testamento como um "banho de purificação" (Ef 5,26; Hb 10,22) e como uma iluminação (Hb 6,4; 10,32); para João é "um novo nascimento" (Jo 3,5). A Primeira Carta de Pedro usa a imagem sugestiva do dilúvio:

> No espírito [Cristo] foi pregar até aos espíritos que se encontravam na prisão, aos rebeldes de outrora, quando se prolongava a paciência de Deus nos dias em que Noé construía a arca, na qual poucos, isto é, oito pessoas, salvaram-se pela água. Esta água, como imagem do batismo, salva também a vós (1Pd 3,19-21).

No Novo Testamento, além do batismo da água, menciona-se outro tipo, o da imposição das mãos, que tem por objetivo comunicar visivelmente e de forma carismática o Espírito Santo, com efeitos análogos aos produzidos nos apóstolos em Pentecostes. O texto mais explícito se encontra nos Atos dos Apóstolos:

> Quando os apóstolos, que estavam em Jerusalém, ouviram que a Samaria recebera a Palavra de Deus, enviaram para lá Pedro e João. Ao chegarem, rezaram para que os samaritanos recebessem o Espírito Santo. Este ainda não havia descido sobre nenhum deles, pois só tinham sido batizados em nome do Senhor Jesus. Então, os dois apóstolos lhes impuseram as mãos e eles receberam o Espírito Santo (At 8,14-17).

A isto acrescenta-se o que Paulo escreve na Segunda Carta aos Coríntios: "É Deus que nos mantém *firmes* convosco em Cristo e nos dá a *unção*, Ele que nos marcou com seu *selo* e colocou em nossos corações o penhor do Espírito" (2Cor 1,21-22).

Permanece aberta a pergunta se estes textos que falam da unção e do selo refletem uma prática litúrgica já instaurada na Igreja, no âmbito dos ritos da iniciação, ou se, ao contrário, são justamente eles que posteriormente determinam tal prática. Seja como for, é certo que muito cedo, já no século II, no contexto da iniciação cristã, aparece um rito da unção geralmente realizado após o batismo, mas que, às vezes, como na Síria, o precede.

Desse rito da unção (*chrio*) se faz derivar o próprio nome de cristãos (*christianoi*), como também dele derivou o de Cristo[152]. O tema do Espírito como "selo real", com o qual Cristo marca suas ovelhas no momento do batismo, é usado constantemente nas fontes antigas[153], até desenvolver-se na doutrina do "caráter indelével" conferido pela crisma.

O rito da unção assume particular relevância no âmbito da catequese mistagógica, onde já começa a configurar-se como um rito próprio, no contexto da iniciação, feito entre o batismo e a recepção da Eucaristia.

> Feitos, pois, partícipes de Cristo, não sem razão sois chamados "cristos", por terdes recebido o selo do Espírito Santo [...]. Após Jesus ter sido batizado no Jordão e ter comunicado às águas o perfume de sua divindade, delas saiu e o Espírito Santo desceu pessoalmente sobre Ele. Também a vós, quando saístes das fontes sagradas da piscina, foi conferida a unção, figura daquela com que Cristo foi ungido, isto é, o Espírito Santo[154].

---

152. Cf. TEÓFILO DE ANTIOQUIA. *Ad Autolico*, I, 12 (PG 6, 1041 C).

153. Cf. LAMPE, G. W. H. *Patristic Greek Lexicon*. Oxford: Oxford University Press, 1969, p. 1355s. (verbete *sphragis*).

154. CIRILO DE JERUSALÉM. Catechesi, III, 1 (PG 33, 1088) [cf. SÃO CIRILO DE JERUSALÉM. *Catequeses mistagógicas*. Petrópolis: Vozes, 2020, p. 49-50].

Em todo o período patrístico percebe-se uma incerteza e uma oscilação acerca do significado a ser dado a estes ritos da imposição das mãos e da unção, em relação ao batismo propriamente dito. Alguém avançou a tese – mas que permaneceu isolada – segundo a qual com o batismo de água recebe-se a remissão dos pecados, e com a unção o dom do Espírito propriamente dito. Mais tarde este rito da unção se configurou como sacramento à parte, que é a atual confirmação, ou crisma, assumindo formas e conteúdos diferentes nas várias épocas e nas diferentes Igrejas. Aqui nos limitamos a lembrar o que a catequese atual da Igreja Católica ensina a este respeito.

> A confirmação é para cada fiel o que Pentecostes foi para toda a Igreja, e o que foi para Cristo a descida do Espírito ao sair do Jordão. Esta reforça a incorporação batismal a Cristo e à Igreja e a consagração à missão profética, real e sacerdotal. Ela comunica a abundância dos dons do Espírito, os "sete dons" que permitem alcançar a perfeição da caridade. Se, portanto, o batismo é o sacramento do nascimento, a crisma é o sacramento do crescimento. Por essa mesma razão é o sacramento do testemunho porque estreitamente ligado à maturidade da existência cristã[155].

10.2 Uma catequese mistagógica sobre o batismo

Concentremo-nos agora no artigo do credo que menciona o batismo extensivo a todos. Na antiguidade cristã existia uma catequese especial, chamada, justamente, catequese mistagógica. Era reservada, no início, apenas ao bispo,

---

155. *La verità vi farà liberi*. Catechismo degli adulti. Cidade do Vaticano: Libreria Editrice Vaticana, 1995, p. 324.

e não era ministrada antes, mas depois do batismo, em geral na semana sucessiva à Páscoa. O objetivo era introduzir os neófitos no significado profundo dos mistérios que haviam recebido (daí o nome *myst-* = mistério e *ago* = introduzido). O batismo era naturalmente o primeiro desses mistérios. Esta catequese consistia em passar em revista os vários ritos que acompanhavam o sacramento, explicitando seu significado simbólico e mistérico, bem como a realização neles das figuras presentes no Antigo Testamento. Célebres foram as catequeses mistagógicas atribuídas a Cirilo de Jerusalém (séc. IV) e as ministradas por Nicolau Cabásilas (séc. XIII); entre os latinos, lembramos as de Santo Ambrósio: *Sui misteri* e *Sui sacramenti*.

No estilo dessas antigas catequeses, também nós vamos passar em revista os ritos do batismo para entender seu significado, levando em consideração a compreensão que a Igreja alcançou dele, bem como os problemas e as perguntas novas ao homem de hoje.

Assim como todo sacramento, o batismo é feito de dois elementos: de gestos e palavras. Visão e audição são chamadas em causa. O sacramento se assemelha a uma representação, a um drama. A diferença reside no fato de que no drama o evento é *representado*, já no sacramento é *renovado*. Teologicamente falando, o sacramento "causa o que significa" (*significando causat*).

Repassemos os momentos principais do rito do batismo de crianças. Tudo começa pelo nome: "Que nome escolhestes para a criança"? Neste momento, pela primeira vez é pronunciado em público o nome que perdurará na criança para sempre. A Bíblia nos garante que também Deus nos chama pelo nome (cf. Is 43,1). Justamente pelo fato de o nome da criança acompanhá-la para o resto de sua vida, os pais, ao escolhê-lo, deveriam evitar nomes demasiadamente excêntricos, que um dia poderiam constranger seus filhos.

Segue, a esta altura, a renúncia a satanás e a profissão de fé. Mas desloquemo-nos desde já para o momento do batismo propriamente dito. A liturgia dedica especial atenção ao elemento do qual Jesus quis servir-se: a água. Esta lembra a água do dilúvio, a água do Mar Vermelho, a água do Jordão, a água que jorrou do lado transpassado de Cristo. Em razão do batismo, a água se torna uma criatura cara aos primeiros cristãos. Tertuliano afetuosamente a denomina "nossa água", e acrescenta: como os peixinhos nascem e crescem na água, ao passo que ofegam e morrem ao afastar-se dela, assim também nós, os cristãos, morremos se nos afastamos do batismo[156].

O celebrante faz aproximar os pais da fonte batismal, toma a criança nos braços e, chamando-a pelo nome, por três vezes a imerge na água, pronunciando as simples e solenes palavras indicadas por Jesus mesmo no evangelho: "Eu te batizo em nome do Pai, do Filho e do Espírito Santo".

Aqui se vê o quanto é importante, nos sacramentos, o ver e o ouvir. *Vimos* realizar-se um gesto e *ouvimos* pronunciar algumas palavras. Nisto reside a chave para compreender o significado profundo do batismo. Primeiramente o gesto. Por três vezes a pessoa é imersa, inteiramente ou apenas a cabeça, na água, e por três vezes reemerge. Isto simboliza Jesus Cristo que por três dias esteve sepultado debaixo da terra e ao terceiro dia ressuscitou. São Paulo explica assim o batismo:

---

156. TERTULIANO. *De baptismo*, 1,1 (CC 1, p. 277).

Ignorais que todos nós, batizados em Cristo Jesus, fomos batizados em sua morte? Pelo batismo fomos sepultados com Ele na morte para que, assim como Cristo ressuscitou dos mortos pela glória do Pai, também nós possamos caminhar em uma vida nova (Rm 6,3-4).

Por outro lado, as palavras "em nome do Pai e do Filho e do Espírito Santo", evocam, ou melhor, tornam presente, a Trindade. Desta forma, no batismo professamos os dois maiores mistérios de nossa fé: com os *gestos* evocamos a Encarnação, a morte e a Ressurreição de Cristo; com as *palavras* a unidade e a Trindade de Deus.

No agir de Deus sempre se percebe uma desproporção entre os meios empregados e os resultados obtidos. Os meios são simplíssimos (no batismo, um pouco de água com algumas palavras), mas os resultados são grandiosos. O batizado é uma criatura nova, renasceu pela água e pelo Espírito; tornou-se filho de Deus, membro do corpo de Cristo que é a Igreja, e templo vivo do Espírito Santo. O pai celeste profere em cada criança ou adulto que sai das fontes batismais as palavras que disse sobre Jesus, quando saiu das águas do Jordão: "Este é meu o filho predileto (ou minha filha predileta); de ti eu me agrado".

No batismo tudo acontece em símbolo, em imagem, isto é, através dos sinais. No entanto, aquilo que através dele se alcança não é um símbolo, mas uma realidade. A pessoa não desceu realmente nas profundezas da morte, mas Jesus lhe concedeu igualmente o fruto de sua morte e de sua Ressurreição[157].

Completam o batismo alguns ritos menores, mas muito significativos. Um é o das vestes brancas entregues ao

---

157. Cf. CIRILO DE JERUSALÉM. *Catechesi*, II, 7 (PG 33, 1084).

neobatizado, sinal da inocência devolvida por Cristo, que pais e padrinhos devem ajudar a criança a conservar por toda a vida. Outro rito é o da luz: acende-se uma vela no Círio Pascal, como símbolo da fé que pais, padrinho e madrinha devem transmitir à criança. Um terceiro rito é o *Effatá* [abre-te]. O ministro toca as orelhas e os lábios da pessoa batizada e pronuncia esta palavra aramaica com a qual um dia Jesus devolveu a audição e a fala a um surdo-mudo (cf. Mc 7,34) como sinal da palavra de Deus que o cristão deve ouvir e proclamar.

Uma pergunta que em geral as pessoas fazem acerca do batismo é esta: por que batizar as crianças desde pequenas e não esperar que, já maiores, elas mesmas decidam livremente? É uma pergunta séria, mas pode esconder um engano. Quando um casal decide ter um filho, acaso lhe pede primeiro seu consentimento? Não! Mas, sabendo que a vida é um dom imenso, certamente supõem que um dia o filho ou a filha lhes seja grato(a) por ter-lhe dado o dom da vida. Acaso se pede permissão a uma pessoa antes de oferecer-lhe um presente? O batismo é a vida divina que nos é gratuitamente "dada". Nisto o aspecto da graça prevalece sobre o da fé, que em certos casos, ao invés de preceder o sacramento, pode vir depois. É a razão pela qual a maioria das Igrejas cristãs sempre defendeu a legitimidade do batismo de crianças.

Não é violar a liberdade dos filhos fazer com que eles possam receber este dom na aurora de suas vidas. Viver a infância e a juventude com ou sem a graça santificante não é a mesma coisa. Obviamente, tudo isso pressupõe que os próprios pais sejam crentes e pretendam ajudar a criança a desenvolver o dom da fé. A Igreja lhes reconhece a própria competência neste campo. Por isso não quer que uma criança seja batizada contra a vontade dos pais. Às vezes existem excelentes avôs, cheios de fé, que sofrem porque seus netos ou netas não foram batizados e gostariam de fazê-lo às ocultas. Vale lembrar que, exceto em casos raríssimos, a Igreja não permite tal procedimento.

Hoje em dia existem pessoas que positivamente rejeitam o batismo, ou, se o receberam, pedem para ser "desbatizadas", isto é, para cancelar o registro de batismo. Algumas vezes o motivo é muito contingente, por exemplo, para não pagar taxas previstas ou pela lei civil ou pela Igreja. Outras vezes, porém, o motivo pode ser mais sério. Por considerar o batismo como um ato pelo qual se é inserido na Igreja institucional, quase à semelhança de um membro de um partido, alguns, ao rejeitar a Igreja assim concebida, também rejeitam o batismo. Mas, para São Paulo, o batismo não significa ser inserido numa estrutura humana; é ser incorporado ao corpo de Cristo, é entrar na corrente de vida do Espírito Santo. Nós não somos batizados "em nome do papa, dos bispos e dos sacerdotes", mas "em nome do Pai, do Filho e do Espírito Santo". A aposta é muito mais séria.

10.3 O batismo, sacramento "vinculante"

Até aqui buscamos refletir sobre o significado do batismo e responder a algumas perguntas atuais sobre ele. Mas, que sentido tem tudo isto para a grande maioria dos cristãos que, ao menos em nosso país [Itália], foi batizada na infância? Seria um simples fazer memória de algo que aconteceu no passado ou uma instrução em vista da função de preparar os outros para que recebam o batismo? Trata-se, em última análise, de *ativar* em nós mesmos tudo aquilo que recebemos no batismo e de *ratificar*, com decisão livre e pessoal, tudo aquilo que prometemos, por boca de outros, por ocasião de nosso batismo.

Para compreender como um sacramento recebido no início da vida possa subitamente receber vida nova e liberar energia espiritual, urge ter presente alguns elementos de teologia sacramental. A teologia católica conhece a ideia de sacramento válido e lícito, mas também "vinculante". Um sacramento é dito "vinculante" se seu fruto permanece vinculado, mas não usufruído, por falta de certas condições que lhe impeçam a eficácia. Um exemplo extremo é o sacramento do matrimônio ou da ordem recebido em estado de pecado mortal. Nessas condições, tais sacramentos não podem conferir nenhuma graça à pessoa; removido o obstáculo do pecado, entretanto, com uma boa confissão, diz-se que o sacramento revive (*reviviscit*) graças à fidelidade e à irrevocabilidade do dom de Deus, sem necessidade de repetição do rito sacramental[158].

O sacramento do matrimônio ou da ordem sagrada recebido em estado de pecado é, como dizia, um caso extremo, mas são possíveis outros casos nos quais o sacramento, embora não sendo totalmente vinculado, também não é, ao contrário, totalmente desvinculado, ou seja, livre de realizar seus efeitos. No caso do batismo, o que é que faz com que o fruto do sacramento permaneça vinculante? É preciso lembrar aqui a doutrina clássica dos sacramentos. Os sacramentos não são ritos mágicos que agem mecanicamente, à revelia da pessoa, ou prescindindo de sua colaboração. Sua eficácia

---

158. Cf. MICHEL, A. Reviviscence des sacrements. *In: Dictionnaire de théologie catholique*, XIII, 2. Paris: Letouzey et Ane, 1937, col. 2618-2628.

é fruto de uma sinergia, ou colaboração, entre a onipotência divina (concretamente, a graça de Cristo ou do Espírito Santo) e a liberdade humana.

Tudo aquilo que no sacramento depende da graça divina e da vontade de Cristo se chama "obra realizada" (*opus operatum*), isto é, obra concluída, fruto objetivo e infalível do sacramento, quando validamente administrado; tudo aquilo que, ao contrário, depende da liberdade e da disposição da pessoa se chama "obra a ser realizada" (*opus operantes*), isto é, obra a ser feita, aporte do ser humano.

"A obra realizada" do batismo, ou seja, a que depende de Deus ou da graça, é riquíssima e multiforme: remissão dos pecados, dom das virtudes teologais da fé, esperança e caridade (estas apenas em germe), filiação divina; tudo isto é realizado mediante a ação eficaz do Espírito Santo. O batismo é realmente um riquíssimo pacote de benefícios que recebemos no momento de nosso nascimento para Deus. Mas, em que consistiria, no batismo, o aporte humano? Consiste essencialmente na fé! "Quem crer e for batizado será salvo" (Mc 16,16).

Compreende-se assim a razão pela qual nos primórdios da Igreja o batismo era um evento tão rico de graça. O batismo era administrado aos adultos que se convertiam do paganismo e que, devidamente instruídos, tinham condições, no momento do batismo, de fazer um ato de fé e uma escolha existencial livre e madura. A obra de Deus e a obra humana se realizavam contemporaneamente; havia um sincronismo perfeito entre graça e liberdade; era como se dois polos, positivo e negativo, se tocassem e liberassem luz.

No batismo recebido na infância (mas também no recebido enquanto adultos, quando não acompanhado de uma íntima convicção e participação), este sincronismo deixa de existir. Não se trata de condenar a prática do batismo de crianças na Igreja que, como dissemos acima, ela mesma sempre praticou e defendeu, mas de ter consciência de tudo o que essa prática comporta na nova situação histórica em que vivemos. No passado, quando todo o ambiente que circundava a criança era cristão e impregnado de fé, esta fé podia desabrochar, mesmo que gradativamente. O ato de fé livre e pessoal era "suprido pela Igreja" e manifestado, como por interposta pessoa, pelos pais e padrinhos. Hoje não é mais assim. O ambiente em que a criança cresce não a ajuda a fazer desabrochar a fé; não o é, muitas vezes, na própria família, menos ainda na escola, e muito menos ainda na sociedade e na cultura. Eis a razão pela qual falava do batismo como sacramento "vinculante". Este continua sendo um riquíssimo pacote de benefícios, mas fechado, como alguns presentes de Natal esquecidos em um lugar qualquer, antes mesmo de terem sido abertos. Quem o possui tem os "requisitos" necessários para realizar os atos necessários à vida cristã e para obter, talvez, também seus frutos, mesmo que parciais, embora não possua a plenitude da realidade. Na linguagem de Santo Agostinho, possui o sacramento (*sacramentum*), mas não sua realidade (a *res sacramenti*).

10.4 O batismo no Espírito Santo

Para auxiliar os cristãos de hoje a "abrir" o seu "pacote de benefícios", urge recriar as condições que nos primórdios da Igreja faziam do batismo um evento que transformava a vida. A resposta a essa exigência veio mais de Deus do que da iniciativa humana. E essa transformação está presente nos inúmeros movimentos eclesiais, nas associações leigas e nas comunidades paroquiais renovadas, surgidas depois do Concílio Vaticano II. A contribuição comum de todas essas realidades, não obstante a enorme variedade de estilos e de consistência numérica, é que elas são o contexto e o instrumento de Cristo que permite levar mais a sério o próprio batismo, tornando os indivíduos sujeitos ativos da Igreja.

São João Paulo II via nesses movimentos e comunidades paroquiais vivas "os sinais de uma nova primavera da Igreja". Na *Novo Millennio Ineunte* escrevia:

> De grande importância para a comunhão se reveste o dever de *promover as diversas realidades associativas*, tanto nas formas mais tradicionais quanto nas mais novas dos movimentos eclesiais, que continuam dando à Igreja uma vivacidade que é dom de Deus e constitui uma autêntica "primavera do Espírito"[159].

No mesmo sentido pronunciou-se, em diversas ocasiões, Bento XVI. Na homilia da missa crismal da Quinta-Feira Santa de 2012, disse:

> Quem olha a história do período pós-conciliar pode reconhecer a dinâmica da verdadeira renovação, que em geral assumiu formas inesperadas em movimentos cheios de vida e que torna quase palpáveis a inesgotável vivacidade da santa Igreja, a presença e a ação eficaz do Espírito Santo.

A Renovação no Espírito, a Renovação Carismática, é uma dessas novas realidades. Mais do que um movimento propriamente dito, é uma corrente de graça, destinada a toda a Igreja, que já alcançou centenas de milhões de cristãos nas mais diversas Igrejas, e dezenas de milhões somente na Igre-

---

159. *Novo Millennio Ineunte*, 46.

ja Católica. Sua força está vinculada ao que é denominado "batismo do Espírito". Trata-se de um rito feito de gestos de grande simplicidade, acompanhados de uma atitude de humildade, de arrependimento, de disponibilidade a tornar-se crianças a fim de entrar no Reino.

É uma renovação e uma atualização de toda a iniciação cristã que não se limita ao batismo, mas é estendida também à crisma, à graça do matrimônio aos casados, à profissão religiosa aos consagrados, à ordenação sacerdotal aos sacerdotes. Para tanto, o interessado se prepara. Além de uma boa confissão ele participa de encontros de catequese através dos quais é recolocado em contato vivo e alegre com as principais verdades e realidades da fé: o amor de Deus, o pecado humano, a salvação, a vida nova, a transformação em Cristo, os carismas, os frutos do Espírito. Tudo num clima caracterizado por uma profunda comunhão fraterna.

O efeito mais comum de toda essa graça é que o Espírito Santo, de objeto de fé intelectual, mais ou menos abstrato, torna-se (como deveria ser por sua natureza), um fato de experiência. Karl Rahner escreveu:

> Não podemos negar que o homem possa aqui na terra fazer *experiências* da graça, que lhe dão um sentido de libertação, abrem-lhe horizontes totalmente novos, que se imprimem nele profundamente, o transformam, plasmando, também a largo prazo, sua postura cristã mais íntima. Nada proíbe chamar tais experiências de *batismo do Espírito*[160].

Através daquele que é justamente chamado de "batismo do Espírito", faz-se a experiência do Espírito Santo, de

---

160. RAHNER, K. *Erfahrung des Geistes*. Meditation auf Pfingsten. Freiburg: Herder, 1977.

sua unção na oração, de seu poder no ministério apostólico, de sua consolação na provação, de sua luz nas escolhas. Antes mesmo da manifestação dos carismas, é dessa forma que o percebemos: como Espírito que transforma interiormente, que dá sabor ao louvor de Deus, que faz descobrir uma alegria nova, que abre a mente à compreensão das Escrituras e sobretudo ensina a proclamar Jesus como "Senhor", e que encoraja a assumir tarefas novas e difíceis a serviço de Deus e do próximo.

Eis como descrevia os efeitos do batismo do Espírito, sobre si e sobre seu grupo, uma das pessoas que estavam presentes no retiro de 1967, do qual teve início a Renovação Carismática na Igreja Católica:

> Nossa fé tornou-se viva; nosso crer tornou-se uma espécie de conhecer. De repente, o sobrenatural tornou-se mais real do que o natural. Em poucas palavras: Jesus é uma pessoa viva para nós. Tente abrir o Novo Testamento e lê-lo como se fosse literalmente verdadeiro agora, cada palavra, cada linha. A oração e os sacramentos se tornaram verdadeiramente o nosso pão cotidiano, e não genéricas "práticas piedosas". Um amor pelas Escrituras que eu jamais acreditei ser possível, uma transformação de nossas relações com os outros, uma necessidade e uma força de testemunhar para além de qualquer expectativa: tudo isso passou a fazer parte de nossa vida. A experiência inicial do batismo no Espírito não nos deu particular emoção externa, mas a vida tornou-se permeada de calma, de confiança, de alegria e paz [...]. Cantamos o *Veni creator Spiritus* na abertura de cada encontro, levando a sério o que nos diziam, e não fomos iludidos. [...] Também fomos inundados pelos carismas, e tudo isto nos coloca em uma perfeita atmosfera ecumênica[161].

---

161. Testemunho descrito em MANSFIELD, P. G. *As by a New Pentecost*. Steubenville: Steubenville University Press, 1992, p. 25s.

Como explicar a extraordinária eficácia deste gesto tão simples em libertar as energias latentes do batismo e fazer experimentar um novo Pentecostes? Uma explicação é a que se baseia na afirmação de Santo Tomás de Aquino, segundo a qual uma nova missão do Espírito Santo e, portanto, uma nova vinda dele toda vez que na vida espiritual ou no próprio ministério nos deparamos com uma nova necessidade ou tarefa a exercer, que, por sua vez, exige um novo nível de graça[162]. Esta "aceleração" no caminho da graça geralmente está ligada à recepção de um sacramento, mas, como o faz entender o próprio Santo Tomás de Aquino, não exclusivamente.

Também Santo Ambrósio, falando em seu estilo mais poético do que conceitual, exprime a mesma convicção. Ele afirma que ao lado da Eucaristia (o "cálice da salvação") e das Escrituras, isto é, dos sinais sacramentais, existe outro caminho através do qual se realiza a "sóbria embriaguez do Espírito", um caminho pentecostal, livre, imprevisível, não ligado a sinais institucionais, mas dependente apenas da livre e soberana iniciativa de Deus:

> Maravilhosa é a embriaguez do cálice da salvação. Existe, porém, outra embriaguez que provém da superabundância das Escrituras, e existe também uma terceira embriaguez que age através da penetrante torrente do Espírito Santo. Foi por isso que, segundo os Atos dos Apóstolos, os que falavam línguas diferentes pareciam, aos seus ouvintes, pessoas embriagadas[163].

---

162. TOMÁS DE AQUINO. *Summa theologiae*, I, q. 43, a. 6, ad 2. • Cf. SULLI-VAN, F. Pentecôtisme. *In: Dictionnaire de Spiritualité*, 12. Paris: Beauchesne, 1984, col. 1045.

163. AMBRÓSIO. *Commento al Salmo 35*, 19 (CSEL 64, p. 63s.).

Pentecostes foi o primeiro "batismo do Espírito". Anunciando o Pentecostes, Jesus disse: "João batizou com água, mas vós, é *no Espírito Santo que sereis batizados* daqui a poucos dias" (At 1,5). Jesus mesmo foi apresentado ao mundo pelo Pai celestial como "aquele que *batiza no Espírito Santo*" (Jo 1,33). Em toda a sua obra, e não apenas através do sacramento do batismo por Ele instituído, Jesus "batiza no Espírito Santo". Toda sua obra messiânica consiste em infundir sobre a terra o Espírito.

O batismo do Espírito, do qual se voltou a falar na Igreja, é uma das maneiras com que Jesus Ressuscitado continua esta sua obra essencial, que é batizar a humanidade "no Espírito". Isto nos é explicado como uma renovação do *evento* de Pentecostes, não menos que o *sacramento* do batismo e a iniciação cristã em geral, mesmo se as duas realidades, de fato, coincidem e, por isso, nunca deveriam ser separadas e contrapostas. Seria o fruto mais importante do diálogo entre as Igrejas tradicionais e as Igrejas pentecostais chegar a reconhecer o seguinte: que nem o Pentecostes pode dispensar dos sacramentos (em particular do batismo na água), nem os sacramentos podem prescindir do Pentecostes.

O que nos seria exigido para que pudéssemos fazer essa experiência pentecostal? Primeiro, pedir com insistência o Espírito Santo do Pai, em nome de Jesus, e esperar que o Pai responda! Faz-se necessária uma fé cercada de enorme expectativa. Sobre quem desceria o Espírito Santo, perguntava-se São Boaventura, e ele mesmo respondia com sua habitual concisão: "Desce onde é amado, onde é convidado, onde é esperado"[164]. Existem regiões onde é costume con-

---

164. BOAVENTURA. *Sermone per la IV Domenica dopo Pasqua*, 2 [ed. Quaracchi, IX, p. 311].

vidar a entrar e a compartilhar da refeição da família qualquer pessoa que chegue na hora do almoço. Mas sabe-se que a pessoa convidada, geralmente com a mesma cordialidade, desculpa-se e recusa o convite. Ficaríamos impressionados e, talvez, secretamente contrariados, ao contrário, se o convidado respondesse prontamente: "Sim, aceito, com muito prazer!" Nossos convites ao Espírito Santo em forma de "vem, visita, plenifica", às vezes, inadvertidamente, se assemelham a esses convites, que geralmente são convites mais convencionais do que reais. Não obstante isso, devemos repetir aqueles três convites ao Espírito Santo como quem tem a certeza de que serão levados a sério e acolhidos.

Precisamos estar dispostos a que algo se transforme em nossa vida. Não podemos convidar o Espírito Santo a vir, a plenificar, implorando-lhe que nos deixe no mesmo estado em que estávamos antes. "Tudo o que o Espírito Santo toca é santificado e transformado", dizia Cirilo de Jerusalém[165]. Quem grita, com as palavras do *Veni creator*: "Vem, visita, plenifica!", por essa mesma razão se entrega ao Espírito, oferece-lhe as rédeas de sua própria vida, ou as chaves da própria casa. Entregar-se ao Pai para que Ele nos entregue seu Espírito: eis a condição. Não podemos repetir o "vem e plenifica", deixando que outra voz na surdina, a da carne, acrescente: "Veja lá, nada de esquisitices, nada de excessos!" Como é possível continuar repetindo tais palavras se, mal o Espírito começa a operar em nós o que lhe pedimos, passamos a gritar assustados: "Não assim, não assado?" E se daqueles que manifestam os efeitos da descida do Espírito sobre eles

---

165. CIRILO DE JERUSALÉM. *Catechesi*, V, 7 (PG 33, 1116) [cf. SÃO CIRILO DE JERUSALÉM. *Catequeses mistagógicas*. Petrópolis: Vozes, 2020, p. 67].

dizemos: "Parecem embriagados de vinho". Os apóstolos não tiveram medo de ser confundidos com pessoas embriagadas.

Não devemos nos impressionar se, em certos casos, os "muros de Jericó", ao caírem, fizerem um pouco de barulho, ou levantarem poeira e fumaça, isto é, provocarem riso, choro, ou reações "alteradas" no indivíduo. Não é certamente o Espírito que provoca diretamente essas manifestações; é a carne que, às vezes, não estando pronta para o impacto com o Espírito, reage como a água fria em contato com um ferro em brasa. Mas, não se trata de algo do qual devamos ter medo ou vergonha. Na missa do dia de Pentecostes a Igreja faz esta oração: "Renova, ó Deus, em nossos dias, na comunidade dos fiéis, os prodígios que operastes nos inícios da pregação do Evangelho".

Na oração devemos ser "unânimes e perseverantes", assim como os apóstolos e Maria no cenáculo, unindo-nos, lá onde for possível, a outras pessoas que já fizeram a experiência de um novo Pentecostes, a fim de que elas possam ajudar-nos a vencer todo medo.

Aqui tocamos num ponto nevrálgico. Às vezes, de forma espontânea e particular, pode acontecer uma nova irrupção do Espírito Santo na alma de alguém, sem nada ter feito para obtê-la, e, talvez, sem tê-la ardentemente desejado. Um homem deu este testemunho:

> Estava no avião e lia o último capítulo de um livro sobre o Espírito Santo. Num dado momento, foi como se o Espírito Santo saísse das páginas do livro e entrasse em meu corpo. Lágrimas aos cântaros começaram a rolar de meus olhos. Comecei a rezar. Fui arrebatado por uma força muito superior a mim[166].

---

166. *In: New Covenant*, jun. 1984, p. 12.

Esta, no entanto, é uma exceção. Assim como o sacramento do batismo, geralmente também a renovação acontece num contexto comunitário, com sinais que falam à nossa alma através de nosso corpo. Deus sempre respeita o fato de sermos feitos de carne e espírito. Os gestos externos, neste caso, não são meras "exterioridades". A experiência de milhões de pessoas demonstra a importância de unir-nos a outros irmãos que fizeram a experiência do Espírito, de aceitarmos que outros, também leigos, rezem e estendam suas mãos sobre nós, em sinal de súplica e de comunhão fraterna.

Muito importante é que a pessoa, nesta circunstância, renove publicamente as promessas batismais e manifeste, em voz alta, que escolheu a Jesus como Senhor e Salvador da própria vida. Não conjuntamente, com fórmulas feitas, como acontece nas funções públicas, mas um por um, como pessoa singular que assume a própria decisão diante de Deus e dos irmãos.

Incontáveis são as pessoas que, no último século, sentiram na própria alma o tremor do Espírito, enquanto, na presença dos outros, invocam sua vinda com as palavras do canto "pentecostal": "Espírito do Deus vivo, desça novamente sobre mim: derreta-me, molda-me, preencha-me, usa-me! Espírito do Deus vivo, desça novamente sobre mim"[167].

---

167. No texto original: *"Spirit of the living God, fall afresh on me: melt me, mould me, fill me, use me. Spirit of the living God, fall afresh on me"*.

11

Espero a ressurreição dos mortos e a vida do mundo que há de vir

11.1 Às voltas com o pensamento da morte

O credo da Igreja se conclui com as palavras: "Espero a ressurreição dos mortos e a vida do mundo que há de vir". O verbo "crer" é substituído aqui por "esperar": a fé deságua agora na esperança.

O credo não menciona o que precederá a ressurreição e a vida eterna, isto é, a morte. E isto justamente porque ela não é objeto de fé. Mas a morte nos é demasiadamente próxima para que não nos lembremos dela. É a "ponte dos suspiros" que devemos atravessar para alcançar a outra margem. Foi Jesus que fez dela uma ponte e não mais um muro contra o qual tudo se quebra, tampouco um abismo no qual tudo se precipita. Busquemos compreender agora como e quando aconteceu essa mudança irreversível no destino da humanidade.

Para poder avaliar a mudança operada por Cristo em relação à morte, vejamos quais foram os remédios inutilmente usados pelos homens contra ela, já que os mesmos remédios hoje são usados na tentativa de "consolar-se". A morte é o problema humano número um. Segundo respeitados psicólogos, a mola propulsora do agir humano não é o instinto sexual, como pensava Freud, mas "a rejeição da morte"[168], para a qual o próprio instinto sexual é orientado. Existe uma disciplina que começa a ser ensinada nas universidades que se chama Tanatologia. Ela ensina como as várias culturas e religiões se colocam diante da morte.

Santo Agostinho antecipa a reflexão filosófica moderna sobre a morte.

---

168. BECKER, E. *The Denial of Death*. Nova York: The Free Press, 1973.

Quando um homem nasce muitas hipóteses são feitas: talvez seja belo, talvez feio; talvez rico, talvez pobre; talvez seja longevo, talvez não... De nenhum, porém, se diz: talvez morra, talvez não. A morte é a única certeza absoluta da vida. Quando sabemos que alguém sofre de hidropisia [à época era uma doença incurável; hoje existem outras], dizemos: "Coitado, não tem remédio, vai morrer". Será que não deveríamos dizer, quando alguém nasce: "Coitado, não tem remédio, está condenado, vai morrer?" Que diferença faz morrer um pouco antes ou um pouco depois? A morte é uma doença que se contrai nascendo"[169].

Talvez, mais do que uma vida mortal, nossa vida devesse ser considerada uma "morte vital", um reviver morrendo[170]. Este pensamento de Agostinho foi retomado em perspectiva secularizada por Martin Heidegger, que fez a morte entrar como objeto de pleno direito na filosofia. Definindo a vida e o homem como um "ser-para-a-morte", ele faz da morte não um incidente que põe fim à vida, mas a substância mesma da vida, isto é, objeto de que ela é feita. Viver é morrer. O homem não pode viver sem gastar e encurtar a vida, sem morrer a cada instante[171]. (Vem à mente um versículo que muitas vezes era gravado acima dos relógios dos claustros e que, reportando-se às horas passadas, dizia: "*Vulnerant omnes, ultima necat*": todas ferem, a última mata.) Viver para a morte significa que a morte não é apenas o término, mas também o fim da vida. Nascemos para morrer, não para outra coisa.

---

169. AGOSTINHO. *Sermo Guelf*. 12, 3 (*Miscellanea Agostiniana*, I, p. 482s.).

170. AGOSTINHO. *Confessioni*, I, 6, 7.

171. Cf. HEIDEGGER, M. *Essere e Tempo*, § 51. Milão: Longanesi, 1976, p. 308s. [cf. HEIDEGGER, M. *Ser e tempo*. Petrópolis: Vozes, 2022, § 51, p. 328s.].

Este pensamento é a inversão mais radical da visão cristã, que proclama que o homem é um ser para a eternidade. Na visão cristã, a morte é o negativo entre dois positivos, que poderia ser representado com um sinal de "menos" entre dois sinais de "mais" (+ - +). Na visão exposta acima, porém, a vida é um positivo entre dois negativos (- + -): viemos do nada e voltamos ao nada. Aqui, não é a vida, mas a morte que tem a última palavra. Esta afirmação na qual desembarcou a Filosofia após sua longa reflexão sobre o homem, no entanto, não é nem escandalosa nem absurda. A Filosofia simplesmente faz seu dever: mostrar qual seria o destino humano entregue a si mesmo.

Mas talvez sejam os poetas, mais uma vez, que dizem as palavras de sabedoria mais simples e mais verdadeiras sobre a morte. Um deles, Giuseppe Ungaretti, falando do estado de ânimo dos soldados em trincheira na Grande Guerra, assim descreveu a situação de cada ser humano diante do mistério da morte: "Está-se / como de outono / as folhas / sobre árvores".

O próprio Antigo Testamento não tem uma resposta clara sobre a morte. Dela falam os livros Sapienciais, mas sempre em forma de pergunta, não de resposta. Jó, os Salmos, Eclesiastes, Eclesiástico, Sabedoria: todos dedicam uma atenção especial ao tema da morte. "Ensina-nos, pois, a contar os nossos dias – diz um salmo – e alcançaremos a sabedoria do coração" (Sl 90,12).

O Eclesiastes abre seu capítulo sobre a morte com as palavras: Há um "tempo para nascer e um tempo para morrer" (Ecl 3,2), e conclui o capítulo com a sentença: "Tudo veio do pó e ao pó tudo retornará" (Ecl 3,20). "Vaidade das vaidades, tudo é vaidade", é sua última palavra (Ecl 12,8). A velhice é evocada através de seus efeitos: amenização dos ruídos, enfraquecimento das luzes, medo de alturas, insegurança no caminho... O homem que morre é comparado a uma lâmpada que se quebra e apaga, a um cântaro que se despedaça na fonte, a uma roldana que se parte deixando o balde cair no poço (cf. Ecl 12,1-8). Por que nascemos? Para onde vamos após a morte? Todas são perguntas que, para o sábio do Antigo Testamento, ficam sem outra resposta senão esta: Deus quer assim; sobre tudo isso haverá um juízo.

O Eclesiástico inicia seu tratado sobre a morte com estas palavras: "Ó morte, quão amarga é tua lembrança!" E tenta consolar-nos da morte dizendo que é um destino comum, que é o decreto do Senhor, que viver dez, cem ou mil anos não faz muita diferença, já que no fim todos devem morrer (cf. Eclo 41,1ss.).

A Bíblia nos traz opiniões mais inquietantes ainda dos incrédulos de outrora:

> Curta e triste é nossa vida; não há remédio quando alguém morre; e não há ninguém que tenha voltado da morada dos mortos. A morte é sem retorno [...]. Nascemos por acaso, e seremos como se nem tivéssemos existido (Sb 2,1ss.).

É somente neste Livro da Sabedoria, o mais recente dos livros sapienciais, que a morte começa a ser iluminada pela ideia de uma retribuição ultraterrena. As almas dos justos, imagina-se, estão nas mãos de Deus (cf. Sb 3,1), embora não se saiba precisamente o que esta afirmação quer significar. É bem verdade que em um salmo se lê: "É duro para o Senhor ver a morte de seus fiéis" (Sl 116,15). Mas não devemos apoiar-nos muito neste versículo tão explorado, já que o significado da frase parece ser outro: Deus faz pagar cara a morte dos seus fiéis; ou seja, é seu vingador, pede sua conta.

Como o homem reagiu a esta dura realidade? Uma maneira superficial de encará-la foi a de não pensar nela, distrair-se. Para Epicuro, por exemplo, a morte é um falso problema: "Enquanto existo – dizia – a morte não existe ainda; quando a morte passa a existir, eu já não existo mais". A morte, portanto, não nos diz respeito. A essa lógica de exorcizar a morte respondem também as leis napoleônicas que transferiam os cemitérios para fora da cidade.

Mas também houve remédios positivos. O mais universal se denomina "prole": sobreviver nos filhos. Outro era sobreviver na fama: "Não morrerei totalmente (*non omnis moriar*) – dizia o poeta latino –, pois de mim restarão os escritos, minha fama". "Ergui um monumento mais duradouro do que o bronze"[172]. Para o marxismo o homem sobrevive na sociedade do futuro, não como indivíduo, mas como espécie.

Em nossos dias, vai-se difundindo a crença em um novo remédio paliativo: a reencarnação. Mas é uma estultice. Os que professam esta doutrina como parte integrante de sua cultura e religião, ou seja, os que sabem realmente o que é a reencarnação, também sabem que ela não é um remédio e uma consolação, mas uma punição. Não é uma prorrogação concedida para a satisfação, mas para a purificação. A alma se reencarna porque ainda tem algo a expiar, e se deve expiar, deverá sofrer. A Palavra de Deus interdita todas essas vias ilusórias de fuga: "Está estabelecido que cada pessoa morre uma só vez, e logo depois vem o juízo" (Hb 9,27). E uma

---

172. ORÁCIO. *Odi*, III, 30, 1.6.

única vez! A doutrina da reencarnação é incompatível com a fé dos cristãos.

11.2 A morte foi engolida pela vitória

Só existe um único e verdadeiro remédio para a morte: Jesus Cristo, e ai de nós cristãos se não o proclamamos ao mundo! Ouçamos como São Paulo anuncia ao mundo esta mudança:

> Por isso, assim como o pecado entrou no mundo como por um só homem e, pelo pecado, a morte, também a morte se transmitiu a todos os homens naquele em quem todos pecaram [...]. Mas, a graça não é como a transgressão. Se pela transgressão de um só morreram todos, com maior razão derramou-se sobre todos, com abundância, a graça de Deus e o dom gratuito que consiste na graça de um só homem, Jesus Cristo [...]. De fato, se pela transgressão de um só reinou a morte por obra de um só, muito mais reinarão na vida aqueles que recebem a abundância da graça e o dom da justiça por obra de um só, Jesus Cristo (Rm 5,12-17).

O triunfo de Cristo sobre a morte é descrito com maior lirismo na Primeira Carta aos Coríntios:

> A morte foi tragada na vitória. Ó morte, onde está a tua vitória? Morte, onde está o teu aguilhão? O aguilhão da morte é o pecado, e o poder do pecado é a lei. Rendamos graças a Deus, que nos dá a vitória por nosso Senhor Jesus Cristo (1Cor 15,54-57).

O fator decisivo é colocado no momento da morte de Cristo: "Ele morreu por todos" (2Cor 5,15). Mas, o que aconteceu de tão decisivo naquele momento para mudar o próprio rosto da morte? Poderíamos representá-lo visivelmente assim: o Filho de Deus desceu ao túmulo, como numa prisão escura, mas dela saiu pela parede oposta. Não voltou por onde havia entrado, como Lázaro, que posteriormente deveria morrer. Não! Ele abriu uma brecha para a vida, para que, através dela, todos os que acreditam nele pudessem segui-lo.

Um Padre antigo escreveu: "Ele tomou sobre si os sofrimentos do homem sofredor através de seu corpo capaz de sofrer, mas, com o Espírito que não podia morrer, Cristo matou a morte que matava o homem"[173]. E Santo Agostinho: "Através da Paixão, Cristo passa da morte à vida, e assim abre o caminho para nós que acreditamos em sua Ressurreição a fim de que também nós passemos da morte à vida"[174]. A morte tornou-se uma passagem, e uma passagem para aquilo que não passa! Bem o disse Crisóstomo:

> É bem verdade, nós continuamos morrendo como antes, mas não permanecemos na morte: e isto não é morrer. O poder e a força real da morte é tão somente este: que um morto não tem mais nenhuma possibilidade de voltar à vida. Mas, se após a morte recebe novamente a vida e, aliás, lhe é dada uma vida melhor, então isto já não é mais morte, mas um sono[175].

Todas estas formas de explicar o sentido da morte de Cristo são verdadeiras, mas não nos dão a explicação última. Esta deve ser buscada naquilo que, com sua morte, Jesus veio acrescentar à condição humana mais do que naquilo que veio remover: deve ser buscada, portanto, no amor de Deus, não no pecado do homem. Os homens se colocaram numa situação tal que o amor não podia mais habitar neles, tam-

---

173. MELITÃO DE SARDES. *Sulla Pasqua*, 66 (SCh 123, p. 96).

174. AGOSTINHO. *Commento ai Salmi*, 120, 6 (CCL 40, p. 1791).

175. JOÃO CRISÓSTOMO. *In Haebreos homiliae*, 17, 2 (PG 63, 129).

pouco os tornar imagem de Deus. E acabaram se autoaniquilando, fazendo-se escravos de si mesmos, escravos entre si, e continuam humilhando-se uns aos outros até à morte. Onde então Deus, cuja vontade de amar não esmorece, poderia fixar sua morada? Exatamente no centro desta condição! É a razão pela qual o Verbo se fez homem e desceu a fim de depositar seu amor nos recônditos mais profundos do aniquilamento do ser humano.

Se Jesus sofre e morre de uma morte violenta, infligida por ódio – esta é a cruz –, não o faz para pagar o impagável débito em lugar dos homens (o débito dos dez mil talentos, na parábola, é tolerado pelo rei); morre crucificado unicamente para que o sofrimento e a morte dos seres humanos sejam habitados pelo amor! O homem se havia condenado sozinho a uma morte absurda, sem sentido, hermeticamente fechada em si mesma. E eis que, entrando na morte de Jesus, o homem descobre que ela é permeada pelo amor de Deus, que o alcançou em seu ponto afastado do amor de Deus. Em certo sentido, trata-se da inversão total da ideia que geralmente temos do mistério da Redenção: o Filho de Deus não veio tanto para expiar, mas para depositar no núcleo central da morte a semente de seu amor.

A morte se torna o lugar que Deus vem habitar, vem encarnar seu amor. Sim, de fato, Ele se encarna até esse extremo justamente para que nada do ser humano fique fora da presença de seu amor. Compreende-se melhor assim o alcance e o pleno significado do termo "Emanuel", "Deus-conosco". Até a vinda de Cristo, a morte, com todo o seu cortejo de sofrimento, tinha a última palavra na história de cada pessoa e de todos, abolindo qualquer esperança. Agora, ao contrário, a morte é literalmente "habitada" pelo amor.

Em razão da liberdade do ser humano, o amor não podia realizar-se sem a morte: o amor de Deus não pode eliminar magicamente a trágica realidade do mal e da morte. Seu amor é obrigado a deixar que o sofrimento e a morte digam sua palavra. Mas, uma vez que o amor penetrou na morte e encheu-a de divina presença, doravante é o amor que diz a última palavra. E esta última palavra é a vitória de seu amor, a vitória da vida, a vitória do Pai. É a Ressurreição de Cristo. O que mudou, pois, com Jesus, em relação à morte? Nada e tudo: nada para a razão, tudo para a fé. Não mudou a necessidade de entrar no túmulo, mas é dada a possibilidade de sair dele. É o que ilustra poderosamente o ícone ortodoxo da Ressurreição, onde se vê o Ressuscitado que desce aos infernos e arrasta para fora consigo Adão e Eva e, atrás deles, todos os que se agarram ao Ressuscitado.

Isto explica a atitude paradoxal do fiel diante da morte: é tão similar à de todos os demais, mas totalmente diferente. Uma atitude feita de tristeza, medo, horror, porque sabe que deve descer ao abismo obscuro, mas feita também de esperança porque sabe que pode sair dele, que a morte não tem a última palavra, apenas a penúltima. "Se a certeza da morte nos entristece, a esperança da imortalidade futura nos consola", diz um prefácio dos defuntos.

Aos fiéis de Tessalônica, aflitos pela morte de alguns deles, São Paulo escreve:

> Não queremos, irmãos, deixar-vos na ignorância a respeito dos mortos para que não vos entristeçais como os outros que não têm esperança. Se, com efeito, nós cremos que Jesus morreu e ressuscitou, assim também acreditamos que Deus, por meio de Jesus, levará consigo os que morreram (1Ts 4,13-14).

Paulo não lhes pede que não se aflijam com a morte, mas que não sejam "como os outros", como os que não acreditam. Quem tem fé sabe o que o espera na outra margem: Deus "enxugará toda lágrima de seus olhos, e não haverá mais nem morte, nem luto, nem pranto, nem dor, porque tudo isso já passou" (Ap 21,4).

O exemplo mais célebre da atitude diferente em relação à morte é o deixado por Francisco de Assis. No *Cântico do Irmão Sol* ele louva o Senhor "pela irmã nossa, a morte corporal" e, vendo-a aproximar-se, saúda-a chamando-a novamente de "irmã", dando-lhe as boas-vindas[176]. Ninguém o havia feito antes dele.

Hoje também existem casos em que a fé se mostra mais forte do que o medo da morte. Foi encontrada uma oração no bolso do casaco de um soldado russo, Aleksandr Zacepa, que a havia escrito pouco antes da batalha onde encontraria a morte, na Segunda Guerra Mundial. Ela tornou-se pública pela primeira vez numa revista clandestina em outubro de 1972. Seu título é: *Somente agora*. Ouçamo-la; vai nos servir como pausa antes de sair da consideração da morte para considerarmos a eternidade, na qual com ela entramos.

> Ouça, ó Deus! Nem uma única vez na minha vida falei contigo, mas hoje me deu vontade de festejar-te. Sabes, desde pequeno sempre me disseram que não existes..., e eu, idiota, acreditei. Nunca contemplei tuas obras, mas hoje à noite olhei da cratera de uma granada o céu de estrelas sobre mim, fascinado com o

---

176. TOMÁS DE CELANO, *Vita Seconda*, 217 (FF 809) [cf. TOMÁS DE CELANO. Segunda vida de São Francisco. *In:* TEIXEIRA, C. M. (org.). *Fontes franciscanas e clarianas*. 2. ed. Petrópolis: Vozes; FFB, 2014, p. 436, n. 217; cf. tb. *Cântico do irmão sol*, p. 104].

cintilar delas e, de repente, compreendi como o engano pode ser terrível...

Não sei, ó Deus, se me estenderás tua mão, mas eu te falo e me compreenderás... Não soa estranho que no meio de um pavoroso inferno me tenha aparecido a luz, e eu te tenha visto? Nada mais tenho a dizer-te além disso. Sou feliz só por ter-te conhecido. À meia-noite devemos atacar, mas não tenho medo; olhe por nós.

É o sinal, estão chamando! Devo partir! Foi bom estar contigo! Quero dizer-te ainda, e Tu o sabes, que a batalha será dura: pode ser que nesta mesma noite eu bata à tua porta. E mesmo se até o momento eu não tenha sido teu amigo, será que ao chegar me deixarias entrar?

O que está me acontecendo? Choro! Deus meu, veja o que me aconteceu: só agora comecei a ver claramente... Até logo, Deus meu; fui... dificilmente voltarei. Que estranho, a morte já não me assusta mais[177].

A morte, para o crente, não é o fim da vida, mas o início da vida verdadeira; não é um salto no vazio, mas um salto na eternidade. Ela é um *nascimento* e um *batismo*.

É um *nascimento* porque somente então começa a verdadeira vida, aquela que não culmina na morte, mas dura para sempre. A Igreja não celebra a festa dos santos no dia de seu nascimento terreno, mas no dia em que nasceram para o céu, ou seja, seus *dies natalis*. Entre a vida de fé temporal e a vida eterna existe uma relação análoga à que existe entre a vida do embrião no seio materno e a vida da criança que vem ao mundo.

---

177. Cf. CATTANA, V. *Le preghiere più belle del mondo*. Milão: Oscar Mondadori, 2000, p. 188.

Este mundo carrega em gestação o homem interior, novo, criado segundo Deus, enquanto ele, aqui plasmado, modelado e tornado perfeito, não seja gerado para aquele mundo perfeito que não envelhece. Ao modo de embrião que, enquanto estiver em existência tenebrosa e fluída, a natureza prepara para a vida na luz: é assim que acontece com os santos[178].

É também um *batismo*. É desta forma que o próprio Jesus designa sua morte (Lc 12,50) e Paulo fala do batismo como uma forma de ser "batizados na morte de Cristo" (Rm 6,3). Antigamente, no momento do batismo a pessoa era mergulhada inteiramente na água; todos os pecados e todo homem velho eram sepultados na água e dela saia uma criatura nova, simbolizada pela túnica branca da qual a pessoa era revestida. Assim acontece na morte: morre a larva e nasce a borboleta. Deus "enxugará toda lágrima de seus olhos, e não haverá mais nem morte, nem luto, nem pranto, nem dor, porque tudo isso já passou" (Ap 21,4). Tudo é sepultado para sempre.

11.3 A ressurreição dos mortos...

Com isso passamos do campo da experiência – a morte – para o campo da fé: a ressurreição dos mortos. A fé na ressurreição dos mortos só aparece, de maneira clara e explícita, no final do Antigo Testamento. O Segundo Livro dos Macabeus é seu testemunho mais avançado: "Após nossa morte – exclama um dos sete irmãos mortos sob Antíoco – [Deus] nos ressuscitará para a vida nova e eterna" (cf. 2Mc 7,1-14). Mas esta fé não nasceu de repente, do nada; ela se radica vitalmente em toda a revelação bíblica

---

178. CABASILAS, N. *Vita in Cristo*, I, 1-2 (PG 150, 496).

precedente, da qual o livro citado representa sua conclusão aguardada e, por assim dizer, seu fruto mais maduro.

Sobretudo duas certezas levaram a esta conclusão: a certeza da onipotência de Deus e a insuficiência representada tanto pela injustiça quanto pela retribuição terrena. Estava se tornando cada vez mais evidente – especialmente após a reflexão do Livro de Jó – que a sorte dos bons neste mundo é de tal ordem que, sem a esperança de uma retribuição diferente após a morte, seria impossível não cair no desespero: nesta vida, tudo acontece da mesma forma tanto para o justo quanto para o ímpio, na felicidade e na desventura.

O pensamento de Jesus sobre este tema aparece na discussão com os saduceus sobre a mulher que havia tido sete maridos (Lc 20,27-38). Atendo-se, por princípio, à revelação bíblica mais antiga, a mosaica, os saduceus não haviam aceitado a doutrina da ressurreição dos mortos, que consideravam uma novidade. Invocando a lei mosaica sobre o levirato (Dt 25), segundo a qual a mulher que tivesse ficado viúva, sem filhos homens, devia casar-se com o cunhado, os saduceus levantaram a hipótese extrema de uma mulher que havia passado por sete maridos, para finalmente perguntarem em tom de triunfo, certos de terem demostrado o absurdo da ressureição: "Essa mulher, na ressurreição, será mulher de quem?" A resposta de Jesus é uma obra-prima; sem afastar-se do terreno escolhido pelos adversários, que era a lei mosaica, em poucas palavras Jesus primeiramente revela onde está o erro dos saduceus e o corrige e, em seguida, oferece à fé na ressurreição seu fundamento mais profundo e mais convincente. Compreende-se a exclamação de admiração que sai da boca de alguns presentes: "Mestre, falaste bem!" (Lc 20,39).

Jesus se pronuncia sobre duas coisas: sobre o *modo* e sobre o *fato* da ressurreição. Em relação ao *fato* de haver uma ressurreição dos mortos, Jesus recorre, também Ele, a Moisés, lembrando o episódio da sarça ardente onde Deus se proclama o "Deus de Abraão, de Isaac e de Jacó". Se Deus se proclama o Deus de Abraão, de Isaac e de Jacó num momento em que os três há tantas gerações já haviam morrido, e se "Deus é o Deus dos vivos e não dos mortos", então significa que Abraão, Isaac e Jacó estão vivos! A fé cristã na ressurreição dos mortos não se funda numa teoria filosófica (a imortalidade da alma), mas no poder e na bondade de Deus que não nos criou para a morte, mas para a vida. Em relação ao *modo*, Jesus afirma com grande vigor a condição espiritual dos ressuscitados: "Os que são julgados dignos de terem parte no mundo futuro e na ressurreição dos mortos, não se casam nem são dados em casamento; não podem mais morrer, pois são iguais aos anjos e, sendo filhos da ressurreição, são filhos de Deus". O casamento está ligado à presente condição de mortalidade do ser humano; onde não há mais morte, não há mais necessidade de nascimento e, portanto, de casar-se. Não que o vínculo sagrado que uniu entre si duas pessoas na vida desapareça; tudo o que há de positivo no mundo não é destruído na ressurreição, mas sublimado e espiritualizado.

O que se entende por corpo espiritual tentou-se ilustrar com exemplos tirados da natureza (a semente e a árvore, o inverno e a primavera) e sobretudo com a condição de Cristo após a Ressurreição. O fato é que tudo isto, para nós, enquanto coagidos a pensar tudo em termos de espaço e tempo, permanece um mistério. Paulo se limita a dizer:

Semeado corruptível, ressuscita-se incorruptível; semeado desprezível, ressuscita-se resplandecente de glória; semeado na fraqueza, ressuscita-se cheio de força; semeado corpo animal, ressuscita-se corpo espiritual (1Cor 15,42-44).

Mais do que no ensinamento de Jesus, a fé da Igreja se funda no fato da sua ressurreição da morte. Lembro-me dos anos em que se começou a falar do projeto de ir para a lua; parecia impossível; ninguém acreditava nisso. Quando, porém, o primeiro homem colocou os pés sobre o satélite, todos os argumentos contrários cessaram. Assim deveria ser com a fé na ressurreição dos mortos. "Se pregamos que Cristo ressuscitou dos mortos – exclama Paulo –, como alguns dentre vós podem dizer que não existe ressurreição dos mortos? Se não existe ressurreição dos mortos, tampouco Cristo ressuscitou" (1Cor 15,12-13). Para o Novo Testamento, a Ressurreição de Jesus não é um evento isolado, mas representa o início e a antecipação da ressurreição geral dos mortos; Jesus é o primeiro dos ressuscitados; é a primícia (cf. 1Cor 15,20), mas não há primícia senão em referência à primeira colheita.

A fé na ressurreição do corpo responde ao desejo mais instintivo do coração humano. Nós – disse Paulo – não queremos ser espoliados de nosso corpo, mas revestidos, isto é, não queremos sobreviver com uma só parte de nosso ser – a alma –, mas com todo o nosso eu, alma e corpo. Por isso não desejamos que nosso corpo mortal seja destruído, mas que "seja absorvido pela vida" (cf. 2Cor 5,1-5; 1Cor 15,51-53). Queremos ser felizes com nosso corpo, não apesar dele. O cristianismo não prega uma salvação *pelo* corpo, como o platonismo e todas as correntes gnósticas que se inspiram nele, mas uma salvação *do* corpo. Todo homem criado por Deus é destinado a viver na comunhão com Deus.

Assim o corpo e a alma são como duas mãos unidas.

E um e outra entrarão juntos na vida eterna.

E serrão duas mãos unidas [...].

Ou ambas as duas cairão juntas como dois pulsos amarrados.

Para um cativeiro eterno[179].

11.4 ... e a vida do mundo que há de vir

Contemplamos assim o horizonte último, que é a vida eterna. A fé na vida eterna constitui uma das condições de possibilidade da evangelização. "Se tivéssemos esperança em Cristo apenas nesta vida – exclama Paulo – seríamos os mais miseráveis de todos os homens" (1Cor 15,19). A perda do horizonte da eternidade tem sobre a fé cristã o efeito que tem a areia sobre um braseiro: sufoca-o, apaga-o.

Mas, o que houve com a ideia cristã de uma vida eterna para a alma e para o corpo após o triunfo da ideia pagã de "escuridão após a morte"? Diferentemente do momento atual, em que o ateísmo se manifesta sobretudo na negação da existência de um Criador, no século XIX isto se manifestava preferencialmente na negação da existência de um além. As afirmações de Hegel ("os cristãos desejam no céu as energias destinadas à terra"), de Feuerbach e, sobretudo, de Marx, combateram a crença numa vida após a morte, sob o pretexto de que ela alienaria do empenho aqui na terra. A ideia de uma sobrevivência pessoal em Deus é substituída pela ideia de uma sobrevivência na espécie e na sociedade do futuro. Pouco a pouco com a suspeita, o esquecimento e o silêncio caíram sobre a palavra "eternidade". O materialismo e o consumismo fizeram o resto na sociedade opulenta, e

---

179. PÉGUY, C. *Il portico del mistero della seconda virtù*, p. 580.

finalmente fizeram parecer inconveniente continuar falando ainda de eternidade entre as pessoas cultas e sintonizadas com os tempos.

Tudo isto teve uma evidente repercussão na fé dos fiéis que, neste particular, tornou-se tímida e reticente. Quando é que ouvimos a última pregação sobre a vida eterna? Continuamos a recitar no credo: "e espero a ressurreição dos mortos e a vida do mundo que há de vir", mas sem dar muito peso a estas palavras. Tinha razão Kierkegaard ao dizer que

> a vida após a morte se tornou uma brincadeira, uma exigência tão incerta que não apenas ninguém mais a respeita, mas sequer a preconiza, a ponto de se fazer troça inclusive do pensamento de que outrora esta ideia transformava a inteira existência[180].

Qual é a consequência prática desse eclipse da ideia de eternidade? São Paulo relata o propósito dos que não acreditam na ressurreição da morte: "Comamos e bebamos, porque amanhã morreremos" (1Cor 15,32). O desejo de viver eternamente, distorcido, se torna desejo, ou frenesia, de viver bem, isto é, prazerosamente, mesmo à custa dos outros, se necessário. A terra inteira se torna o que Dante dizia da Itália de seu tempo: "O canteiro de flores que nos faz tão ferozes"[181]. Derrubado o horizonte da eternidade, o sofrimento humano emerge dupla e irremediavelmente absurdo.

Devemos apelar para a correspondência de tal verdade com o desejo mais profundo, mesmo que reprimido pelo

---

180. KIERKEGAARD, S. *Postilla conclusiva*, 4. *In: Opere* [ed. de C. Fabro]. Firenze: Sansoni, 1972, p. 458

181. DANTE. *Paradiso*, XXII, 151.

coração humano. A um amigo que o repreendia, como se seu anseio de eternidade fosse uma forma de orgulho e presunção, Miguel de Unamuno, que obviamente não era um apologeta da fé, respondeu com uma carta:

> Não digo que merecemos a eternidade, nem que a lógica no-la mostre; digo que, merecidamente ou não, temos necessidade dela, e isto basta. Digo que o que é passageiro não me satisfaz, que tenho sede de eternidade, e que sem ela tudo me é indiferente. Dela necessito, sim, dela necessito! Sem ela não há mais alegria de viver, e a alegria de viver não tem mais nada a dizer-me. É muito fácil afirmar: "É preciso viver, é preciso contentar-se com a vida". E os que não se contentam com ela?[182]

Não é quem deseja a eternidade – acrescentava nosso autor na mesma ocasião – que mostra desprezo pelo mundo e pela vida aqui na terra, mas, ao contrário, quem não a deseja: "Amo tanto a vida que perdê-la me parece o pior mal. Não amam verdadeiramente a vida os que dela aproveitam, dia após dia, sem se preocupar em saber se devemos perdê-la totalmente ou não". Santo Agostinho dizia a mesma coisa: "A que serve viver bem, se não é possível viver para sempre?"[183].

A fé na eternidade não nasce do desencanto pela vida, mas da paixão pela vida: "Tu és digno de continuar a viver. É tão doce viver e a luz é tão bela"; era o que diziam os carrascos a um mártir do século III, de nome Piônio; mas ele respondia:

---

182. MIGUEL DE UNAMUNO. Cartas inéditas de Miguel de Unamuno y Pedro Jiménez Ilundain [ed. de H. Benítez]. *Revista de la Universidad de Buenos Aires*, 3 (9/1949), p. 135.150.

183. AGOSTINHO. *Trattati sul Vangelo di Giovanni*, 45, 2 (PL 35, 1720).

Sim, sei que é doce viver, mas nós estamos em busca de uma vida melhor. A luz é bela, mas nós desejamos a verdadeira luz; eu sei que a terra é bela, é obra de Deus. Se a isto renunciamos, não é por desgosto, nem por desprezo, mas porque conhecemos bens melhores[184].

11.5 Eternidade: uma esperança e uma presença

Para o fiel, a eternidade não é apenas uma esperança, é também uma presença. Disso fazemos experiência cada vez que fazemos um verdadeiro ato de fé em Cristo, pois quem nele crê já possui a vida eterna (cf. 1Jo 5,13); cada vez que recebemos a Comunhão, pois nela "nos é dado o penhor da glória futura"; cada vez que ouvimos as palavras do Evangelho, pois são "palavras de vida eterna" (cf. Jo 6,68). Também Santo Tomás de Aquino disse que "a graça já é o início da glória"[185].

Esta presença da eternidade no tempo se chama Espírito Santo. Ele é definido como "penhor de nossa herança" (Ef 1,14; 2Cor 5,5), e nos foi dado para que, tendo recebido as primícias, aspiremos à plenitude.

> Cristo – escreve Santo Agostinho – deu-nos o penhor do Espírito Santo com o qual Ele, que não poderia se enganar, quis dar-nos a certeza da realização de sua promessa. E o que prometeu? Prometeu a vida eterna, de quem é penhor o Espírito que Ele nos deu[186].

Existem perguntas que as pessoas não cessam de fazer desde quando o mundo é mundo, e as pessoas de hoje não

---

184. *Acta primorum martyrum, Pionius*, 5 [RUINART, T. (ed.). rist. Regensburg, 1859, p. 117].

185. TOMÁS DE AQUINO. *Summa theologiae*, II-IIae, q. 24, a. 3, ad 2.

186. AGOSTINHO. *Discorsi*, 378, 1 (PL 39, 1673).

são exceção: "Quem somos? De onde viemos? Para onde vamos?" Em sua *História eclesiástica do povo inglês,* Beda o Venerável relata como a fé cristã fez sua entrada no norte da Inglaterra. Quando os missionários vindos de Roma chegaram no Northumberland, o Rei Edwin convocou um conselho de dignatários para decidir se lhes permitia ou não difundir a nova mensagem. Um deles pôs-se de pé e disse:

> Imagina, ó rei, esta cena. Tu te sentas para o jantar com teus ministros e comandantes: é inverno, o fogo arde no meio e aquece a sala, ao passo que fora a tempestade ruge e a neve cai. Um passarinho entra por uma abertura da parede e logo sai por outra. Enquanto está dentro, está protegido da tempestade invernal; mas, após ter gozado do breve calor, imediatamente desaparece, perdendo-se na escuridão do inverno de onde veio. Assim nos parece a vida dos homens sobre a terra: nós ignoramos totalmente o que a precede e o que a segue. Se esta nova doutrina nos traz alguma coisa mais segura sobre isto, devo dizer que devemos acolhê-la[187].

Quiçá a fé cristã não possa retornar à Inglaterra e ao continente europeu pela mesma razão pela qual lá fez seu ingresso: como a única que tem uma resposta segura a dar às grandes interrogações da vida terrena!

11.6 "Nem o olho viu, nem o ouvido ouviu"

Uma renovada fé na eternidade não é útil apenas para a evangelização, ou seja, para o anúncio a ser feito aos outros; serve-nos antes para dar um novo impulso ao nosso próprio caminho rumo à santidade. Esmorecer na ideia de eterni-

---

187. BEDA O VENERÁVEL. *Historia ecclesiastica gentis Anglorum,* II, 13 (PL 95, 104).

dade tem suas consequências também sobre os crentes, diminuindo neles a capacidade de enfrentar com coragem o sofrimento e as provações da vida. Perdemos o costume, que era de São Bernardo e de Santo Inácio de Loyola, de perguntar-nos diante de cada situação: *"Quid hoc ad aeternitatem?"* O que é isto em comparação com a eternidade, ou, o que isso tem a ver com a eternidade?

Pensemos numa balança: uma daquelas postas sobre uma mesa tendo de um lado um prato no qual são colocados os objetos a serem pesados e do outro uma barra graduada para calcular o peso colocado no prato. Se despencar o conteúdo do prato este se eleva e a barra de medição se inclina em direção ao chão. Tudo tem seu contrapeso, inclusive um punhado de penas...

Assim somos nós ao perdermos a medida de tudo o que a eternidade é: as coisas e os sofrimentos terrenos facilmente precipitam por terra nossa alma. Tudo nos parece pesado demais, excessivo. Jesus dizia: "Se tua mão te é obstáculo, corta-a; se teu olho te é obstáculo, arranca-o; é melhor entrar na vida com uma única mão ou com um único olho do que com ambos ser jogado no fogo eterno" (cf. Mt 18,8-9). Mas nós, por termos perdido de vista a eternidade, já achamos excessivo que nos peçam para fechar os olhos diante de um espetáculo imoral.

São Paulo ousa dizer: "A presente aflição, momentânea e leve, nos dá um peso eterno de glória incalculável. Por isso não olhamos para as coisas visíveis, mas para as invisíveis. As coisas visíveis são temporais; as invisíveis, eternas" (2Cor 4,17-18). O peso da tribulação é "leve" justamente porque momentâneo; o da glória é incalculável justamente porque eterno. Por isso o mesmo apóstolo afirma: "Os sofrimentos da vida presente não têm comparação alguma com a glória futura que se manifestará em nós" (Rm 8,18).

São Francisco de Assis, no célebre "capítulo das esteiras", fez aos seus frades um memorável discurso sobre este tema:

> Filhos meus, grandes coisas prometemos a Deus, mas muito maiores Deus nos prometeu. Observemos o que prometemos; e esperemos com certeza as que nos foram prometidas. Breve é o deleite do mundo, mas a pena que se lhe segue é perpétua. Pequeno é o sofrimento desta vida, mas a glória da outra vida é infinita[188].

Diante de cada dificuldade e problema podemos repetir com o poeta: "Tudo, menos o eterno, é inútil no mundo"[189].

Muitos se perguntam: o que faremos a partir do momento em que entrarmos na eternidade? Não nos entediaríamos passar a eternidade inteira com as mesmas pessoas, mesmo se divinas? Podemos responder com outra pergunta: acaso nos entediamos "quando estamos bem"? O homem se entedia com tudo, menos "por estar bem", e na eternidade será um estar "infinitamente bem". Perguntem aos apaixonados se se entediam por estarem juntos. Quando vivemos um momento de intensíssima e verdadeira alegria, não nasce obviamente em nós o desejo de que seja eterno, que jamais termine? Aqui na terra esses estados não duram para sempre, pois não há coisa que possa satisfazer indefinidamente. Com Deus é diferente: nossa mente encontrará nele a Verda-

---

188. *Fioretti*, XVIII (FF 1848) [cf. TEIXEIRA, C. M. (org.). *Fontes franciscanas e clarianas*. 3. ed. Petrópolis: Vozes; FFB, 2014, p. 1.520].

189. FOGAZZARO, A. A Sera. *In: Le poesie*. Milão: Mondadori, 1935, p. 194-197.

de e a Beleza que jamais termina, e nosso coração encontrará o Bem do qual jamais nos cansaremos de desfrutar.

Santo Agostinho disse tudo o que a teologia pode dizer a respeito da essência da felicidade eterna. Deus é o sumo Bem; nossa felicidade final consistirá em conhecer e amar a Trindade. "Deus será o fim de nossos desejos, aquele que será contemplado sem interrupção, amado sem saturação, louvado sem descanso"[190]. Haverá diferentes graus de glória, tendo seu fundamento no mérito, mas não haveria ciúme. Os santos continuarão usufruindo de seu livre-arbítrio; e este só então será verdadeiramente livre, já que isento do prazer de pecar[191].

Melhor do que os teólogos, no entanto, são os místicos a nos oferecer um vago "pressentimento" daquilo que será a vida eterna com Deus. Eles se apresentam à humanidade como exploradores que, por primeiro, às escondidas, entraram na Terra Prometida, e em seguida voltaram para relatar o que viram – "uma terra onde corre leite e mel" – exortando todo o povo a atravessar o Jordão (cf. Nm 14,6-9). Por meio deles nos chegam, nesta vida, os primeiros lampejos da vida eterna. Eis como se expressa um deles, que prefere o anonimato:

> Sinto-me numa paragem de maravilhas desconhecidas, infinitas, lá no centro do coração dos Três! Que pureza! Que amor! Para mim, as imagens, as representações da fantasia, as que representam o Pai e toda a Trindade desapareceram. Não é nada, absolutamente nada daquilo que eu podia supor com minha inteligência humana. Reconheço que Jesus, diante do qual me prostrei, concede-me uma graça predileta revelando-me um

---

190. AGOSTINHO. *De civitate Dei*, XXII, 30, 1.

191. AGOSTINHO. *De civitate Dei*, XXII, 30, 2.

pouco da verdade do céu, mas não consigo expressar o que percebo. Sinto-me na Verdade: não tenho dúvidas! Lá não existe mais nada da substância material que fascinava meus olhos enlameados; a terra me parece longínqua, obscura, uma espécie de pequeníssimo ponto escuro. E então, que maravilha: do coração da Trindade, através da ferida aberta e gloriosa do coração de Jesus, descem sobre a terra as graças divinas feito oceanos impetuosos e incontáveis. Digo oceanos para usar uma palavra humana, visando a comparar o que há um tempo eu supunha e o que hoje compreendo do céu: entre ambos há uma diferença semelhante à que existe entre a noite profunda e o dia. Não obstante isso, não vejo a luz; nela estou imerso; a claridade que me ilumina pertence à fornalha divina na qual estou imerso; estou sempre prostrado diante da adorável Trindade. Sim, Três Pessoas! Três na unidade! Por uma graça inefável compreendo um pouco a realidade. Entendo com clareza. Tenho a certeza de que é justamente a verdade: três sim, obviamente, mas necessariamente um só Deus! Que mistério infinito! Nossa inteligência humana, sem um vislumbre da Luz eterna, jamais poderia concebê-lo. Que grandeza! Mas, igualmente, que simplicidade! Daquilo que, com tanta clareza, compreendo, os sentidos estão totalmente ausentes: nada de representações, nada se substância material. Algo de desconhecido, de imperceptível, de transparente..."

Ao servo fiel, Jesus dirá no último dia: "Muito bem, foste fiel no pouco, eu te confiarei muito; vem alegrar-te com teu Senhor" (Mt 25,21). Eis em que consiste a felicidade no paraíso: ser completamente imerso no oceano de alegria infinita que é a Trindade.

Uma simpática história contada por um escritor alemão moderno nos ajuda a compreender que, não obstante tudo, ainda não dissemos quase nada da realidade do céu. A história diz que em um mosteiro medieval viviam dois monges ligados entre si por uma profunda amizade. Um se chamava Rufos e o outro Rufino. Em todas as horas livres nada faziam senão imaginar e descrever como poderia ser a vida na Jerusalém celeste. Rufos, que era construtor, imaginava-a como uma cidade com portas de ouro, cravejada de pedras preciosas; Rufino, que era organista, julgava-a totalmente cercada de melodias celestes. Um belo dia fizeram um pacto: o primeiro dos dois que morresse voltaria na noite seguinte para garantir ao amigo que o céu era da forma como o haviam imaginado. Seria suficiente dizer apenas uma palavra: se fosse como o haviam pensado, simplesmente diria "*taliter!*", isto é, tal e qual; se (mas isso era inimaginável) fosse de outra forma, diria "*aliter!*", ou seja, diferente.

Certa noite, enquanto Rufino estava no órgão, seu coração parou. Por noites seguidas Rufos esperou ansiosamente sua volta, mas nada; esperou semanas e meses em vigílias e jejuns, e nada. Finalmente, no aniversário de um ano de morte, eis que à noite, numa aura de luz, entra em sua cela o velho amigo. Vendo que ele se calava, e na certeza de ouvir uma resposta afirmativa, é ele que lhe pergunta: "*taliter?*" É assim, então? O amigo, no entanto, negativamente meneia a cabeça. Desesperado, ele mesmo então gritou: "*aliter?*" É diferente? De novo, o amigo meneia negativamente a cabeça.

Finalmente, dos lábios fechados de Rufino saem sussurrando duas palavras: "*totaliter aliter*" (totalmente diferente!). Num piscar de olhos Rufos compreendeu então que o céu é infinitamente maior do que tudo aquilo que haviam imaginado, indescritível; e logo em seguida, tomado pelo desejo de alcançá-lo, também morreu[192].

---

192. Cf. FRANCK, H. *Der Regenbogen. Siebenmalsieben Geschichten.* Leipzig: Haessel, 1927.

Trata-se obviamente de uma lenda, mas seu conteúdo é particularmente bíblico. "Nem o olho viu, nem o ouvido ouviu, nem jamais penetrou no coração humano o que Deus preparou para os que o amam" (1Cor 2,9).

Santo Agostinho dizia que quando se pretende atravessar um braço de mar, o mais importante não é ficar na praia e aguçar o olhar para enxergar o que existe na margem oposta, mas subir na barca que leva à outra margem[193]. A barca, para nós, é a fé da Igreja em que embarcamos no dia de nosso batismo, e que nestas páginas, assim o espero, aprendemos a conhecer melhor.

---

193. Cf. AGOSTINHO. *De Trinitate*, IV, 15, 30; *Confessioni*, VII, 21.

ÍNDICE DOS AUTORES CITADOS

Agostinho (S.) 9, 33, 35, 65, 66, 72, 129, 130, 132, 135, 140, 166, 177, 196, 202, 205, 212, 213, 215, 221, 222, 242, 264, 265, 270, 281, 282, 286, 289

Ambrosiaster 24

Ambrósio (S.) 33, 97, 138, 247, 258

Anáfora da Liturgia dita de São Tiago 38

Ângela de Foligno (S.) 164

Ângela P. 105

Ario 60

Atanásio (S.) 20, 24, 60, 61, 62, 63, 66

Atkins, P. 104

Balthasar, H. U. 84

Barth, K. 84

Basílio Magno (S.) 13, 23, 26, 27, 69, 95, 96, 199

Baudelaire, C. 176

Becker, E. 264

Beda o Venerável 283

Bento XVI 255

Bernardo (S.) 137, 284

Boaventura (S.) 138, 139, 140, 259

Cantalamessa, R. 35

Carlos Magno 33

Carretto, C. 133, 134

Catecismo da Igreja Católica 202, 203

Catarina de Sena (S.) 94

Cattana, V. 274

Cipriano (S.) 221, 236

Cirilo de Alexandria (S.) 129

Cirilo de Jerusalém (S.) 10, 199, 229, 245, 247, 249, 260

Claudel, P. 200

Clemente, Papa (S.) 233

Clément, O. 35

Código Da Vinci (o) 64

Comissão Teológica Internacional 84

Congar, Y. 31, 54

Dante Alighieri 94, 203

Darwin, C. 106

Dodd, C. H. 172

Doroteu de Gaza 30

Dunn, J. D. G. 15

Duns Scoto (B.) 122

Edwin (rei) 283

Epicuro 268

Epifânio de Salamina (S.) 120

Erasmo de Rotterdam 238

Feuerbach, L. 102, 109, 279

Fílon de Alexandria 42

Fogazzaro, A. 285

Foucauld, C. (B.) 90

Francisco de Assis (S.) 52, 116, 138, 273, 285

Francisco, Papa 224

Franck, H. 288

Freud, S. 82, 264

Gallagher Mansfield P. 257

Gaudium et Spes 204

Geffré, C. 202

Gregório de Nissa (S.) 71, 201

Gregório Magno (S.) 202

Gregório Nazianzeno (S.) 21, 62, 70, 74, 199, 201

Gregório Palamas (S.) 73

Gregório Taumaturgo (S.) 85

Hawking, S. 104

Hegel, G. F. W. 279

Heidegger, M. 55, 265

Henrique Susone (B.) 115

Husserl, E. 93

Imitação de Cristo (A) 88

Inácio de Antioquia (S.) 121, 124, 229

Inácio de Latakia 44

Inácio de Loyola (S.) 284

Irineu de Lyon (S.) 49, 50, 59, 69, 102, 136, 231, 233

Joaquim de Fiore 24

João Crisóstomo (S.) 270

João Paulo II (S.) 84, 102, 255

Juliana de Norwich (B.) 104, 105

Kant, I. 62

Kasper, W. 203

Kelly, J.N.D. 11
Kierkegaard, S. 35, 183, 280
Kitamori, K. 84

Lampe, G.W.H. 245
Leão III 33
Leão Magno (S.) 179
Lebon, J. 11
Leonardo da Vinci 29
Lubac, H. 52, 53
Lucrécio 176
Lumen Gentium 131, 136, 219, 222
Lutero, M. 82

Marcião 90
Marshall, B. 237
Marx, K. 109, 279
Masaccio 86
Máximo o Confessor (S.) 138, 176
Mazzolari, P. 237
Melantone, F. 50
Michel, A. 252
Michelangelo 29
Militão de Sardes 270
Moltmann, J. 54, 84, 194
Monod, J. 103, 104, 107
Mühlen, H. 35, 86
Mystici Corporis 222

Newman J.H. (B.) 107
Nicolau Cabásilas 247, 275
Nietzsche, F. 25

Orácio 268
Orígenes 24, 57, 85, 111, 112, 132, 137, 201
Otto, R. 78

Péguy, C. 181, 279
Pio XII 222
Planck M. 105
Plotino 27, 28
Práxeas 89
Presbyterorum Ordinis 39

Rahner, K. 256, 257
Ratzinger, J. 96
Ritter, A. M. 11

Saint-Exupéry, A. 239
Schürmann, H. 131
Schweitzer, A. 192
Símbolo de Antioquia (de 345) 90
Simeão o Novo Teólogo (S.) 104
Spiteris, Y. 73
Strauss, D. F. 96
Sullivan, F. 258

Tácito 171

Teilhard de Chardin, P. 115

Teodósio 11

Teófilo de Antioquia (S.) 245

Teresa de Ávila (S.) 214

Tertuliano 10, 11, 49, 89, 127,
233, 248

Timossi, R. G. 104, 105

Tomás de Aquino (S.) 16, 24, 25,
72, 205, 258, 282

Tomás de Celano 116, 117, 273

Unamuno, M. 281

Ungaretti, G. 266

Welker, M. 54

Wesley, C. 51

Zacepa, A. 273

Zizioulas, J. D. 72, 73

Zolli, E. 85

Conecte-se conosco:

 facebook.com/editoravozes

 @editoravozes

 @editora_vozes

 youtube.com/editoravozes

 +55 24 2233-9033

www.vozes.com.br

Conheça nossas lojas:

www.livrariavozes.com.br

Belo Horizonte – Brasília – Campinas – Cuiabá – Curitiba
Fortaleza – Juiz de Fora – Petrópolis – Recife – São Paulo

  Vozes de Bolso

EDITORA VOZES LTDA.
Rua Frei Luís, 100 – Centro – Cep 25689-900 – Petrópolis, RJ
Tel.: (24) 2233-9000 – E-mail: vendas@vozes.com.br